自由へのエニアグラム

自らの認識システムに気づき、真の幸せ、本性に目覚める！

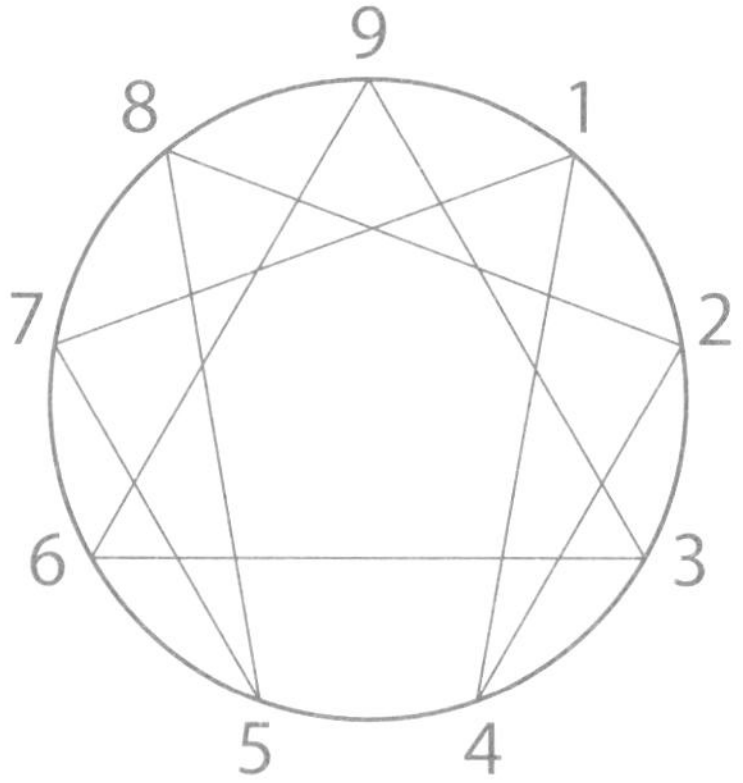

イーライ・ジャクソンベア 著　岡田 歩 訳

FIXATION TO FREEDOM

THE ENNEAGRAM OF LIBERATION

ELI JAXON-BEAR

ナチュラルスピリット

FIXATION TO FREEDOM

THE ENNEAGRAM OF LIBERATION

by Eli Jaxon-Bear

Japanese translation published by arrangement with New Morning Associates, Inc.
through English Agency (Japan) Ltd.

幸福と至福があなたの本性である。

シュリ・ラマナ・マハルシ

（一八七九年十二月三十日—一九五〇年四月十四日）

目次

第一部　自由への扉　リアリティーの本質

第二部　認識システムを知るためのエニアグラム

第三部　目覚め――エッセンス、超越、そして静寂

＊本文中の小文字の括弧書きは訳注です。

幸福《happiness》と至福《bliss》があなたの本性である。
シュリ・ラマナ・マハルシ
(1879年12月30日-1950年4月14日)

第一部

自由への扉　リアリティーの本質

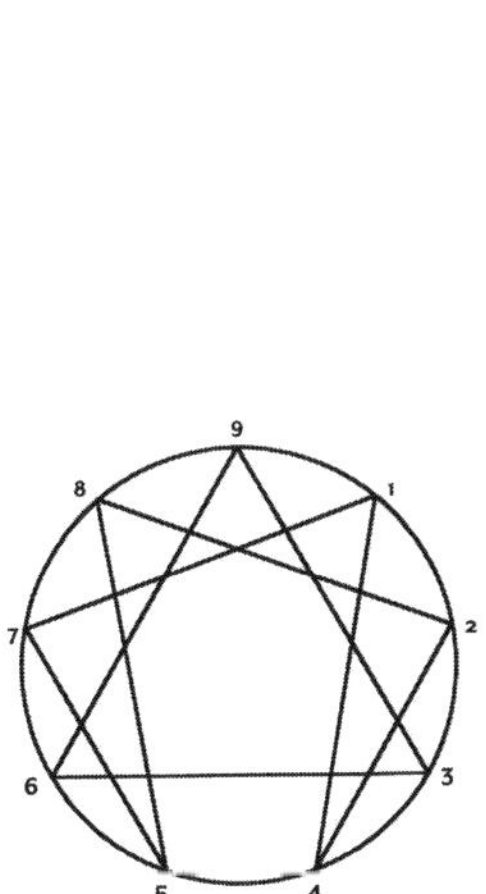

幸せになりたいという欲望

誰もが幸せになりたいと願っています。それはすべての人に共通する普遍的な願いであり、わざわざ取り立てて言うまでもないことかもしれません。自分自身のことをひどく嫌っている人や、他人に暴力をふるう人もいます。幸せを願っているようには見えないそうした行動の動機を探っていくと、やはり、心の奥底に満たされていない幸せへの欲望があるのです。

真に幸せな人がこれほどまでに少ないのはなぜでしょうか？　もし本当に私たちの本質が幸せと至福だというのであれば、幸せと喜びに満ちた毎日に感謝しながら愛に包まれて生きている人が極めて稀なのは、どのようなわけでしょう？

人類はこれまでずっと幸せを求めてきました。ところが、地球にはありとあらゆる種類の苦しみがはびこっています。戦争、殺人、レイプ、環境破壊などは、苦しみがもっとも極端な形で現象化したものです。そうした極度の苦しみですら、元をたどっていくと、幸せになりたいという欲望から始まっています。

幸福への希求が、いったいどのようにして無知、貪欲、暴力を生み出すのでしょうか？　この難題への回答と解決への道を示してくれるものがエニアグラムなのです。

＊＊＊

どのような扉なのかは当人の想像すら及ばないが、解脱へと至る扉がすべての人に生来備わっている。その扉は、一度たりともふさがれたこともなければ、欠陥が生じたこともない。悟りを得た者や禅師たちがこの世に現れ、あらゆる工夫を凝らし、幻影の薬を用いつつ、幻影の病を治すためにさまざまな便法を編み出してきた。

元叟《げんそう》禅師

（元叟行端〔げんそう　ぎょうたん〕一二五五年三月二十五日―一三四一年九月十五日。中国の宋末から元代に活躍した臨済宗大慧派の禅僧）

解放への道を歩んでいくと、幸せ、至福、そして自分が本当は何者なのかを知る叡智の扉へと導かれます。その扉が開くことは、かつては異例中の異例の出来事でした。仏陀のような偉大な存在が成し遂げた魂の解放は計り知れないほどの影響力を持ち、その後、数千年にもわたって人々の記憶に残り続けます。ところが、そのような偉業でさえやがては風化し、解脱に至った偉大な存在はいつしか単なる祈りの対象物に変わります。そして彼らの偉業も、遠い昔にどこかの誰かに起こったことでしかなく、今、私たちが置かれている状況と関係があるようには思えなくなっていくのです。

すべての人が解放へと至る扉を携えて生まれてきます。この扉を開くことは、人間としての可能性を充分に発揮することにほかなりません。人類は今なお、進化し続けています。内に秘められたままになっている可能性を開花するステージへと人類は進化できるのでしょうか、それとも、その実現を見ないうちに、自分たちを支えきれなくなるほどまでに地球を破壊してしまうのでしょうか？　残された時間はそう長くはありません。

かつては、幸せと至福という自己の本性に目覚めることができたのは、時代の先駆者となる特別な人たちだけでした。ところが、今や、自己の本性への目覚めは、少数の偉大な指導者たちだけのものではありません。すべての人が覚醒できる時代がきたのです。目覚めの種が風に乗っていたるところに運ばれています。解放への扉は開かれ、誰もがそこを通ることができるのです。

エニアグラムは、私たちが生きるこの時代に、幻影の病――分離感というエゴの病――を治すための幻影の治療薬として登場しました。叡智の鏡となるエニアグラムは、あらゆる間違った自己認識だけでなく、そうした偽の自己認識の向こう側にある存在の真実をも映し出します。幻影の病を癒すには、エニアグラムという叡智の鏡をのぞき込めばいいのです。

＊　＊　＊

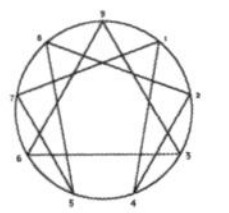

聖なるエニアグラムのルーツ

エニアグラムの起源はおよそ二六〇〇年前、ソクラテス以前のギリシャの哲学者ピタゴラスにまでさかのぼります。宇宙を指し示すために「コスモス[注1]」という言葉を最初に用いたのはピタゴラスでした。このことが世界観の革命を引き起こしました。それ以前は、万物の中心は人間や地球でしたが、この時を境に宇宙に取って代わったのです。ギリシャ語のコスモスには**相互関連**と**調和**という二つの意味があります。アリストテレスが人類最初の数学者と呼んだピタゴラスは、宇宙の調和を数学的に表現するために、三角形とオクターブを基にしたエニアグラムを考案しました。ピタゴラスは図形の内部形状に注目した研究を行っていますが、その成果の一つが三平方の定理です。最古のエニアグラムはピタゴラスの弟子の手によるもので、絶対的存在が数学的な法則と倍音の法則によって宇宙・森羅万象を生み出すことを表しています[注2]。この物質化のモデルを人間の精神に応用すると、目には見えない精神（マインド）が実際に目で見て理解できる具体的なものとなり、人の真の気質と真のエッセンスを見極められるようになります。そしてそれだけではなく、真の気質とエッセンスを表現する人生を歩むこともできるようになります。

　ウィキペディアに次の記述があります。「プラトンは、数学と抽象的思考が哲学、科学、倫理学の確固とした基盤だとするピタゴラスの主張を取り入れた可能性がある。両者は『魂、および物質世界における魂のありかに関する神秘主義的な思想』を共有する」ピタゴラスは、魂の生まれ変わりを信じ、自分の過去世のいくつかを思い出すこともできました。私たちにはみな直覚力、つまり神秘的直観が備わっており、マインドが空《くう》になると、内側にすでにあった深遠なる叡智がおのずと姿を現す。ピタゴラスはそのように考えました。

古代ギリシャ時代にピタゴラスが教団を立ち上げてから現在に至るまで、その教えの多くが隠されたままになっています。当時、教団の門弟たちはすべての所有物を共有する集団生活を送り、その準備ができるまでは、神聖な教えを授かることはありませんでした。ある時点で教団はペルシア帝国に渡ったと推測されます[注3]。その後、ピタゴラスの教えは、教団に対する敵意に満ちた宗教社会を逃れ、地下へと潜ります。そうすることで、聖なる教えはそれを汚すものから隠されたまま、教団によって何世代にもわたって秘密裡に継承されてきたのです。

エニアグラムを現代西洋世界に紹介したのは、十九世紀後期生まれの神秘思想家G・I・グルジェフです。グルジェフはアルメニア系とギリシャ系の血筋を引くスピリチュアル・ティーチャーで、作曲家でもありました[注4]。彼は、自分の教えは中央アジアのミステリー・スクールで学んだものだと言っています。

グルジェフに次いで西洋にエニアグラムを広めたのは、チリのアリカで活動していたオスカー・イチャーゾです。イチャーゾは、スピリチュアリティーを学ぶための研究所を設立し、そこで独自の解釈に基づくエニアグラムを教えました。エニアグラムを基にして九つの認識システム（原語はfixation。精神分析やエニアグラム心理学では「固着」と訳されているが、本書では著者と相談の上「認識システム」という用語を使用。世界をどのように見ているかの視点を形成するヒトに特有の遺伝的機能。イチャーゾはその遺伝的な特徴については言及しておらず、幼少期の環境の中で発達するものとして教えていたが、世界認識の動作原理になっているという観点は持っていた）を考案し、抽象的でわかりにくいエニアグラムを簡単に理解できるものに変えたのです。このこと自体は、非常に革命的な出来事ではありましたが、イチャーゾが自分の教えをパーソナリティーのエニアグラム（The Enneagram of Personality）と名づけたために、エニアグラムは人の表層部分であるパーソナリティー（性格）を変えるため、もしくは認識システムに磨きをかけて性格を改善するため、といった限られた目的で使用されるようになりました。

イチャーゾの生徒の一人クラウディオ・ナランホは、心理療法士としてカルフォルニア州バークレーで活動していました。彼はイチャーゾのエニアグラムの教えに心理学的な深みを加えました。グルジェフは公開分析を行うときに、それぞれの認識システムに主機能があり、誰もが主機能を持つということ以上は一切語ろうとしませんでした。グルジェフに言わせると、彼の教団のロシア人たちは自分というものをまったくもって勘違いしているため、もし自分の主機能を知ってしまったら、文字どおりショック死するだろう、ということなのです。

私自身は一九八〇年代に、ジェリー・パーキンス、その先生のキャスリーン・スピース、さらにスピースの先生にあたるクラウディオ・ナランホからエニアグラムを教わりました。それぞれが重要な視点を私に教え、多くの洞察を与えてくれましたが、三人ともパーソナリティーを紐解くためのシステムとしてエニアグラムを扱っていました。私にはそれがとても制限的に感じられ、自分独自の視点で教えを構築しながら、エニアグラムの源泉を探しはじめたのです。

私は何年もの年月を研究と旅と探求に費やし、ピタゴラス学派の教えが秘密裡に今でも受け継がれていることを突き止めました。少なくとも一カ所、そうした場があるのです。レバノンのドゥルーズ派です。中東滞在の元英国外交官ジェラード・ラッセルはイスラム教以前に存在していた多くの宗教がどのような終焉を迎えたかを調査し、驚嘆に値する著書『失われた宗教を生きる人々』にまとめました。ラッセルは膨大な数にのぼる当時の宗教を掘り起こす過程で、ドゥルーズ派とピタゴラスのつながりを発見します。ラッセルはドゥルーズ派の大学教授にインタビューを行い、ドゥルーズ派がピタゴラス学派を継承しているのか尋ねました。教授は質問には直接答えず、こう言います。「受け入れ態勢のできていない人に真実を明かすことは、同時に二つの罪を犯すことになります。つまり、それを聞いた人は真実を信じなくなり、相手に関して誤った考えをもち、真実は無意味だと言うようになるのです（原文ママ）[注5]」

今は、かつては秘密にされていた教えが多くの人に公開され、日常生活に活かされる時代です。そうした中で、一般大衆受けを狙った結果、教えが骨抜きになっているケースも多々あります。パーソナリティーのエニアグラムも例外ではありません。エニアグラムは九〇年代には「スピリチュアル」なものとして扱われるようになりましたが、認識システムに囚われたまま自動反応的に生きている人でも修練を積めばもっとスピリチュアルな自分になれる、という範囲内でのことにすぎません。

守秘の誓いは、数年にわたる沈黙の試練に耐え抜いた者にのみ課せられます。ピタゴラスやその弟子たちにとってはこの誓いは必須でした。ピタゴラスは、秘密を受け取る準備ができるまでに、何度も生まれ変わって学びと浄化の人生を繰り返す必要があると信じていました。幸いにも、私は秘密を守るという誓いを立てたことがありません。私は神聖で、これまで秘密にされてきた教えを「解放のためのエニアグラム（The Enneagram of Liberation）」と呼ぶことにしました。私の師はかつて私にこう言いました。「こんなに遠くまで来たのだから、おまえは最後まで行く準備ができている」

注1　ギリシャ語でKosmos。『Philosophy Before Socrates』Richard D. McKirahan 著（Hackett Publishing）、92ページ。

注2　ピタゴラスは書物を残していません。ピタゴラスの教えとして知られているものはすべて、弟子が残したものか、または近年の研究で発見されたものです。参照『Pytagoras』Thomas Stanley 著（Ibis Press）、１６６ページの図。

注3　東ローマ帝国皇帝ユスティニアヌス一世がアテネにあったプラトンの学園「アカデメイア」を閉鎖し、学園の指導者たちがペルシア帝国に入ったとする記録が残っています。そのことに基づいた私の推測です。中国にはピタゴラスの三平方の定理が記載された、周朝（～ＢＣ二五六）の時代の文献が残されています。ピタゴラスの教えがいかに遠方まで広がっていたのかがわかります。『Lives of the Eminent Philosophers』Diogenes Laertius 著、Pamela Mensch 訳（Oxford University Press）、４００ページ。

注4　『In search of the Miraculous』Ｐ・Ｄ・ウスペンスキー著（邦訳『奇跡を求めて―グルジェフの神秘宇宙論』平川出版社、一九八一年）。グルジェフの弟子によるグルジェフの教えの詳述。グルジェフの宇宙論とラッセルの著書で述べられているドゥルーズ派との関係に注目してください。グルジェフとピタゴラスの形而上学には明らかな一致が見られます。

注5　『Heirs to Forgotten Kingdoms』ジェラード・ラッセル著（Simon and Schuster）、１７２ページ。（邦訳『失われた宗教を生きる人々』亜紀書房、二〇一七年、２４４ページ）

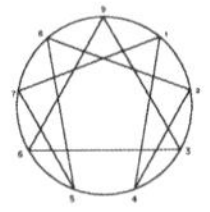

自己探求の手法

その存在を物理的身体に属する生命と同一視し、自身を「私」と呼ぶ個としての実体。これが自我です。

物質的身体は本質的に不活性であり、自我の感覚を持ちません。

真我は純粋意識であり、自我の感覚を持ちません。

不思議なことに、この二つの間に自我の感覚が生じます。これが「私」という思考です。

人生における苦しみの根本は、この自我、つまり他と分離した個人という自己認識にあるのです。それゆえ、自我はいかなる手段を講じてでも打ち壊さなければなりません。それが解脱、覚醒、真我実現です。

ラマナ・マハルシ

すべての人の中に、自分の源や真のアイデンティティーを突き止めたいと願う生きた知性が存在します。自分の内側に飛び込み、エゴではなく、真の自己に目覚める。これがラマナ・マハルシの教えでした。彼は覚醒した聖者として広く世に知られていますが、自己探求を最初に行ったのはラマナ・マハルシではありません。

デルフォイにあるアポロン神殿の入り口に「汝《なんじ》自身を知れ」という言葉が刻まれています。「吟味されざる生に、生きる価値なし」という警句を残したソクラテスの時代よりもかなり前のものです。人類最初の歴史家ヘロドトスが生きていた頃の古代ギリシャでは歴史（history）と探求（inquiry）は同じ一つの言葉で、叡智を求める行為を意味していました。こうしたものごとの見方が自分を知ろうとする行為につながり、世界中に目覚めの教えを生み出したのです。

「マインドを静め、内側に意識を向け、**私**が何でできているのかを見つけ出す」これは、ラマナ・マハルシの帰依者であった、私の師が教えてくれた自己探求のやり方です。自分を何と取り違えているのかを知ることから、自己探求が始まります。エニアグラムは、まず初めに、あなたではないものを明確にします。これがあなたの本性を探究するための非常に有益な手掛かりとなるのです。あらゆる思考や、マインドが作り出す物語、感情、身体感覚を自分自身で直接、調べてみると、そのどれもがあなたではないことがわかります。それらは常に変化するものであり、また、機械的な決まった動きをします。一方、本当のあなたは変化もしなければ、消えてなくなることもない何かです。すべての知覚と体験がそこで起こる意識そのものがあなたです。そのことを直接的に実感することがあなたにも可能なのです。

純粋意識としての自己の目覚めを研究したり、習得しようとしたり、信じようとすると、目覚めはたちまち概念と化します。概念は直接体験できる現実ではなく、頭の中にある考えでしかありません。ピタゴラスであれば、おそらくこう言ったでしょう。「受け取る準備のない者に真実を伝えると、真実は概念化される」

覚醒は直接体験です。自分の内側に飛び込むプロセスを実体験し、自分自身で知性的に調べなければなりません。飛び込んでみると、内側に飛び込む**私**（このページを読んでいるのも同じ**私**です）は、単なる概念にすぎないことがわかります。

幸せを求めるにつれ、やがて、**私（me）**と呼んでいる何かが実際に存在するのかどうかをじっくりと検討するタイミングがやってきます。幸運かつ神秘的瞬間です。自己探求の光に照らされると、今まで自分とはこのようなものだと定義づけていた枠は水の上に引かれた透明な線でしかなかったことが明らかになります。普段は枠による定義を自分だと思っていますが、それは空想のなせる業なのです。マインドの幻想がすっかり暴かれると、枠のない無限の真の存在が姿を現します。

こうした究極の探求において叡智の鏡となり、意識がどのようにして特定の形と自分とを誤って同一視するのかを教えてくれるのがエニアグラムなのです。肉体、思考、そして感情のそれぞれの領域のとらえがたく深いところで無意識に行われる自己同一視のパターンがエニアグラムによって明らかになります。自己認識の中心にあるのは「私は誰某《だれそれ》である」という思考です。この思考が意識の中に生じると、エゴがマインドの中で結晶化し、意識は限定された誰某としてそれ自身を体験します。

ピタゴラスの教えによると、有限と無限という二分割が最初に生じます。私自身の体験から言うと、最初に生じる制限は、自分は内側にあり、自分ではないものが自分の外側にあるという感覚です。この感覚が生じると、スペースの中に存在する「**私（me）**」や「**私自身（myself）**」と呼ばれる対象物だけを「**私（I）**」としてとらえるため、**私（I）**として認識されるものの範囲が狭められます。私とは、ほかのものから切り離された有限な肉体であるという基本の思い込みが始まるのです。エニアグラムは、この思い込みを九つのバリエーションに分け、それぞれについて明確に説明します。

私の師が波の話をしてくれたことがあります。「波は絶え間なく海岸に打ち寄せる。打ち寄せては、壊れ、海原へ戻る。波は再び海原と一体化する。そしてまた、海岸に打ち寄せ、壊れる……これが繰り返される。波はそれぞれ、独自のタイミングで独自の動きをする。大きさも形も同じものは一つとしてない。すべての波が違っている。

ある日、年をとった大きな波が遠くからやってきた。小さい波には知りたいことがあった。そこで大きな波に尋ねてみた。『あなたは大きいし、歳を重ねていらっしゃる。きっとなんでもご存じのことでしょう。長旅の間、さぞかしたくさんのものをご覧になってきたことでしょう。海というものがある、というのは本当にあるのでしょうか？』

年かさの波は笑って、こう言った『わしもその海とやらのことを聞いたことはあるのだが、まだこの目で見たことはないんだよ』」

意識という海から切り離された一つの波が自分だ、とあなたがどうやって信じ込んでしまったのかをエニアグラムを使って知ることができます。マインドの構造が明らかになって初めて、あなたはある選択肢を手にします。「私（ｍｅ）」と呼ばれる制限された何かが自分なのだ、と信じ続けるのか、時間と形に縛られた私という思い込みを徹底的に調べるのか。後者を選択するには、まず、エゴを超越したいという願いがエゴ自身の中で起きなければなりません。自由、真実、神への身を焦がすほどの希求をエゴが持たなければならないのです。

制限的な自己認識を手放すと、大いなるやすらぎが訪れます。自己破壊的な思考のゲームを続けるのはもうご免だと思うようになります。苦しみという名のゲームを終了すると、広大な自覚が姿を現します。あらゆる自己同一化の下に究極の至福と平和の海が横たわっていることを発見するでしょう。ここからが始まりです。

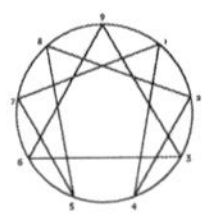

エニアグラムを使う

子どもたちよ
おまえたちは自分が体だと思っている。
それゆえに、長い間、呪縛の中にいるのだ。
自分が純粋な気づきであることを知りなさい。
叡智の剣でおまえたちを縛る鎖を切り、
幸福でありなさい。

『アシュターヴァクラ・ギータ』

認識システムのエニアグラムの優れた点は、エゴの結び目の構造——個としての自己認識がどのようにして結晶化するか——を正確に教えてくれるということです。エニアグラムによって暴かれたエゴの結び目を気づきの剣で断ち切ると、覚醒、つまり自己実現が起こる可能性が生まれます。

エニアグラムを学ぶと、肉体＋感情体＋メンタル体＝「私」という間違った自己認識が起こる仕組みを理解できるようになります。そうした潜在意識下の自己認識のせいで、私たちは行動し、感情を持ち、思考する肉体が自分だ、と確かめもせずに信じ込んでいます。間違った自己認識の発生経緯と機能は数種類のパターンに分類されますが、潜在意識下で機能している自己認識のパターンを白日のもとにさらし、本当の「私」を探究していくと、やがてそのパターンを放棄できるようになるでしょう。このような形でエニアグラムは覚醒のプロセスに直接的に役立つのです。

スーフィーにナスレッディン・ホジャの物語というよく知られたお話があります。ある晩、ホジャが街灯の下で四つん這いになって必死に何かを探しています。

そこにホジャの友達がやってきて、尋ねます。

「何をしてるんだい？」

「鍵を探してるんだよ」

「明かりの下で失くしたのかい？」

ホジャは顔を上げて、にやりと笑うとこう答えました。

「いやいや、そうじゃないんだよ。あっちの扉のあたりの暗い繁みで失くしたんだがね。こっちのほうが明るいから、うんと探しやすいかと思ってね」

探しものが暗がりにあるとわかっているのに街灯の下を探すのは、探す行為で自分を慰めているにすぎません。間違った場所で何かを見つけたとしても、やがて、探していたものではなかったことに気づき、失望するでしょう。今まで自分が隠したり、正当化したりしてきたものを直視する準備ができると、エニアグラムは、よい悪いのジャッジを抜きにして、直視すべき場所に光を当ててくれます。いままで「自分」だと認識していたものを光に照らしてみると、それはエゴの機械的なパターンでしかなかったとわかります。何が偽物なのかがエニアグラムによって極めて的確にあぶり出され、おのずと真実が姿を現します。

前述のとおり、ゲオルギイ・グルジェフは、西洋においてエニアグラムを自分の生徒に使った最初のスピリチュアル・ティーチャーの一人でした。彼は自ら「主機能」と名づけたものを誰もが持っていると言います。鏡を使わなければ、自分の鼻はよく見えません。それと同じように、エゴのアイデンティティーの中で、もっとも自分で気づかないものが主機能です。自分の思考、感情、行動のパターンは、本人にとっては間違いなく真実味のあるものです。しかも、自分だけの個人的な体験だと感じられます。そのため、単なる機械的なものでしかないこうしたパターンを、自分自身だと思い込む間違った認識が起こります。主機能は、その人の無意識の背景・地として広がっているので、取り出して、直接、調べてみることができません。ところが、自分が本当は誰なのかを知るのを妨げる障害物となっている主機能は、実は、自己の本性への目覚めに導く扉に変わる可能性を秘めているのです。

グルジェフは、真の自己認識に目覚めさせるために、意図的に意識にショックを与えるという手法を用いました。ショックを与える役割を担うのがエニアグラムです。

効き目が強い薬は往々にして誤用されるものですが、エニアグラムも例外ではありません。間違った自己認識のパターンを見抜いても、その気づき自体がパターンを続ける言い訳になってしまう危険性をはらんでいます。「僕はポイント5だから、引きこもるのもしかたがない」、あるいは「私はポイント8なの。もちろん怒りを爆発させることもあるわよ。それがありのままの自分だもの」といったエニアグラムを利用した正当化をよく耳にします。「ああ、それはね、君の認識システムのせいだよ」と他人を枠にはめるために使う人も少なくありません。これが危険なのです。自分のエゴに向き合い、その正体を見破ろうとする人にとって、エゴを純粋に映し出す神聖な鏡となるはずのエニアグラムが、エゴを維持する道具に貶められています。

聖なるものが毒に変わることがあります。聖餐用ワインも間違った使い方をすれば、泥酔の原因になります。エニアグラムも同じです。軽い気持ちで扱うと、たとえ真実であってもスピリチュアル・エゴを助長する信念に変わります。敬意を持って向き合えば、エニアグラムは病を癒す特効薬となりますが、おざなりに扱うと劇薬に変わるのです。

エニアグラムを上手に利用するには、自分自身と、自分の人生に登場する人たちの認識システムのパターンを理解することから始めるといいでしょう。心の配線は、どの人も少しばかり違っています。同じことをするにしても人それぞれのやり方があると知っていれば、相手を許したり、思いやったりできます。自分の母親のエゴの構造がわかると、絶対に許せないと思っていた母親の行動の意味も理解できます。なぜそんなことをするのかがわかれば、自分自身、パートナー、親、そして子どもたちをありのまま受け入れられるようになるでしょう。人に向かって生き方を変えろと要求しなくなります。誰も梨の木からりんごの実を収穫しようとはしません。それと同じことです。

自分の認識システムのパターンを理解し、受け入れるプロセスの中で、とても重要なことが起こります。それまでは目に見えているものを超えた何かが人生で進行していると、気づくときがいつか必ずやってきます。それまではまったく見えていなかった行動パターンを自覚しはじめるかもしれません。行動パターンがいったいどこから生まれたものなのか、その出所をたどると、核となる認識システムに行き当たります。これが、素晴らしい変化の第一歩です。今まで想像すらできなかった深いレベルで、自分自身との和解が始まります。あなたという存在を十全に表現することを邪魔してきたエゴの結び目をそっとほどいてみると、長い時間をかけて自分の中に編み込まれてきたエゴのパターンの巧妙さにきっと驚かされることでしょう。認識システムによって繰り返される機械的なパターンと自分とを同一視しなくなれば、出来事を個人的に受け止めないようになっていきます。そして、人生で起こることに機械的に反応してしまうパターンがもたらす苦しみにとうとう終止符が打たれるのです。

＊＊＊

まず本書の初めから終わりまでひととおり目を通してください。認識システムの各ポイントについての解説を読むときには、自分自身、知り合い、あるいは著名人と照らし合わせてみましょう。正しくポイントを分類できているかどうかを気にする必要はありません。最初に思い浮かんだ印象や考えにもあまりこだわりすぎないほうがいいでしょう。

人は例外なく、時と場合に応じて、九つすべての認識システムを利用します。このことはしっかりと心に留めておいてください。ただし、定住地となるポイントが一つあります。定住ポイント（基本の認識システム）は自分では気づきにくく、まさか自分のポイントがそれのわけはない、と無意識に見落としてしまうこともよくあります。また、定住ポイントは一生、変わらない、と知っておくことも重要です。ストレスにさらされると、定住ポイントとは別のある特定のポイントに移動し、そのポイントの戦略を使います。リラックスしているときにも、また別のポイントに移動し、そのポイントの戦略を使います（ポイントの移動については、後で詳しく説明します）。とはいえ、その人の基本の認識システムは一生変わりません。

認識システムが自己に目覚めることはありません。私＝認識システムであるという思い込みからあなた自身が目覚めるのです。認識システムから自由になるには、まず、自分が無意識に行っている自己認識がどのようなものなのかを突き止めて、それに向き合う必要があります。

エニアグラムは人間関係で生じる微妙な力関係を露呈します。ぜひ敬意を持って慎重に扱ってください。他人をやり込めるような使い方は決してしないでください。パートナーとの口喧嘩で「それは、君の認識システムのせいだよ」と言うなどは、もってのほかです。対立的な口調でそうした発言をすること自体、あなたも認識システムに囚われている証拠です。他人の欠点を指摘している場合ではありません（対立的な口調だったかどうかは相手の意見を尊重しましょう）。

ポイントの解説を読んですぐに自分のポイントを特定できる人もいれば、どのポイントも自分に当てはまらないような気がして迷う人もいます。ちなみに、疑いはポイント6の「囚われ（原語はFassion。情熱と訳されることもある。それぞれの認識システムの原動力となるもの）」です。また、どのポイントも自分に当てはまると言う人もいます。自分の定住ポイントがはっきりするまで、何度か読み返す必要があるかもしれません。あまり深刻にならずに、自分と周りの人たちの持っているパターンがどのように人生の中で現象化しているのか、楽しんで見つけていきましょう。

エニアグラムは、エゴ＝私という同一視を断ち切る素晴らしい力を持っています。エゴは単なるパターンでしかないという発見へと導いてくれます。エゴはあなたそのものではありません。それがわかると、エゴの思い込みを助長することをやめ、エゴと本当の私とを重ね合わせないようになっていきます。

より素晴らしいポイント5や、より魅力的なポイント7になることを目指すなど、よりよい「何か」になるためにではなく、目覚めへと運んでくれる乗り物としてエニアグラムを利用してください。自分にぴったりの結婚相手を見つける、あるいはビジネスで成功する、といった目的でエニアグラムを学ぶ人もいます。こうした使い方は聖なるエニアグラムの誤用です。誤用すると、結局、苦しみは続きます。あらゆる苦しみの大元が明らかになることもないでしょう。あらゆる苦悩の根源は、まるで事実であるかのように認識システムを本当の自分だと誤解してしまうことにあるのです。

エニアグラムは、深い癒しをもたらすスピリチュアルな薬となる可能性を秘めています。よりよい認識システムを身につけることは癒しにはなりません。思考や感情あるいは行動のパターンによって隠されてしまった自己の本性の発見こそが、エニアグラムがもたらす深い癒しなのです。やらなければならないことは何もありません。何かをしようとするときは、必ず、認識システムに動かされています。ということは、何かをしようとすればするほど、認識システムに囚われ続けるのです。認識システムによって誘発される行動をやめよう、そして思考し行動する者という個としての自己認識に訣別しようと決心すれば、今、ここにある何か、あらゆる行為以前からここにある何かに気づく可能性に開かれます。今までこれが自分だと思っていた機械的なパターンをただ見つめるだけでよいのです。そうすることで、あなたはより深い明け渡しと、真実の自己の発見に導かれていくでしょう。

間違った自己同一視をすべて見抜いたとき、真の自由が実現されます。自分はこのような存在だと思い込みながら生きるのではなく、無限の存在の本質として生きるようになります。自分ではないものを自分だと勘違いする空想から自由になると、あらゆるところに**自己**を見いだすでしょう。こうして**自己**と出会うとき、あなたは静寂の中で起こる幸せと至福の具現化にほかならないのです。

＊＊＊

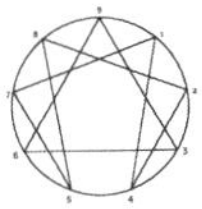

エニアグラムの真髄

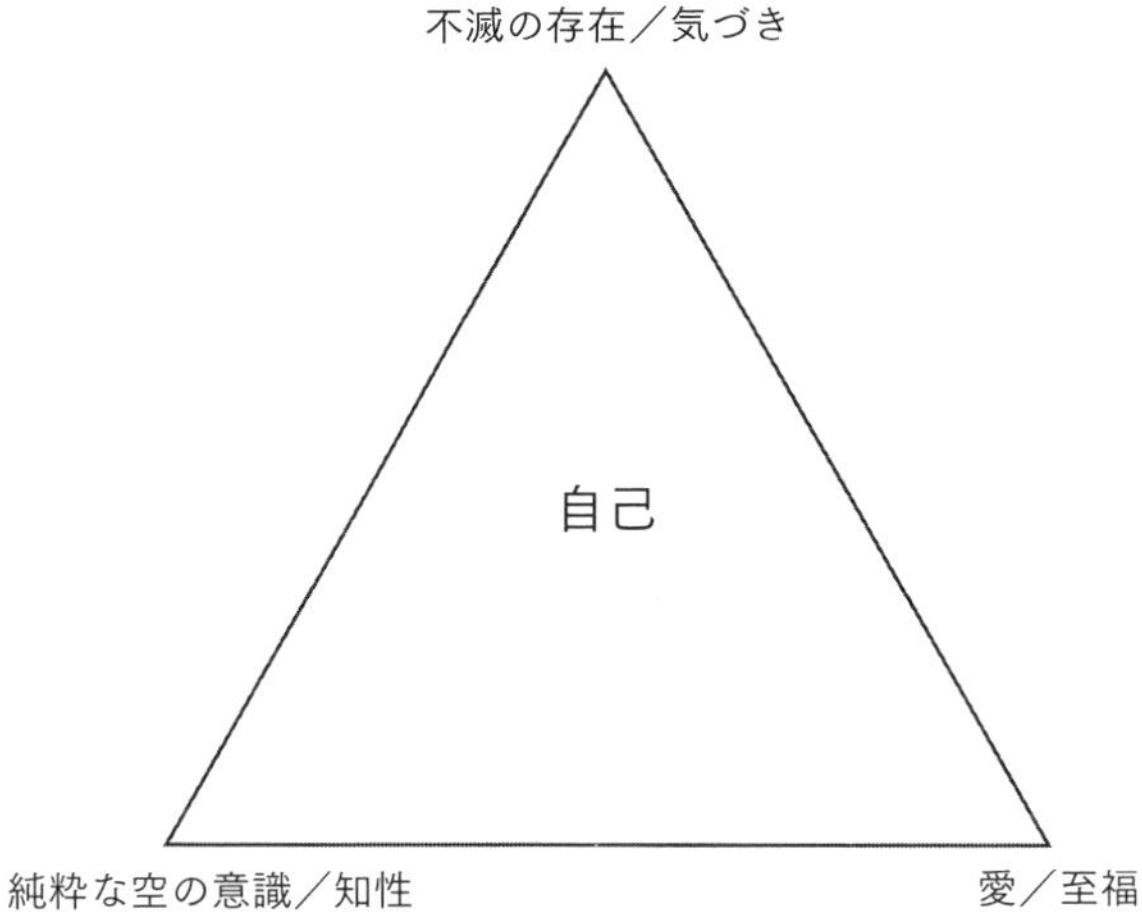

このシンプルな三角形がエニアグラムの基礎構造であり、ピタゴラスの数学の基本でもあります。この三角形は三位一体を表し、ここからそのほかのすべてのものが展開されます。現象化したあらゆるものの土台であり、言葉では決して表現できない生きた真実の根幹を象徴しています。三元弁証法（フランスのマルクス主義社会学者、哲学者であるアンリ・ルフェーブルの都市・空間論の根底にある、物質的・身体的な「空間的実践」、「空間の表象」、そして「表象の空間」を三項とする弁証法のこと）、**道教の陰陽太極図**、**陽子・電子・中性子**と呼ばれることもあります。グルジェフはこの三角形を**聖なる三の法則**（肯定、否定、統一）と呼んでいました。ピタゴラスの教えによると、数字や宇宙に先だって存在し、名づけることができず、不可

知で形のない**一なるもの**から**宇宙のマインド**と**宇宙の魂**が生じました。倍音という数学的法則によってこの三角形から宇宙が生じたというわけです。すべての動きと形は、変わることもなければ、変えることもできない数学的法則によって生み出されるのです。

この名づけられない何かを対象物として語るのは、的はずれな行為です。存在の真実はものでも、形でも、現象でもありません。名前をつけることのできる何かではないのです。それでもなお、名前は、存在の真実の探求において適切な方向を指す指示棒として役立ちます。ピタゴラスは、名前よりも数字を使うことを好みました。数字を振動周波数としてとらえていたピタゴラスは、存在の真実を指し示すためにもっとも真実に近づけるものとして数字を使ったのです。本書においては、人を指すときに数字を使います。その数字はその人の認識システムの周波数を表しています。

さまざまなスピリチュアルの教えがありますが、絶対的存在を指し示す名前は教えによって異なります。**真実**、**法身**、**神**、**愛**、**仏性**、**自己**、**空**、**存在**などの名称が使われています。ピタゴラスは「**数字に先だつ一なるもの**」と呼びました。ここにあげた名称はすべて、あらゆる文化と伝統において普遍的に知られている、名づけられない無限で永遠の**存在**を示しています。

自己は、サンスクリット語で**サット・チット・アーナンダ（サッチダナンダ）**と言います。「**サット**」は不滅の存在、または**気づき**のことです。「**チット**」は無限に広がる純粋な意識です。時間と空間、そして形を超越した完全な空の知性を指します。「**アーナンダ**」の意味は**愛／至福**です。一なるものは実際には部分に分けることはできませんが、サット、チット、アーナンダの三つは、一なるものという目に見えない真実のもっとも重要な三つの側面です。そしてピタゴラスの第一の三角形の三つの側面でもあります。

私（I）としてそれ自身を表現するものの本性は、**純粋でなんの制限もない気づき**、**空**、**愛**です。たった一つの**私**だけが存在します。この唯一者が、ありとあらゆるすべてのものを生じさせます。唯一者は無数の目を持っていて、自分自身が放った光の反射をあらゆる場所に見いだします。誰もが「私は存在する(I am)」と言います。世界のどこに行っても同じです。「私はいない(I am not)」と言う人はいません。認識システムに囚われていなければ、いたるところで、あらゆる形あるものの中に愛を見いだします。それがリアリティーの味わいです。

先ほどの図で、私は不滅の魂(サンスクリット語で**アートマン**)の三つの側面と、ピタゴラスの第一の三角形を重ね合わせましたが、実際は、**自己**の三つの側面と言っても分割できるようなものではなく、区切り目もありません。ここからここまでがこの側面だ、と言うことは不可能です。火から「熱」や「明るさ」や「燃焼」を分けて取り出すことができないのと同じです。ですが、ここでは、三角形に三つの側面を配置し、不滅の**存在**と**意識**と**愛**を区別できるふりをして、何を見いだせるか調べてみましょう。

存在、**意識**、**愛**の周波数が一オクターブ下がると、それぞれ、**気づき**、**知性**、**至福**になります。**存在**／**意識**／**愛**の自然な輝きが外に向かって表現されたときの性質です。これが真の**自己**のありのままの姿です。

真の自己のありのままの姿になることを望むとき、何かに取り組んだり、何かを作り出したり、何かを変容させる必要はありません。頑張ればいつかそうなる、というようなものではないのです。あなたはすでに、それそのものです。自分は真の自己ではないと言っているのは、あなたのマインドだけです。マインドは、形のないものではなく、形のあるものとあなたを同一視します。そして、「私は誰某である」という考えを材料にして、無知、恐れ、欲望という名のベールを作り出し、真実を覆い隠します。

あなたが世界を見てそれについて持つ、「世界」がこのようなものだというイメージは、あなたに催眠をかけトランス状態に誘導します。ヒンドゥー教ではこうした真実を覆い隠す力を**マーヤー**と言います。

ピタゴラスはこのことを「制限のないものに課せられた制限」と呼びました。マーヤーは、純粋な気づき以外のものが実在しているように見せかけるトリックを仕掛けます。**自己**が自分自身にトリックを仕掛けて、形と自分とを同一視するように惑わせます。すると、意識はなんらかの制限があるもののように感じられるのです。これがマーヤーの錯覚の仕組みです。まったくまじり気のない白い光の中では何も見えません。完全な闇の中でも何も見えません。何かの姿が現れうるのは、光と影による相互作用と相関性の中でのみです。マーヤーという名の光のマジック・ショーが繰り広げられているのです。

魂とエッセンス

魂とは、意識が微細な形に結晶化したものです。いつかはなくなるはかない存在（body）としての**私**――意識が生じることです。ピタゴラスとラマナ・マハルシによると、魂は自己実現や幸福や神を求めて、人生から人生へと生まれ変わり続けます。

エゴと自分とを重ねてしまう重荷を背負ったままの、覚醒していない魂のことをサンスクリット語で**ジーヴァ**と言います。覚醒していない魂・ジーヴァは、潜在しているさまざまな性質と満たされていない欲望が詰め込まれた貯蔵庫のようなものです。ジーヴァは貯蔵庫の中身とともに新しい肉体に転生します。そして魂が肉体と自分とを同一視し、そこに認識システムというエゴの結び目が生じます。

スーフィズムではラティファ（ラティファは微細なレベルでの知覚をつかさどっていると考えらえている）というシステムを使って、魂のエッセンス（本質）がどのような特性を持つのかを説明しています（注6）。魂のエッセンスにはそれぞれ対応する認識システムがあり、認識システムという仮面がかぶせられているせいで、エッセンスの特性は表に出にくくなっています。たとえば、赤のラティファ〈シャクティ、宇宙のパワー〉は、個としての自分の力を顕示するポイント8の認識システムによって覆い隠されます。緑のラティファ〈やさしさ〉は、プライドからのやさしさ、つまりやさしさの模造品というポイント2の認識システムによって覆い隠されます。白のラティファ〈純粋〉は、純粋ではないものに対する怒りというポイント1の認識システムによって覆い隠されます。金のラティファ〈喜び〉は、喜びを求める憂鬱なポイント4の認識システムによって覆い隠されます。黒のラティファ〈平穏〉は、引きこもって平和な状態を作ろうとするポイント5の認識システムによって覆い隠されます。青のラティファ〈没頭〉は、至福を見つけようとして活動的に動き回るポイント7の認識システムによって覆い隠されます。

ラティファ（エッセンス）は、魂の真実がどのようなものかを教えてはくれません。魂の真実は一切の形態を持ちません。もっとも微細な形態さえないのです。存在の真実である生きた空《くう》の知性には、色も、形も、特性もありません。ですが、形あるものの源であり、すべてのものに味わいや、質感や、色を与えるのはこの生きた空の知性です。ラティファは魂の密度が高まって肉体化したときに、その人生での真の気質となります。

認識システムの機械的なパターン反応が起きそうなその瞬間に、そのことに気づき、パターン反応を起こさないでいられれば、やがて認識システムの仮面は燃え尽き、真のエッセンスが輝き出します。

真の自己

どこまでも続く闇夜に解き放たれたスパーク。魂がそのようなものだとすれば、スパークだけが真の自己なのではありません。闇夜も、その向こうに広がる宇宙も、宇宙が生じた場も、そのすべてが真の自己です。魂は不滅の意識でできています。魂は不滅の意識を探し求めていますが、自分が自分を探し求めているのです。まさに宇宙規模の壮大なジョークではありませんか。覚醒とは、自分の本性が不滅の意識だと気づき、理解し、それを生きることです。神も魂も宇宙もすべて一なるものなのです。

エゴというトランス状態から目を覚まし、自分を形あるものと同一視する幻想から抜け出すことが可能です。一切のものが本当に「空」だと理解することが目覚めです。何も存在していないことがはっきりとわかります！　実際に存在しているのは空だけなのです！　この「空」は言葉を超えたものなので、どのようなものかを説明することはできません。自分の本性は空という全体性であり、その空は欠けるところのない知性なのだと実感すること。これが、覚醒、あるいは苦しみという名のトランスからの目覚めです。

目覚めの体験がどのようなものかは、その深さも、長さも、どのような領域での体験なのかも人によってさまざまです。短時間の浅い体験をすることもあれば、広大で深い体験をすることもあります。思考を超えた何かに自分を明け渡す用意があればあるほど、覚醒の体験もより深くなります。深さや長さや範囲は違ったとしても、体験の本質は同じです。とはいえ、理性を超えたものにどのようにアプローチするのかや、目覚めの体験をどれぐらい受け止められるのかは人によって違いがあります。

エゴのアイデンティティーの結び目が断ち切られると、あなたは自由になります。サンスクリット語では、このことを**ジーヴァ**が**ジーヴァン・ムクタ**（解脱し、解放された魂）になったと言います。仏教徒たちは多種多様な仏陀や菩薩（すべての人々の目覚めに自らを捧げる存在）の持つ性質を実現しようとします。それと同じように、魂は自己の本性の実感を深めることで成熟していきます。目覚めの体験の後、やがて試練や誘惑という形で深まりの機会がやってきます。そのとき、エゴのアイデンティティーに引き戻されるかもしれません。あるいは、エゴのアイデンティティーをさらに解放できるかもしれません。そうなれば、より深い目覚めが確立されるでしょう。こうして目覚めは深まっていきます。

最終的な解放は神と再び一つになることです。魂は自分の真の姿――あらゆる形態を超えた何か――を発見し、形を持たない**一なるもの**であると自覚します。サンスクリット語の**アートマン**は、解放された魂としての**自己**を意味します。魂が**最愛の者**、つまり**全一なるもの**に溶け去ってしまうと、**ブラフマン**と呼ばれます。

ブラフマン――神と呼ばれることもあります――は絶対的に不変の場です。私たちが宇宙・森羅万象と呼ぶ形あるものはすべて、神や魂をも含め、この場で生じます。自分とはこの特定の肉体だと信じ込んでいる状態から、すべてを生み出す全一なるものが自分であるという認識に変わると、その変化がどれほどささやかなものであっても、魂は純粋で無限の意識としての自己に目覚めます。私たちが自己実現と呼んでいるのは、自分が何者であるかのとらえ方の変化なのです。自己に目覚めたとき、存在しているのは愛のみであること、そしてこの愛こそが私なのだと発見するでしょう。

＊＊＊

注6　『Essence』H.A.Almaas 著（絶版）著者のハミードによるラティファのリストを見てすぐに、私はエニアグラムとの関係性に気づき、ラティファを認識システムに応用しました。

エゴとは何か？　私（I）、私（Me）、私のもの（Mine）

無知の眠りの始まり

広大無辺である意識が焦点を絞り、肉体として自己認識した状態を無知と言います。無知、つまり実際にここにあるものを無視する行為は、ある種の催眠状態と言えます。眠りの一種なのです。

サンスクリット語ではマインドが持つ眠りの性質のことを**タマシック**と言います。この言葉は、マインドの性質の中でも、鈍くて、暗く、濁りのある、どんよりとした不活性な質を指します。たとえて言うなら、泥の堆積物《たいせきぶつ》や使用済みエンジン・オイルのようなものです。まず、真の存在を見ないようにする無知が生じ、次に自分のことを

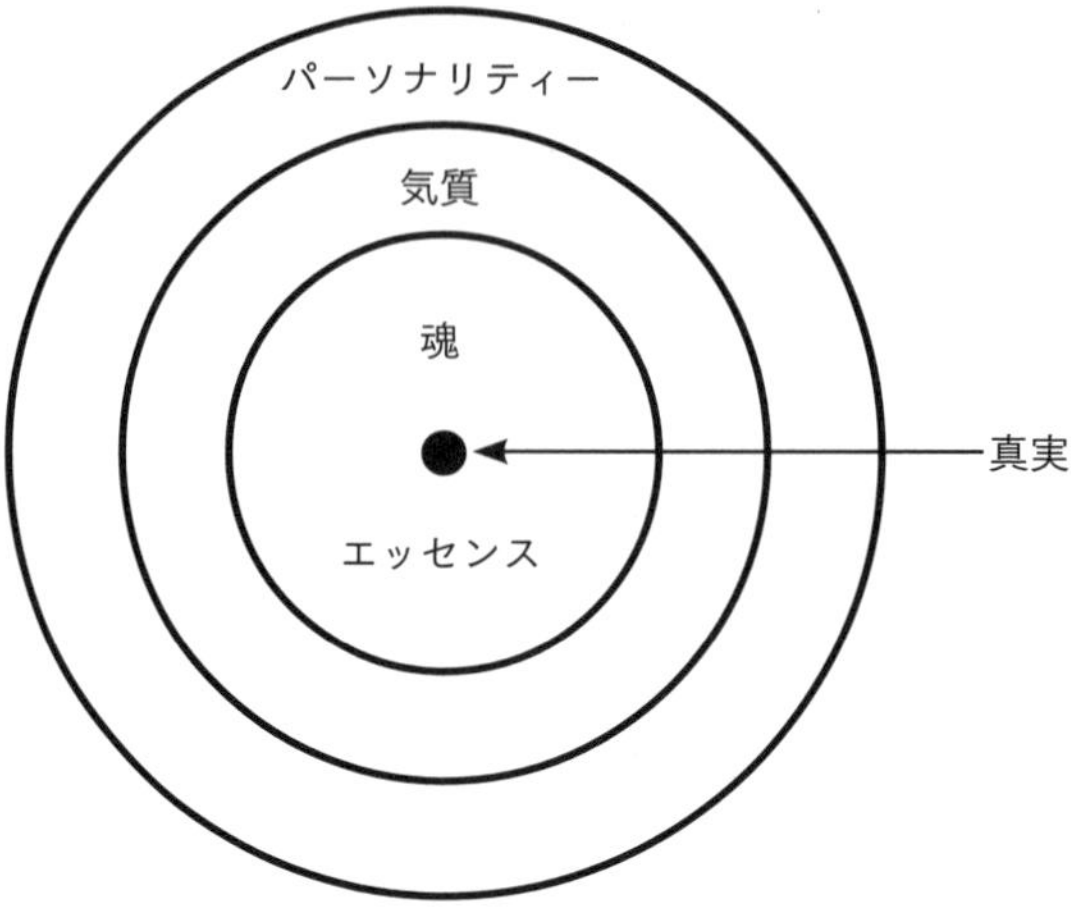

エゴの構造の図

人間と呼ばれる生き物だと思う間違った自己認識という無知が起こります。

真に存在しているものを無視する。これがあらゆる苦しみの根本原因です。真に存在しているものを無視すると、恐れと疑いが生まれます。この肉体は生き延びることができるだろうかと恐れを抱き、危険に満ちた世界でうまくやっていけるだろうかと自分の能力に疑いを持ちます。さらに、肉体に欲望とニーズが生じ、愛を欲しがり、傷つくことを恐れます。すでにここにある愛はベールで覆い隠されます。これが、心の鎧となって感情を感じられなくなります。愛は外から受け取るものとなり、愛を得るために「自分を人に売り渡す」ようになります。

こうして人間は、無知、疑い、恐れ、感情の鎧《よろい》、愛への渇望、激怒、愛を得るための行動によって条件づけられます。これが普通の人生です。自然な生き方ではありませんが、ごく一般的な生き方です。

パーソナリティー

表層部分

すべての生命体がパーソナリティーを持っています。犬や猫、馬を見てみれば、個体ごとに別のパーソナリティーがあることがわかります。エドワード・オズボーン・ウィルソンの研究によると、蟻さえもパーソナリティーを持つそうです。条件づけや遺伝によって形成されたパターンが集まってパーソナリティーになります。エゴの構造の図を見てください。パーソナリティーの層は一番外側にあり、この層が自分を取り囲む環境や社会と接触しています。

パーソナリティーは、メンタル体、感情体、肉体など、四つの領域で機能します。そのうちの三つ領域は「私の思考」、「私の感情」、「私の肉体」と呼ばれ、通常、人はそれを自分だと認識します。四つ目の領域は状況体（situational body）です。これは自分を取り囲む場のことですが、自分が世界の中心であるという認識が投影されて作られる領域です。

フロイトの精神分析をはじめとして伝統的なセラピーが目指すのは、ほとんどの場合、エゴの改善です。エゴと自身自身を同一視するには、私の物語を自分自身に向かってえんえんと語り続けなければなりません。絶え間なく生じ続ける現象の中から際立った瞬間を選び、つなぎ合わせて、私という個人に起きている出来事として受け止めます。そうして私の物語を紡ぎます。セラピーでは、この物語の内容を変えることがテーマになり、セラピストは思いやりあふれたコーチとして、これまでとは違う物語をどうやって紡いだらいいかをクライアントに指南します。コーチはたいていの場合、自己評価を上げるため、つまりエゴを強化するために雇われます。

あなたは自分の物語を変えることが**できます**。気の滅入る物語を自分に語り続けるよりは、前向きな物語を語ったほうがいいに違いありません。自分の物語を変えることは、ある段階においては価値ある行為です。同じ物語をいつまでも繰り返す必要はない、と知るのはとても大切なことです。ですが、セラピーがパーソナリティーの領域のみを扱うものであれば、たとえセラピーを受けたとしても、似たような状況がやってきたときに、再び、おなじみの問題に悩まされるでしょう。演じる役者たちは一新されても、同じ演目が再演されるのです。

もっと自信を持ちたい、恐れを手放したい、自分を受け入れたい、両親を許したい。そうした理由で人はセラピーやワークショップにやってきます。そこでは、自分を変えることが成果につながるとされています。ところが、パーソナリティーや状況を改善する試みには、大きな落とし穴があります。まったく関心を向けられることのない問いがあるのです。パーソナリティーを持っているのはいったい誰なのでしょう？　自分を変えるワークをしているのは誰なのでしょう？

私の物語を語る行為は一種の自己催眠です。世界がどうなっているかを自分自身に語り、その世界に対して反応を起こし、世界はこうなっているはずだという考えや信念を確立します。そうして自分で自分をトランス状態に誘導します。

スピリチュアリティーが成熟してくると、パーソナリティーを改善したり、日々の暮らしをより良いものにしたりするだけでは満たされなくなります。もっと深いところにある何かを渇望するようになります。「ホームに戻りたい」、「本物のやすらぎ、自由、愛が欲しい」と切望するようになります。根本的な視点で見てみると、パーソナリティーは問題ではありませんし、パーソナリティーを扱うことは抜本的な解決にもなりません。

認識システム（Character Fixation）

たいていの場合、エニアグラムはパーソナリティーを理解するためのツールとして紹介されますが、本来は、そのようなものではありません。パーソナリティーではなく、その奥にある認識システムを明らかにするためのツールなのです。同じ認識システムを持つ人であっても、パーソナリティーは実に多岐にわたっています。たとえば、ビル・クリントンとヨシフ・スターリンの認識システムは二人とも同じポイント8ですが、パーソナリティーには大きな違いがあります。

認識システムはどこからやってくるのでしょうか？　遺伝的なものだと推測されます。生物は、集団で生き残るためにさまざまな役割に対応する遺伝性素因を持っています。集団の中には、戦士、偵察者、家族の世話をするもの、未知の場所に探検に出かけるものなど、さまざまな役割がありますが、どの役割であれ、自分が属する集団の生き残り、つまり遺伝子の生き残りに貢献します。こうした遺伝的レベルの生き残りのメカニズムが、パーソナリティーよりももっと深いレベルで機能しています。エゴの結び目である認識システムが存在するのはこの深いレベルなのです。この根底のレベルにあるアイデンティティーが、個人のパーソナリティーがどのような思考や感情を持ち、どのような行動を起こすのかに影響します。認識システムは、自分の肉体と家族を生き残らせるための戦略の中枢とも言えます。間違った自己認識から起こる「私（ｍｅ）」という感覚がすべての不幸の元です。「私（ｍｅ）」という感覚を認識し、超えていくには、パーソナリティーより奥にある認識システムのレベルを扱う必要があります。

真の気質

魂の特性

真の気質は魂の領域に属しています。魂のエッセンスにはいくつもの人生をとおして育まれた特性があります。その表れが真の気質です。真の気質には、認識システムというエゴの仮面がかぶせられています。快楽や自分の身の安全の確保を、それよりももっと大切な何かのために放棄するのを厭わない姿勢でいると、真の気質の発現が促されます。恐れに直面し、認識システムの反応を正当化したくなっても、それでも真実を支持し続ければ、真の気質は徐々に開花していきます。

真の気質が表現されることを願って、そこに直接、働きかけようとしても、決してうまくいきません。

それこそが、欲しいものを得ようとするエゴのやり方だからです。真の気質は、エゴの動機から行われるのではない行為の中で姿を現し、強化されていくものなのです。

取り組むべきは真の気質ではなく、認識システムです。真の気質と魂のエッセンスの両方の模造品である認識システムに気づき、それを明らかにするのはそう簡単なことではありません（認識システムについては第二部で解説します）。なぜなら、この模造品は、エゴが安心し、状況をコントロールし、愛情を得るための戦略の核となるものだからです。

意識的であれ無意識的であれ、認識システムによって自分のアイデンティティーの確かなイメージが与えられると、それからはもう**私（ｍｅ）**という感覚について調べようとしなくなり、そのイメージが維持されます。認識システムごとにそれぞれ独自の理想像があり、自分の理想とするものこそよいものであり、かつ正しいものだと思わせる物語を常に心の中で語り続ける「理想化」を行います。この理想化によって、実際に起こっていることが見えなくなります。

ポイント2の認識システム（与える人）に出会うと、とてもやさしくて、フレンドリーな人だという印象を受けるでしょう。ポイント2は言外に「私にできることはありますか？　お手伝いさせてください」というメッセージを発しています。ところが、この認識システムのことを少し深く理解すると、他人から愛を搾り取るマシンのように見えるでしょう。「見返りに私を愛してくれるのであれば、あなたのお世話をします。あなたのためになんでもしますが、私が価値ある人間だと思わせてください」という思いが動力になっている機械のような感じがするのです。この利己心は、ポイント2の真のエッセンスのやさしさを模した偽物のやさしさによって巧妙に隠されています。真のエッセンスのやさしさは、人に認められることを求めません。一方、エゴがまねた偽物のほうは、人に認めてもらいたいがためのやさしさです。

認識システムはその人の魂のエッセンスをまねたものなので、本人にとってみれば、間違いなく本当の自分のように感じられます。それほど巧妙なエゴのトリックを情け容赦なく見抜く助けとなるのが、聖なるエニアグラムなのです。

私は誰某《だれそれ》である

エゴの誕生

何もない空の意識の場にまず初めに**私（I）**という思考が生じます。すると、私＝肉体だと自己認識しはじめます。「私はフレッドです。私は四十歳です」というのは肉体との同一視です。純粋意識に「私は誰某である」という思考が生じ、ある特定の肉体との一体化が起こると、三角形は48ページの図のようになります。

「私は誰某である」という思考が起こると、それと同時に「私以外のもの」として世界もまた立ち現れます。最初の**私（I）**が生じなければ、あなた、彼、彼女、それ、という区別も生じません。

私（I）と世界が生じると、自分は内側に、世界は外側に配置されます。こうしてエゴの孤立化が始まります。あらゆる苦しみはすべて、自分は世界から切り離されているという孤立感から生じます。

アダムとイブの神話は、まるで意識の目覚めに向かうプロセスを象徴しているかのようです。エデンの園はワンネスの中にあり、そこに住む人間にはまだ自意識がありません。創造主である神が、ある一本の木の果実を食べてはいけない、と命令を下します。この果実を食べるには、人間はマインドの力を使って神に盾突かなければなりません。肉体に生じる欲望が、神の命令に背くようにそそのかします。善と悪の

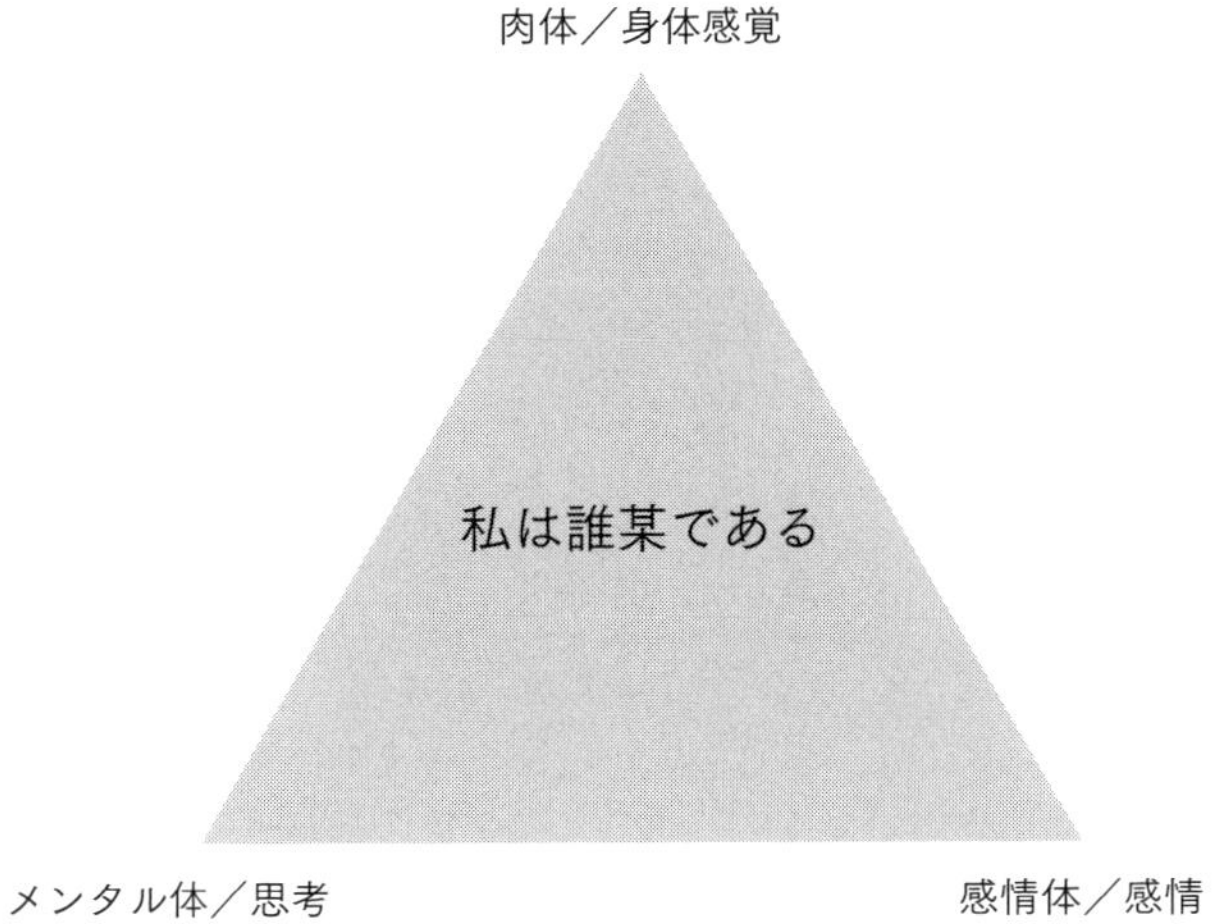

知恵の木の実を食べたことで、エデンの園のワンネスが壊され、人と神、男と女、正と誤、恥とプライドといった二元性がマインドに生じます。そして人間はエデンの園から追放され、マインドに支配されたたまま神と闘いながら、幾代にもわたってさまよい続けます。その行く末が、今、地球で起こっていることです。

私（I）は、行為しているのは自分だ、考えているのは自分だ、楽しんでいるのは自分だ、というイメージを持ちます。これが肉体、メンタル体、および感情体と自分との同一視です。こうしてエゴのマインドは神の役割を引き受け、すべての責任を背負っていると思い込みます。どのエゴも、コントロールしているのは自分だと自負していますが、内心ではどうしていいのかさっぱりわからず、途方に暮れています。この状況がもたらす苦しみに耐え切れなくなって、放蕩息子は故郷である源・ホームに向かいます。マインドは再び自らを神に委ね、個としての意識は聖なる源・ホームに戻るのです。

認識システムの結晶化

エゴの結び目はどのように作られるのか

エニアグラムは、エゴの結び目である**私（I）**という思考がどのようなものかを説明してくれるツールです。本書で認識システムと呼んでいるものを、幼少期のある時点で発現するパーソナリティーとみなしてエニアグラムを教えている人たちが多いようですが、たくさんの人たちとのワークをとおして、私は認識システムとその傾向は子宮にいるときからすでに現れていることを発見しました。エゴの構造が発達するのは三歳から五歳頃です。この時期に起こった出来事がきっかけとなって認識システムが結晶化したのを覚えている人も少なくありません。確かに、決定的に結晶化したのはその時期かもしれませんが、その前は表に出てくる機会を待っている潜伏期なのです。

花にたとえるとわかりやすいかもしれません。まだ花が咲いていなくても、バラはバラです。バラの花になる資質が種に備わっているからです。適切なタイミングがくれば、開花します。それと同じように、三歳未満の子どもでも、どの認識システムを持っているかは明らかです。また、認識システムによっては、子宮にいるときから認識システム特有の体験をしているケースもあります。

認識システムに特有の身体的特徴があります。双子を対象とした研究でも判明していますが、私のこれまでの観察でも、一卵性双生児であれば二人とも同じ認識システムを持ち、二卵性双生児の場合はそれぞれ別の認識システムを持っています。こうしたことも認識システムがＤＮＡレベルに根差していることを示しているのではないでしょうか。

二卵性双生児の女性が語った子宮内の記憶

「私はポイント5です。子宮の中にいたとき、姉が一緒なのがとても嫌でした。気詰まりで苦しかったんです。生まれた後も、窮屈さから逃げ出したくて、一人で過ごすようにしてきました。姉はポイント2です。子宮の中でも仲間がいることが嬉しかったみたいです。今でも同じことが続いています。私は身を隠そうとして世界中を旅するんですが、姉が追いかけてくるんです」

認識システムの根本原因はなんなのでしょうか？　私はそのことをエニアグラムの先生に尋ねたことがあります。満たされなかった欲望の現れだ、と教わりました。満たされなかった欲望、すなわち潜在意識の中に潜む印象のことをサンスクリット語で**サンスカーラ**と言います。人がこの世に生まれるときに、サンスカーラがその人の認識システムとなり、満たされなかった欲望を満足させるためにエゴが形成されます。この仕組みが「苦しみのサイクルを無限に繰り返す輪廻」（**サムサーラ**）です。

幼少期

認識システムの設定

神は多種多様に定義されますが、赤ん坊の頃、私たちはあらゆる意味で親を神として体験します。「神」とはなんなのでしょうか？　創造主で、与える者で、全知の存在です。赤ん坊にとって、そうした定義に当てはまるのが親です。親が赤ん坊を作ったわけですから、文字どおり両親を創造主として体験します。親に放置されれば、赤ん坊は死にます。生き延びるのに必要なものを与えるのが親です。赤ん坊の視点からすると、両親はすべてを知っています。しかも赤ん坊の知覚空間にはない外という別の世界へさえ行けるのですから。

残念なことではありますが、私たちの多くは、神であるはずの親が目覚めていない世界に生まれ落ちます。純粋な気づきとして世界にやってきた私たちは、親に完全に依存しています。神である親は子どもに名前を与え、私＝肉体だと教えます。しばらくすると、私たちは過去と現在という概念を持つようになります。神である親に隷属するようにトランス誘導されます。個別の存在としての自己イメージが刻印され、これが私たちにとっての原初の傷となります。私たちを純粋な意識として受け止めてくれる人はいません。それどころか、いい子や悪い子として認識されます。一晩中ぐっすり眠ったり、都合のいいタイミングでミルクを飲んだりすると、いい子と言われ、夜中に目を覚まして泣くと、悪い子と言われます。可愛いらしい赤ん坊、不細工な赤ん坊、おりこうさん、お馬鹿さん、などと認識されることもあります。「神」によって何者であるのかが告げられ、そうした外からの認識が私たちの存在の上に重ねられていきます。

最初のトランス誘導は生まれるとすぐに始まります。名前で呼ばれることがトランス誘導なのです。あなたは「サリー」だ、という呪文を何カ月もの間、幾度となく繰り返し聞かされます。しまいには「サリー」がすっかり刻印され、自分のものとなり、「はい、私はサリーです」と言うようになります。

こうした条件づけが行われる中で、赤ん坊は生き延びる術も習得しなければいけません。個別のプログラムが用意されています。たとえば、可愛らしく笑うスキルや、プログラムに反抗するスキルなどを身につけます。赤ん坊はいい子にしたら愛をもらえる、悪い子だったら拒否される、ということを学びます。いい子と悪い子ではスタイルこそ違いますが、どちらも親との関係で身につける生き延びるためのメカニズムであることに変わりありません。

この時点で、すでに子どもは本当の自分に触れることができなくなっています。感情の鎧と防衛手段と行動パターンを搭載した肉体と自分とを同一視し、「これが私だ」と思い込みます。そして、「私のことをたっぷり愛してくれる人が見つかったら、幸せになれる」、「十分なお金があったら、幸せになれる」、「適切なパートナーがいたら、適切な経験をしたら、適切な服を持っていたら、幸せになれる」と言って、外の世界にある対象物の中に「幸せ、安心感、充足感」を見つけようとします。

自分は確実に死に向かって押し流されていく生物だと信じつつ、自分の外側にあるものに人生の意味や充足感を探してみたところで、求めているものは見つかりません。

なぜ外側にあるものや出来事の中に安心感、幸せ、愛を見つけようとするのでしょうか？　自分が本当は何者なのかわからない無知の中で眠りこけているからです。求めているものが絶対に見つからない外側の世界で無益な探求を続けると、程度の差はあっても、うつ状態や被害妄想に陥ります。心に鎧をつけて感情を感じなくなってもおかしくありません。「私と私の人生」という名の夢遊病的なトランスの中で自分を失い、幸せを見つけようとしても見つけられず、出口のない堂々巡りを続けているようなものです。感情に鎧をまとうと、意識の乖離が進み、疑いと恐れが助長されます。麻痺したまま眠り続けることを望み、自分ではない誰かからの愛をさらに渇望するようになります。

自分の外側にあるもので自分を満たそうとするのをやめて、幸せ探しの堂々巡りのサイクルを崩すことも可能です。そうしてみると、真の充足感に至る唯一の方法は、あなた自身の存在の深みに自分を向かわせることだけなのだと気づくでしょう。

やがて、「私（ｍｅ）」の根源であるエゴの結び目と向き合うときがやってきます。そのとき、本当の意味でエゴを明け渡すことができるのです。

第二部　認識システムを知るためのエニアグラム

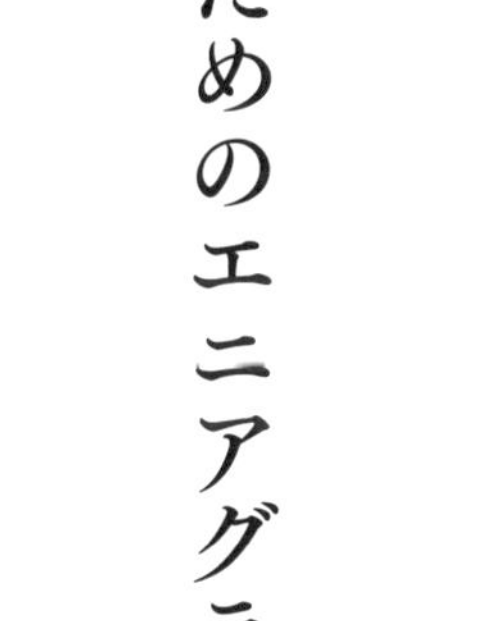

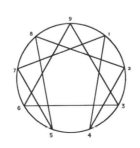

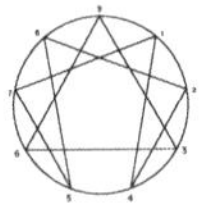

認識システムを知るためのエニアグラム

見かけを実在だと思い、
影を実体だと思い、本物を偽物と思う。
そのような間違いを犯す者は本質を実現することはできない。

仏陀『法句経』

ここからは、見かけ、影、そして偽物について注意深く調べていきます。これまで、本物で実在するものとばかり思っていた「私（ｍｅ）」は偽物の自己です。偽物の正体を暴くと、真実がその姿を現します。認識システムの構造、つまりエゴの構造を解説するエニアグラムを頼りに、自分は誰ではないのかを詳しく見ていきます。

エニアグラム（Enneagram）という言葉は、「九つの面を持つ」という意味のギリシャ語から来ています。九種類あるうちのどのエゴの仮面をつけているのかを、認識システムを知るためのエニアグラムを使って、突き止めることができます。この九つのエゴの仮面は、自己認識が起こる「領域」に応じて三つに分類されます。自己認識が肉体で起こると、怒りに基づく認識システムが形成されます。感情体で起こると、恥に基づくヒステリー（本書において「ヒステリー」という用語は精神医学的障害ではなく、感情の激しい興奮状態を指す）の認識システムが形成されます。メンタル体で起こると、恐れに基づく認識システムが形成されます。この三つの基本的認識システムの根底には、それぞれ対応する恐れ――怒りにまつわる恐れ、愛にまつわる恐れ、恐れにまつわる恐れ――が存在します。

三つの基本分類（怒り、ヒステリー、恐れ）は、さらに三つのバージョンに分かれており、三種類の怒りポイント、三種類のヒステリー（自己イメージ）ポイント、三種類の恐れポイントがあります。合計で九種類の基本の認識システムがあります。

認識システム自体は問題ではありません。認識システムという機械の稼働中に、機械の自動反応を個人的な現象として受け止めてしまうことで問題が起こります。認識システムはただの機械だということがわかりはじめると、機械の動きに巻き込まれずにいることが可能になります。認識システムに巻き込まれた状態をエゴと言うのです。巻き込まれなければ、問題もなくなります。

ただの機械的なパターンにすぎないものを**私（ｍｅ）**と呼んでいることに運よく気がつくと（同じパターンを持つ人が何億人もいます）、パターンを自分独自の体験や性質として見なくなります。すると、パターンと自分との同一視をやめる選択肢が生まれます。自己についての間違った概念に溺れたままでいたくないという決意が固ければ、実在しないものへの執着を完全に手放し、真の存在の表れとしての人生を送ることができるのです。

認識システムの三つの中核ポイント

どのエゴも宇宙の中心として自分を認識し、体験します。そのため、人は自分が人生をコントロールしているというイメージを持っています。思考は、自分が管理者であり、ものごとを行ったり、身の安全を確保したりするのは自分の役目だと思い込んでいます。誰かに頭ごなしにああしろ、こうしろと命令されたら、腹が立ちませんか？　怒りの衝動は肉体に生じます。これは動物にもれなく備わっているものです。怒りは肉体に生じ、愛されることへの欲求は感情体に生じ、頭の中の対話（内部対話）はメンタル体に生じます。

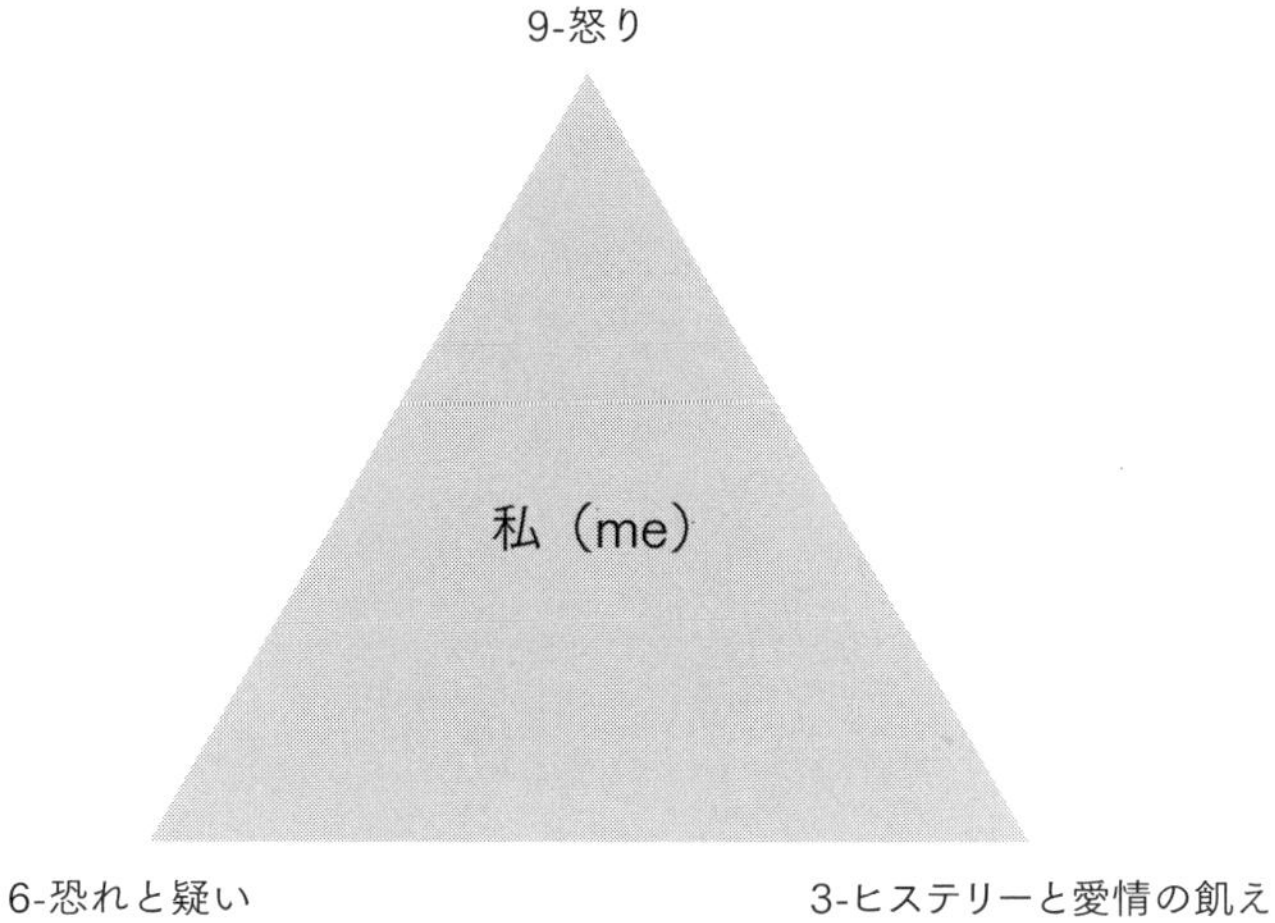

「私（I）」は、自分はたくさん存在する肉体のうちの一つに閉じ込められ、広大な宇宙の中でほかのものから切り離されている、と思い込んでいます。その思い込みが、怒り、欠乏感、恐れの原因です。誰が肉体をコントロールするのかを巡って怒りが発生し、感情的な欠乏感と自分との一体化が起き、肉体が生き残れるかどうかについて恐れが生じます。エニアグラムでは、これらを中核ポイントと名づけ、怒りの中核ポイントには9、感情的な欠乏感の中核ポイントには3、恐れの中核ポイントには6という数字を割り当てています。

三つの領域

肉体、感情体、メンタル体

アリストテレスは、人間は三種類の魂（soul/mind）を持つ生物だと言っています。私たちにはもともと植物的魂が備わっていて、これが体温、呼吸、循環など、肉体の維持をつかさどっていると考えました。本書ではこの領域を肉体と呼びます。

アリストテレスによると、植物的な状態から次の段階の動物的魂が生じます。これは執着、激怒、恐れ、欲望などの感情が属する領域である感情体のことです。

動物的魂の次に生じるのが人間のマインドです。アリストテレスはこれを**理性**と呼びましたが、本書におけるメンタル体に相当します。理性とは感情を介在させずに推理し、合理的な判断を下す能力のことであり、理性があるため人間は動物よりも一段階レベルが上の生物だ、とアリストテレスは言っています。

肉体、感情体、あるいはメンタル体と自分とを同一視しなければ、認識システムは存在しません。その三つの領域のいずれかと自分とが結びつくと、つまり目に見えるものであれ、目に見えないものであれ、私とはなんらかの形あるものだと信じた瞬間に、自分との同一視の発生した領域で認識システムが結晶化し、機能しはじめます。

・エニアグラムの九つのポイントのうちの三つは、肉体で結晶化する認識システムです。怒り（強迫神経症）ポイントに分類されます。

・感情体で結晶化する三つのポイントは自己イメージ（ヒステリー）ポイントに分類されます。

・メンタル体で結晶化する三つのポイントは恐れ（妄想型統合失調症）ポイントに分類されます。

人には肉体、感情体、そしてメンタル体の三つともが備わっているため、どの人にも認識システムのほとんどすべてのパターンが現れます。ですが、その人の核となる視点は、三つの領域のいずれか一つに固定されています。それがその人の主機能の場であり、そこから世界に対して反応します。その人の中でもっともきつく凝り固まった領域とも言えます。肉体、感情体、メンタル体それぞれに独自のマインドと思考プロセスがあります。

肉体は肉体に起こる衝動をとおして思考します。快楽へ向かい、痛みから離れます。肉体の思考は前言語的、かつ非理性的なレベルで機能します。

感情体は感情（気分の揺れ動き）をとおして思考します。感情体の思考は、非理性的なレベル、かつ多くの場合、前言語的レベルで機能します。感情体で起こる思考は依存心を生み、承認や愛を得ようとします。感情欲求が満たされない場合、怒り、心の痛み、悲しみの感情反応が起こります。

メンタル体は思考や観念の領域で機能します。頭の中で行われる内部対話はメンタル体の働きによるものです。常に「私」、そして世界と「私との関係」について統合失調症的に頭の中で解説し続け、「何をすべきなのか」悩んでいます。

もちろん強迫神経症（怒り）ポイントの人であっても、愛の情感に浸ることもあれば、頭の中で詩を語ることもあります。とはいえ、愛に浸り詩を語りながら高速道路で車を走らせているときに、ほかの車が割り込んでこようものなら、瞬時に肉体に怒りの衝動が走ります。これが肉体の認識システムです。生じた怒りに対してどのように反応するのかは、その人の成長度とパーソナリティーによって異なります。

・強迫神経症（怒り）ポイントは人に逆らう。

・ヒステリー（自己イメージ）ポイントは人に近づく。

・パラノイア（恐れ）ポイントは人から離れる。

この後、九つの認識システムについて怒りポイント、自己イメージ・ポイント、恐れポイントの順に詳しく分析していきます。エニアグラムの内側の三角形の頂点は、肉体の中核ポイントの9、感情体の中核ポイントの3、メンタル体の中核ポイントの6で構成されています。それぞれの中核に外在化と内在化という二つのバリエーションがあります。

・9　怒りの中核
8　外在化バージョン
1　内在化バージョン

・3　ヒステリーの中核
2　外在化バージョン
4　内在化バージョン

・6　恐れの中核
7　外在化バージョン
5　内在化バージョン

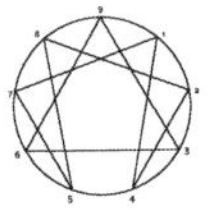

三つの動物的欲動

遺伝子を生き残らせるための機械

どの動物も、種を存続させるために次の三つの基本的本能の欲動に基づいて行動します。

・自己保存的欲動　個体の生存

・社会的欲動　群れが生き残るための階層と役割

・性的欲動　個体の繁殖

自分を肉体だと認識しているうちは、この三つの動物的欲動が人生のあらゆる体験に影響し続けます。この欲動は認識システムの層よりもさらに奥にあり、そこから認識システム特有の囚われ（情熱）を焚きつけて、認識システムを動かします。動物的欲動に向き合わない限り、認識システムの囚われは無意識下で稼働し続けます。

レイプや略奪、自然破壊、そして地球上の生命バランスの崩れの根本的な原因となっているのは、三つの動物的欲動への盲従です。動物的欲動は幸せを求めるエゴの欲望へと形を変え、認識システムの囚われを動かし、欲求を満たすための行動に人を駆り立てます。

個人としてのアイデンティティーが重要視される今の時代では、日々の生活そのものを、エゴの超越へと導いてくれる教師として利用できます。エゴの超越という聖なる取り組みにおいて、実に新鮮な切り口を提供してくれる特別なツールを私たちは授かりました。それがエニアグラムなのです。

人は幸福感を得るために、下等な三つの動物的欲動のいずれかを満たそうとします。そして欲動にけしかけられ、それぞれの認識システムに特有の囚われにまかせて行動します。認識システムのしたいようにさせれば幸せになれると勘違いしているのです。実際は、認識システムの欲求を満たすと、つかの間の快楽の後に苦しみや不安感に襲われます。認識システムの欲求に流されて行動するたびに、自分は制限された存在だという信念が強化されます。

認識システムの欲求に流されるのを拒否するのは、本人にとっては極度の犠牲を払うことのように感じられます。そうした犠牲を払おうと望む人はめったにいません。だからこそ、仏陀は何千年にもわたって崇敬されているのです。一つの時代に一人の稀有な魂が目覚めるのでは十分ではないことは、はっきりしています。神に遣わされた救世主が大勢の天使たちとともにやってきて私たちを救ってくれるという神話は、今ではもうたいした影響力を持ちません。一人ひとりが動物的欲動で生きる状態から聖なる存在へと飛躍したいと自発的に望む必要があるのです。

エニアグラムを利用すると、動物状態から聖なる存在への飛躍がただの概念上の話ではなくなります。

利己心（ｍｅ）を超えていくための具体的なプロセスがわかるからです。何かを**行うこと**では利己心を超越することはできません。利己的なふるまいを**やめたい**という確固とした思いを持つ必要があります。利己心を抑圧したり、否定したり、ただ「手放そうとする」のでは、超越は起きません。認識システムがなくなるように願ったり、認識システムにスピリチュアルな意味づけをしてみたり、「認識システムなど本当は存在しない」と信じようとしたところで、やはり超越は起こりません。認識システムが押し寄せる波のように自分の中で動き出しても、ただ波を見て、動かずにいる。これが利己心を超えていく唯一の方法です。

生き残り、社会的地位、セックスを人生の基本にしている限り、「エゴの私（ｍｅ）」のための人生です。そうした人生では相対的な充足感と相対的な喜びしか味わえません。いつの時代でも変わりなく求められ続けてきたものは、究極の充足感であり、究極の幸せです。多かれ少なかれ私（ｍｅ）が存在するところには、究極の幸福は絶対に見つかりません。真の充足感のありかを見つけるには、私（ｍｅ）が存在する場を完全に後にしなければなりません。

意外に思われるかもしれませんが、完全な充足感、深いやすらぎ、真実の愛は、私（ｍｅ）のいない生き方の中で見つかります。私（ｍｅ）から解放された人生では、真の**自己**をいたるところに見いだすことができます。認識システムを超えたアイデンティティーで生きるとき、真の至福、真実の愛、本物の親密さ、嘘偽りのない充足感があなたから自然にあふれ出ています。誠実さと叡智を携え、喜びを味わい、愛を愛する者としてこの世に現れた命が十全にまっとうされる、そうした人生となるのです。

どの認識システムのポイントであれ、三つの動物的欲動のすべてが関係しています。認識システムが違えば、動物的欲動がどのように表現されるのかも異なります。三つの動物的欲動の特徴を理解しておくと、特に次の二つの点で役に立ちます。

一つに、認識システムを稼働させる動因となっている欲動がわかれば、認識システムの正確な特定に大いに役立ちます。自分のポイントを間違えている人たちが大勢います。認識システムと三つの動物的欲動を関連づけると、ポイントの判断ミスに気づきやすくなります。

もう一つに、一番強く働く欲動を知ることで、どのような場面でもっとも自分を裏切ってしまうのかがわかります。自分を動かす欲動を知ることは、自分の最大の敵について知ることにほかなりません。三つの動物的欲動のすべてに直面し、焼き尽くす必要があるとはいえ、とりわけ克服困難なものが一つあります。しかもその欲動は、焼き尽くされてもなお、一番に再浮上し、あなたを認識システムに戻そうとするのです。

どの人も三つの動物的欲動のすべてを持っていますが、認識システムの囚われを特に強める本能があり、ほかの二つより優勢に働きます。この優勢な本能をサブタイプと呼びます。

・自己保存的サブタイプを持つ認識システムは、社会生活や性生活の領域に生き残りのテーマを持ち込みます。生存本能を満足させてくれそうなパートナーを選びます。

・社会的サブタイプを持つ認識システムは、自分の社会的地位を高めるために性的な関係を利用し、生き残るために社会的なつながりや家族関係を利用します。

・性的サブタイプを持つ認識システムは、お金や人間関係の問題を解決するためにセックスを利用します。

認識システムを三本脚の椅子だと考えてみてください。どの椅子にも一本だけ短い脚があります。そのため認識システムの椅子は傾き、座ると景色全体が傾いて見えます。どの認識システムであっても、それぞれ独自の偏った視点から世界を見ています。

・自己保存的サブタイプはほかの二つと比べて、より神経質で、余裕がないように見える傾向があります。生き残れるかどうか、安全かどうかについて心配することに多くの時間を割きます。

・社会的サブタイプは家族を中心に置いた生き方をします。集団の中にいることを好み、社会生活を楽しみます。家族に頻繁に電話をかけ、両親や子どもと関わりを持ちます。職場のみんなで昼食に行くように仕切ったり、十二人もの人たち全員が夕食会に参加できるようにお膳立てしたりします。何にも増して集団内の自分の地位に関心を寄せる人たちです。

・性的サブタイプは一対一の関係を好む傾向があります。カリスマ性があり、目から性的なエネルギーが漏れ出ています。どちらかと言えば、同性よりも異性と多く交流します。このタイプの人は、ほかのタイプと比べて、よりはっきりと性的な印象を人に与えます。

強迫神経症　怒りポイント

強迫神経症
怒りのポイント

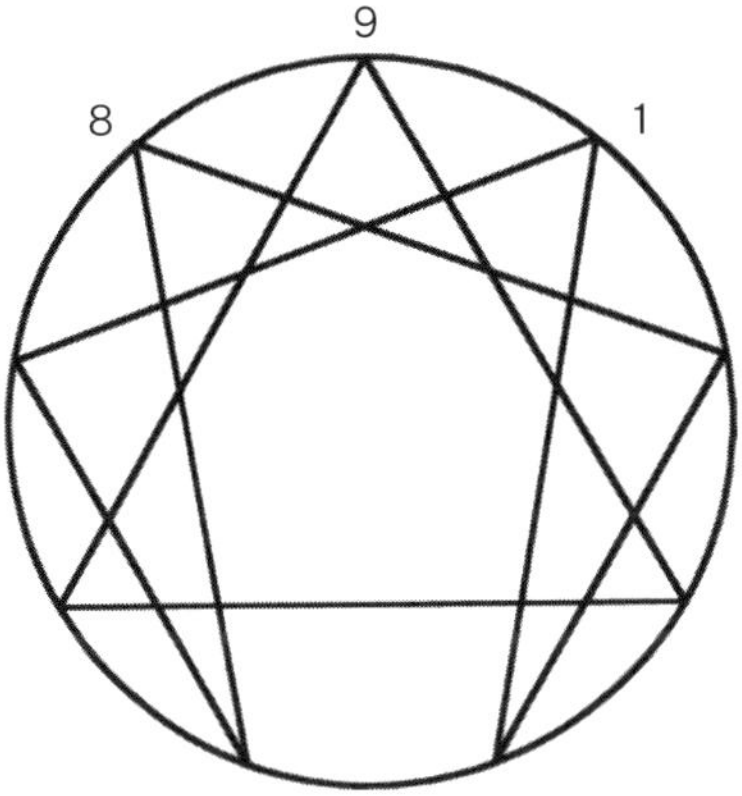

最初に肉体に怒りが生じます。それに続いて、そのほかの感情や思考が起きます。怒りポイントは攻撃というスタイルで他者に反応します。

怒りポイントは「存在のグループ」と呼ばれることもあります。怒りポイントの問題の核となっているのは、「私はただの人間だ」という間違った信念です。この誤解によって、無知の眠りに落ちはじめます。存在＝人間の体、と自己認識しています。根本的なところに生じた無知からすべての問題、不幸、災難、苦しみが生まれますが、その根底には怒りがあるのです。

最初に発生し、かつもっとも根深い怒りは、動物の体（形あるもの）に閉じ込められたことへの怒りです。さらにそれよりも強い怒りを、自分をそのような目にあわせた神に対して向けています。怒りの感情を核として、そのほかのあらゆる感情が生じます。「私は肉体である」と信じ込み、それによって生じた原初の怒りと神への非難の両方を抑圧しているので、「自分自身」でいることと他者による支配が内面で衝突します。この内なる葛藤はコントロールしようとする態度、好戦的な態度、あるいは服従的な態度となって表現されます。

肉体に激怒の衝動が起こると、怒りポイントはそれに対処するためにメンタル体と感情体のエネルギーを誤用します。

・ポイント1は服従します。その結果、怒ります。

・ポイント8は反抗し、かつ激怒します。

・ポイント9は服従と反抗のはざまに閉じ込められ、両者の間でためらいます。服従すると怒りが生じ、反抗しようとすると恐れが生じます。

強迫神経症ポイントが抱える問題の中心的テーマは、時間、汚れ、お金です。これらに関して状況をコントロールしようとします。たとえば、怒りポイントの中には、いつも時間にルーズな人たちがいます。時間に遅れるのは、実は、相手に従わない姿勢の表明なのです。相手を待たせるというやり方で、自分が状況をコントロールし続けようとします。

ポイント8やポイント9の中には、かなりがさつに見える人たちがいます。洗濯物の山ができていたり、いつ食べたのかわからないピザの箱やビールの空き缶が置きっぱなしになっていたり、といった具合です。一方、ポイント1は異常なほどこぎれいにします。何もかもが完璧で、まるで制服のような隙のない装いをしています。ジョージ・ワシントンがこのポイントのわかりやすい例でしょう。アメリカ人であれば、彼の制服姿を鮮明に思い描くことができますが、デザインを考えたのはジョージ・ワシントン本人です。

ポイント8は、自分のもろさや傷つきやすさを感じないようにします。そうした性質は依存と弱さにつながり、支配力を失うためです。ポイント8は怒りを表現するのは当然なことだと感じています。一方ポイント1とポイント9は、怒りは社会的に不適切なものだとして怒りの感情を避けます。

ポイント9（怒りの中核）は、そのほかのすべての認識システムの元となるポイントです。というのは、どの認識システムにせよ、それが形成されるには、まずその前に無知への眠りに落ちなければならないためです。無知からあらゆる認識システムが生まれ、発達していきます。言ってみれば、すべての認識システムはポイント9のバリエーションなのです。どの認識システムであれ、いつかはポイント9の特徴である無知の眠りから目覚めなければなりません。

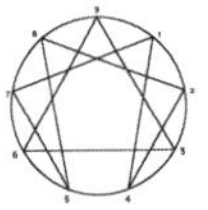

ポイント9　怒りポイントの中核

エッセンス	気づき
聖なる理念	神聖なる愛
聖なる道	適切な行動
主機能	習慣的な怠慢
囚われ	怠惰
理想化	「私は快適だ」
会話スタイル	長編小説
罠	探究者
防衛機制	自分に麻酔をかける
回避	対立
内なる二項対立	信じる人／疑う人
サブタイプ	自己保存的〜食欲
	社会的〜参加
	性的〜融合

9は怒りポイントの中核です。ところが、怒りをまったく感じていないように見えるのがポイント9の顕著な特徴です。ポイント9は自分自身の怒りに対して恐れを抱いています。そのため、気分よく過ごすことで怒りを無視しようとします。ポイント9の多くは、やさしくて、おおらかで、穏やかそうな様子をしています。うまく世の中の流れに乗っているようにさえ見えるかもしれません。ポイント9は、マインドの非常に深く、根源的な層において怒りを避けているので、怒りが生じたその瞬間には、怒りを感じようとも、表に出そうともしません。それどころか、さまざまな手段を講じて怒りを無視したり、感情

を麻痺させたりします。より表層のレベルにおいても、同様に怒りを避けるという戦略が採用されます。そのためポイント９にとっては悲しみ、孤独感、恐怖、憂鬱感を感じるほうが、怒りを感じるよりもはるかに容易です。「愛情深い人」を自分の理想とすることで、怒りを麻痺させる衝動を正当化します。表現されなかった怒りは、受動攻撃的な態度となって滲み出てしまうかもしれません。あるいは、怒りをため込むだけため込んだ結果、ささいなことで怒りを爆発させる場合もあります。

ポイント９はエニアグラムの三角形のてっぺんに位置します。この三角形の斜辺の一つは社会順応型ポイント（１、２、３、４）の側に、もう一辺は非社会順応型ポイント（８、７、６、５）の側に伸びています。ポイント９はこの両者のはざまでどちらを選ぶのか決めかねています。ポイント９を起点とする斜辺の一つの終点はポイント３です。３はエニアグラムの中でもっとも社会に順応するポイントです。反対側の斜辺の終点はポイント６です。６は反権威的な非順応型ポイントです。

ポイント９は人の言いなりになったり、慣習や体制に従ったりすると内面に怒りが湧きます。人に従わない、あるいは同調しない態度をとろうとすると恐れが出てきます。これがポイント９の問題です。ポイント９はよい子でいたいがために、服従せざるをえなくなります。そして服従させられたことに腹を立てます。他者の意向を優先し、相手に同意する癖がついていますが、後になって「人に支配されているような気分」になり、受動攻撃的な態度で怒りを表現します。自分の意向をはっきり伝えてきた人に対して腹を立てているのです。ポイント９は自分の感情から乖離《かいり》しますが、それはこうした心理プロセスの結果なのです。同意したことをなかなか実行に移さなかったり、自分のやり方に頑固にしがみついたりします。実は、どのような状況であれ、ポイント９に最初に生じるのは、言葉には表されない**拒否**です。拒否の衝動は、笑顔で「はい、喜んでお手伝いします！」と応じることでただちに無視されます。

あるポイント9のコメントです。

「あぁしろこうしろと指示しないでほしいね。人に指図されるのが大嫌いなんだ。何か言われたら、『いいですよ』と返事はする。でもね、内心じゃ、勘弁してほしいと思っているんだ。職場だと、そんなことはしょっちゅうさ。本当は自分のやりたいことをやって、他人に口出しなんかされたくない。一番自分に合っていた仕事は営業だね。僕はカメレオンみたいに周りに合わせられるから、向いていたと思う。いつでも自分のやり方でできたしね。時間なんかを前もって決めておく必要がないのもよかった。毎日、上司と顔を突き合わせているよりも、はるかに快適だよ」

囚われ　怠惰

怒りポイントの中核・ポイント9のエゴの機械を動かしている動因は**怠惰**の囚われです。ほかのポイントの囚われにはそれぞれ独自のエネルギーの起伏がありますが、ポイント9の怠惰には起伏がありません。起伏、つまり動きのないポイント9は膨張し、沈み込み、停滞します。

怠惰といっても、ポイント9が必ずしも仕事を怠けるわけではありません。ポイント9の怠惰は、重要なものごとに向き合うことに関して発動します。また、怒りと対立はどんな犠牲を払ってでも避けようとします。怒るぐらいなら、怒りや対立に気づかないでいるほうがましです。体は起きていても、意識は寝ている夢遊病状態になって、怒りのエネルギーに触れないようにします。カウチ・ポテト族のようにソファーに座ってテレビをぼーっと見続けるといったようなやり方で、ポイント9は本質に向き合うのを避けます。

ポイント９の主機能の習慣的な怠慢は、彼らが怠け者だ、という意味ではありません。実際、ポイント９は働きます。しかも、かなり熱心に仕事をすることも多々あります。勤勉にも生産的にもなれます。ですが、自分の人生に関わる肝心な問題となると、意識を麻痺させるのです。何か重要な問題が目の前に現れると、ささいなことに気をそらします。ポイント９が些末なことに一生懸命になっていたら、何か大切なことに触れそうになっているサインです。たくさんの人がやってくるパーティーの準備で、ひどく散らかった家を掃除しなければならないというのに、暖炉にこびりついた煤を歯ブラシでこそげ落とすのに躍起になってしまう。そうしたことをポイント９は言います。ポイント９は細部にのみ目を向けることで、自分の周りで起こっているもっと大きな混乱を忘れます。全体を俯瞰する視点から検討することがないため、どれが重要で、どれがそうでないかがわかりません。どれもが等しく重要なのだから、目に入ってきた順番どおりに手をつけるというわけです。

想像してみてください。あなたはある家の庭を歩いています。庭の芝は半分だけ刈ってあります。家の壁に立てかけられたはしごのそばで芝刈り機がほったらかしになっています。はしごを上ると、ピカピカに磨かれた窓越しに机の上の様子が見えます。片づいているのはその一角だけ。一つのことをやっていたら、別のことが気になって、それに手をつけては、また別のことに目が行く、ということを繰り返しているらしく、何もかもやりかけのまま放置されています。コンロにかかったやかんのお湯は今にも沸騰しそうです。このようにポイント９は一つの作業を完了させずに、別のことに手をつけ、次々に脱線していくのです。

あるポイント９の女性が、とても重要な約束に遅れそうになったときのエピソードを話してくれました。

「出かけようとして玄関のドアを開けたんですが、息子のベッドが寝起きのままになっているのが目に入りました。部屋に戻ってベッドを整えていたら、息子の雑誌があったんです。気がついたら、まだ整っていないベッドに座り込んで雑誌に夢中になっていました。重要な仕事の面接に遅れそうだっていうのに」

ポイント9はものの構造に強い関心を持つ傾向があり、構造へのこだわりが、本質的ではないことへと気をそらす方法の一つになっています。大工仕事、電気の配線、配管作業を器用にこなします。そうしたものが壁の中でどのような構造になっているのかをイメージできるのです。ポイント9の夫たちにとっては、こうした得意な作業をすることが、夫婦関係に問題があるという妻の話を聞くのを避けるための都合のよい言い訳にもなっています。

怒りを避ける

ポイント9は未解決の怒りを抱えています。常に怒りがあります。仮に怒りを表に出すことが許されたら、誰かを殺してしまうかもしれない。そう感じているポイント9も少なくありません。そのようなことをしてしまうよりは、自分を麻痺させるのを選びます。怒りが生じてもおかしくない状況でも怒らずに、自分を「ぼんやり」させているとしたら、ポイント9の認識システムが機能していることを示すわかりやすいサインです。よく人と対立する人、けんか腰の人、押しが強い人はおそらくポイント9ではありません。

すでに説明したように、ポイント9は怒りポイントの中核ですが、ポイント9が怒っているように見えることはめったにありません。たいてい、くつろいだ様子をしています。とてもやさしい人に感じられます。ポイント9にとっての本当の問題は自己評価です。ポイント9は愛情深い存在になるため、あるいは人に好かれるために、できる限りのことをしようとします。

ロナルド・レーガン元アメリカ大統領がそのいい例です。周りの人たちはみな、レーガンはよい人だと言います。悪意というのものが微塵も感じられないため、誰からも好かれていました。彼はアメリカについてなんらかの決断をするよりは、牧場で乗馬をするほうを好みました。実のところ、政治について発言するとしても、もっとも力のある優秀な相談役（妻や司法長官）の考えや見解をそのまま言っているにすぎませんでした。大統領自身が何かを決定することはどうやらほとんどなかったようで、相談役たちの総意のもとにあらゆることが行われていました。執務室で取り決められた重要事項の多くについて自分は知らなかった、とレーガン本人も言っています。

恐れポイントの中には、自分の怒りを感じることに恐れを抱く人がいて、自分がポイント9だと勘違いすることがあります。恐れポイントは自分の身の安全のために怒りを抑圧します。もし怒りを表に出したら、相手が攻撃してくるかもしれないと恐れているのです。一方、ポイント9は、自分自身の抑圧された暴力性の方をより恐れます。怒りを抑え込むのを本当にやめてしまったら、誰かを殺してしまいそうで怖い、と発言するポイント9に私は何人も出会いました。

ポイント9は決して怒らないわけでも、怒りを一切見せないわけでもありません。実際、怒ることもあります。ですが、怒りを表に出すのは、怒りの感情が生じてからずっと後になってのことです。怒りを外に爆発させることもないわけではありません。そうした場合は、たいてい、怒りの本当の原因とは関係のないことが引き金となって爆発が起こります。しかも、自分を怒らせた相手ではなく、怒りをぶつけても問題にならないであろう安全な誰か（パートナーなど）に怒りの矛先を向けます。生じた瞬間に適切に表現されなかった怒りは、内側にどんどんため込まれます。何年もかけて蓄積された怒りが、取るに足らないことで火山のように爆発するのです。

自分の視座を失う

ポイント9はほかのすべてのポイントを鏡のように反射できる特殊なポイントです。9以外のポイントでは、それぞれの囚われによってエネルギーの起伏が生じ、それがフィルターとなって知覚に歪みが生じますが、ポイント9にはこの歪みがありません。そのため、鏡のようにどのポイントの視点でも自分に映し込み、そしてまた外に反射させることができます。あらゆる考えに理解を示し、あらゆる立場に立てるのです。ただし、自分自身の見解となると、それを知るのは簡単ではありません。すべての意見に耳を傾けることができ、しかもそのどれもが妥当に思えるからです。ポイント9は調停役として非常にすぐれた資質を持っていると言えるでしょう。子どもの頃は、父親と母親の仲裁役だったと言うポイント9も少なくありません。

ある心やさしいソーシャル・ワーカーが、自分の視座がわからないと、どのような問題が起きるのかを話してくれました。「この子を家族から引き離すべきなのは間違いない。なぜなら……」と上司が言うと、彼も「ええ、確かに家にいるのはまずいですね」と同意します。

その後、一時間ほど車を走らせて問題の家庭を訪問してみると、親は「とんでもない。この子は自分の家にいるのがいいに決まっている」と言って、その理由を並べ立てます。このソーシャル・ワーカーは親の言うことも、もっともだと思い、「なるほど、そうですよね」と同意してしまうのです。

彼は数日間、問題の家庭と事務所を何往復もしながら、あらゆる意見に耳を傾け、そのすべてに賛同します。対立が起きているのを直視することも、相手と対峙することもできません。他人が好まないであろう見解を明確に表明するなど、考えられないことなのです。

ポイント9の認識システムに動かされている人は、自分自身の視座をなくし、誰の立場からでもものごとを見ることができます。そのため、自分と関係がある人たちと同じ見解を持つ傾向があります。新しいパートナーとつき合いはじめたポイント9や環境を変えたポイント9が、その相手や環境に合わせて自分をがらりと変えてしまうのをよく見かけます。これに関しても、ロナルド・レーガンがいい例です。彼はもともと、映画俳優組合の中でも非常にリベラルな立場をとっていましたが、再婚した妻の影響で保守派に宗旨替えしました。

どんな環境にもなじんでしまうことについて、あるポイント9が次のように語っています。

「私はカメレオンのように、どんな環境でも、その場に溶け込むことができます。昼間は、経営者たちが高級なクリスタルのグラスを片手に数百万ドルの取引を行う役員室で仕事をし、夜になると、パンク・ロックが流れるバーでたばこをふかしながら、マティーニを二、三杯飲み干します。その朝、私が何人ものエグゼクティブたちと一緒に役員室にいたなんて、バーにいるほかの客たちは思ってもみないでしょうね。どっちの環境でもうまくやれるんです」

ポイント8の妻と四十年間連れ添ったあるポイント9は、四十年もの間、毎晩、妻と二人でウィスキーをボトル一本空けていました。酒を飲むのが目的のパーティーもしょっちゅう開いていました。七十代になって妻を亡くした後、熱心に教会に通う女性と再婚し、現在は、たまにカクテルをたしなむ程度で、お酒を飲むことはほとんどなくなったそうです。毎週日曜日には、夫婦で連れ立って教会に通っています。

アルコールに依存しながら人生のほとんどを過ごしてきたにもかかわらず、新しいパートナーが違う習慣を持っていたという理由だけで、彼の行動は劇的に変化したのです。

ポイント9は往々にしてパートナーシップで従属的な立場をとります。そうすれば、相手にとって好ましくないことをせずにすみます。相手の考えと自分の考えの区別をなくし、パートナーを映し出す鏡のような存在になる能力を持っているように見えます。ポイント9は、自分よりもはっきりと感情を露わにする人や、頭にかっと血が上りやすい人をパートナーにしがちです。パートナーシップにおいてポイント9は相手と融合し、自分は表に出ずにパートナーを支えるサポーター役に徹します。

ポイント9の方から恋愛や夫婦関係を解消することはめったにありません。相手が別れを切り出すか、別の誰かが現れてポイント9を奪っていくかのどちらかです。ポイント9は、パートナーと対決するのが非常に苦手です。自分がどうしたいかをはっきり告げて、毅然とした態度をとり続けることはまずありません。ポイント9の場合、相手と別れたくなったら、心を閉ざします。まるで朽ち木のようなポイント9の無反応な態度に愛想をつかして、相手のほうが去っていきます。

あるポイント9の女性が元夫との離婚について話してくれました。

「本当は『ノー』と言いたいときに『イエス』と言ったことはあるかという質問ですが、四十五年前にこんなことがありました。教会でバージンロードの前に立っていました。本当はそこを歩きたくなかったんです。とにかく嫌でしょうがなかった。そのときの体の感覚を今でも覚えています。当時は六〇年代で、誰もが結婚するものという雰囲気がありました。でも、その人と結婚するのは嫌だったんです。夫となる人はとてもいい人でした。ただの友人としてだったら本当に素晴らしい人でした。教会の後ろの方に立った私はジレンマに陥っていました。結婚が嫌だなんて言えっこない。……でも本当は『ノー』と言いたかった。『結婚したくないって言ってしまいなさい』私の心の中にはその思いしかなかったんです。それから十八年経ってようやく『ノー』と言いました。とうとう結婚を取りやめたんです。やっとのことです。

結婚して四、五年が過ぎた頃、『私たち何か問題があるんじゃないかしら。話し合ったほうがいいと思うんだけれど』と夫に言ったんです。夫の返事は『いや、何も問題なんかない』でした。『ええと、なんて言ったらいいかしら。話し合ったらもやもやがスッキリするような気がしない？』『しないよ』夫はそう言うと、席を立ち、ビールを手にテレビを見に下の部屋に行ってしまいました。それから、六、七年後、まったく同じことが起きました（笑）。『やっぱり話し合ったほうがいいと思う』と言ったんです（笑）。『私たち何かがおかしいのよ。だって、口げんかぐらいするのが当たり前だと思うの。ものをぶつけ合う夫婦もいるんですって。それぐらいがいいらしいのよ』夫の返事も同じです。『俺たちには問題はないよ。うちは何もかもうまくいっているじゃないか』夫はビールを手にすると、立ち去りました。どういうわけか、次の回がやってきたときには、ものすごくおかしなことが起こったんです。お決まりのパターンの繰り返しの毎日でした。何もかもが同じです。その日も、いつもどおり、私が夕食の支度をしているときに夫が帰宅しました。夫が台所に入ってくると、私は思わず『九月一日にこの家から出ていってほしい』と言ったんです。夫は『わかった』とひとこと言って、台所を出ると、二階に上がってシャワーを浴びていました。いつもとなんの変わりもありません。夫は九月一日に引っ越し先を見つけて出ていきました。それで終わりです。怒りも修羅場もありません。何もかも死んでいたようなものです（笑）」

コントロール

ポイント9はしがみつくことでコントロールしようとします。このポイントは強迫的なため込み行動のホームグラウンドです。ため込み癖は、いつか役に立つかもしれないという理由でものを集める行為として表現されます。蒐集家であればものへの思い入れが強く、集めたものを大切にしますが、ポイント9は蒐集家ではないため、集めたものを眺めたり、整理したりすることはありません。「そのうち整理するつもり」のものがあれこれ入った箱がいくつもあって、物置が一杯になっていることもあります。

ポイント9の家のインテリアにはオーストリアのビア・ホール風の趣があります。オーストリアのビア・ホールでは、大きさも形もバラバラのビール用マグカップやら、時代遅れのこまごました飾り物があちこちに置いてあり、そのすべてにほこりがかかっています。使わない予備のカー・エンジンが一つか二つ車庫に放置してあったり、小学校から始まってすべての教科書が入った段ボール箱が客間に置いてあったり、サイズが合わないナットとボルトで引き出しがいっぱいになっているといった具合です。新聞や雑誌が積み上げられているスポットは、おそらく家の中でのポイント9のお気に入りの居場所でしょう。

ある女性が屋根裏部屋を片づけていると、たくさんの小さな引き出しのついた古い手箱が出てきました。おそらく母親のものでしょう。引き出しの一つを開けてみると、大量のひも。「短かすぎて使えないひも」というメモが添えられていました。

ビジネス面について言うと、ポイント9はお金を出すのをためらったり、常習的に約束に遅れたりする傾向があります。どちらも肛門性格の表れです。

清潔さに関する感覚もポイント9にとって問題となる点の一つです。インドはポイント9の国ですが、インドを訪れたとき、人々が汚い川の水で体をごしごし洗ったり、ごみと排泄物が山積みになっている横でしゃがみこんだりしているのを目撃しました。このような様子を見かけたこともあります。ある女性が舗装されていない道をほうきで掃いています。自分の背丈を超えるほど盛大にほこりを巻き上げながら、ある地点から別の地点へとごみを移動しているのですが、その後を追うようにして水牛が女性の引っ掻き回したごみを食い散らかしていました。

自分に怪我を負わせる

ポイント9の聖なる理念は神聖なる愛です。神聖なる愛という概念は、しばしば認識システムの正当化に利用されます。ポイント9は愛し、愛されたいと切実に願っています。愛情深い人でいるためには、そしてほかの人から愛されるには、怒りを表に出してはならないと信じています。表現されなかった怒りは、行動しないことで相手を困らせる受動攻撃となることもあれば、その矛先が自分に向かい、自分自身に怪我を負わせることもあります。ポイント9の中には木材のような体つきの人がいます。まるで何年にもわたって表現してこなかった怒りが細胞組織にため込まれ、木質化してしまったかのようです。

ポイント9の父親を持つ女性が語ってくれたエピソードです。

「母が急に外泊することになって、父と六人の子どもたちだけで何日か過ごしたときのことです。誰も食事の後片づけをしようとしません。母が出かけてから二、三日して、とうとう父が台所で食器を洗いはじめました。父は誰も皿を洗わないことに腹を立てていたのですが、洗い物をしなさいとは言わないんです。

父が腹を立てていることはわかります。ずっと怒っているんです。それでも、叱られはしませんでした。洗い物をしているときにグラスを割って、父は手を切ってしまいました。姉にせかされて病院に行ったのですが、数針縫う怪我でした。病院から戻ってみると、汚れた食器はそのままです。父は何も言わず、台所に戻ると、洗い物を再開しました。ほどなくして、グラスを割りました。さっき怪我をしたのとは反対側の手を切って、また、病院に行かなければなりませんでした」

このエピソードが示すように、怒りを自分自身に向けて表現するポイント9がいます。このタイプの人たちは、しょっちゅう事故を起こしたり、ものにぶつかったりします。保険会社がすべての事故を調査したところ、その大部分はほんの一握りの人たちによって引き起こされていることが判明したそうです。一握りの人たちの多くはおそらくポイント9――その中でも怒りを感じないようにするための手段として「意識を体から抜け出させる」傾向がある人たち――でしょう。

ある電気技師が子猫を仕事に連れていったときの話をしてくれました。ちょっと目を離した隙に、子猫が道路に飛び出して、車に轢かれてしまいます。怒りに駆られた電気技師は、一本の枝に向かって歩き出しました。その枝を自分の眼球に突き刺そうとしたのです。彼はポイント9でしたが、自分の怒りをいったいどう扱っていいのかわからず、矛先を自分自身に向けました。子猫からうっかり目を離してしまった自分を罰するために目をくり抜こうとしたのだそうです。

私のポイント9の友人は山の斜面に建てられた家に住んでいます。自宅から車で出かけるときに、少なくとも二、三回は車を横転させたことがあるとか。この友人は、むしゃくしゃして怒りをコントロールできなくなると、車に乗り込みどこかへ出かけるそうです。腹が立ったら、車の運転中に怒りを発散することにしているポイント9もよくいます。車の中であれば怒りから個人性が消えます。車という殻の中に入ることで、匿名の誰でもない存在になれます。そうなってやっと、ポイント9は叫び、ぶつぶつと不満をたれ、口汚くののしり、突っ走ることができるのです。

幼少期

出生時に産道でトラウマとなる体験をしたポイント9も珍しくありません。ポイント9は心理的な重圧を感じると同時に、それに打ち勝ちたいという欲求を持ちます。また、閉じ込められている感覚もあります。のしかかる重圧に抗おうとしても、なすすべがないまま、自分をこわばらせ、受動攻撃で抵抗します。重圧がかかると動けなくなってしまうのです。戦ったり、抵抗したりするのは無駄だと感じるようになります。そのせいで、深刻な憂鬱感と絶望感に悩まされることもあります。

心理的重圧への抵抗というテーマを幼少期に繰り返し体験するケースもあります。あるポイント9の女性は、小さい頃、癇癪を起こしては泣きべそをかきました。そのたびに母親は彼女をクローゼットに閉じ込め、鍵をかけます。泣き疲れて眠ってしまうまで、閉じ込められたままだったそうです。この体験から彼女は、怒りは孤独と暗闇をもたらすものであり、絶対に怒りを表現してはならないという教訓を得ました。眠りだけが唯一の救いでした。

自己保存的ポイント9の男性がドイツで過ごした子ども時代の出来事を語ってくれました。その頃、この男性にとっての唯一の楽しみはクリスマスでした。残りの三百六十四日はみじめな毎日で、一年の中で最高の日のクリスマスを心待ちにして暮らしていました。五歳の年のクリスマスに、母親が五人の子どもたち全員にお揃いのウールのスーツを仕立ててくれました。ところが、そのスーツを着てみると、体が痒くなるのです。あまりの痒さに頭がおかしくなりそうで、スーツを脱いでしまいたくなりましたが、母親に「スーツを着ないと、クリスマスのお祝いをできないよ」と告げられます。母親に素直に従いたい気持ちと、説き伏せられたことに対する怒りの板挟みになり、苦しみます。「クリスマスを取ってスーツでひどい目にあうか、スーツを脱いで家のベッドで寝ているかのどちらかしかない」そう考えました。母親はスーツを水で湿らせて刺激を和らげようとしましたが、残念ながら逆効果でした。濡れるともっとチクチクします。その上、濡れているため、着心地がよりいっそう悪くなりました。この話をしてくれたのは、男性が四十代のときでしたが、まだ、そのときの怒りを抱えていました。

次も、また別のポイント9の男性の五歳頃の体験です。小川を歩いて渡っていると、後ろから誰かがこちらに向かって石を投げてきます。石はヒュッと音をたてて彼の体の横をかすめていきました。投げているのが誰なのかはわかりません。向こう岸に着いてから、石を拾って投げ返しました。ところが、彼が投げた石は、こちらをめがけて石を投げていた女の子にではなく、女の子の弟の頭に当たります。その子の頭から血が流れ出しました。

男の子を殺してしまったかもしれないと思うと怖くなって、急いでその子のいるところまで引き返し、自分のシャツを包帯代わりにして血を流している男の子の頭に巻きました。死んでしまう。自分が腹を立てたせいで人を殺してしまったかもしれない。恐怖にかられ、包帯代わりのシャツを調達するために家に向かって走り出しました。家に着くと、部屋に駆け込み、引き出しを開け、シャツをわしづかみにします。

そのとき母親が部屋に入ってきました。「どこに行くの？　行き先を言わないんだったら、部屋から出てはいけません」人を殺すことの恐ろしさと、そのことを母親に告白することの恐ろしさの板挟みになって身動きが取れなくなります。

彼は、どこに行こうとしたのかは言わないことにしました。怒りと恐怖を感じながら部屋にとどまりました。人の言いなりになったせいで激しい怒りが湧いてきます。この経験から、金輪際、腹を立てるのをやめて、怒りを表現しないと決心しました。この男性は怒りを感じそうになると、何もかも無意識に押し込めてしまうようになったのです。

往々にしてポイント9は、子どもの頃は目立たない子だったと言います。兄弟姉妹の影になっていたと感じているポイント9もいます。家族の中の主役はほかの誰かであって、ポイント9の役回りは家族の中で繰り広げられるドラマの観察者です。家族の和を取り持つ調停役だったポイント9もいれば、父親と母親が喧嘩しているときには自分の部屋に隠れていたと言うポイント9もいます。多くのポイント9が、家で怒りを露わにするのはとにかく許されないことだった、と言います。

ポイント9の子どもは、家族ドラマの中心人物ではありませんが、従順になることで怒りを抱えるという自分の問題に対処しなくてはなりません。ポイント9は、子どものときには両親をとおして、大人になってからは子どもをとおして自分の人生を生きようとする傾向があります。ポイント9の親は、かつて自分ができなかったことを子どもたちに体験してほしいと願って、子どもをリトルリーグに入れたり、バレエに通わせたりします。ポイント9には境界線がないので、自分の子どもが何かを経験すると、まるで自分自身が経験しているかのような気分になれるのです。

理想化「私は快適だ」

ポイント9の理想化は**「私は快適だ」**です。ポイント9がベールに覆い隠しているエッセンスは「**存在**」

です。このエッセンスの偽物は身体的な快適さです。

エニアグラムにおいて生き残りのポイントでもあるポイント9は、ほぼどのような状況にでも溶け込むことができます。怠惰の囚われによって、その瞬間に起きていることに向き合うのを避けます。今いる場に溶け込み、そこで起きていることに向き合わなければ波風は立ちません。こうした在り方を「自分の快適さ」を理想とすることで正当化します。快適さと引き換えに自分を曲げることが、ポイント9の認識システムにとっての最大の罠の一つです。ポイント9はものごとを「放置」しがちですが、今、起こっていることはたいして重要ではないと言って後回しにしてしまうことこそ、このポイントにとっての罠なのです。

レーガン大統領政権時の次席補佐官マイケル・ディーバーは、元大統領について次のように語っています。『ライフ』誌に掲載された記事から抜粋しました。

就任演説が行われる日の朝、私は九時少し前にホワイト・ハウスの近くにある大統領賓客宿泊施設に到着しました。レーガン家の人たちの式典準備を手伝うためです。髪を整えていたナンシー夫人に「ガバナーはどちらですか?」と尋ねました。

夫人は振り向きもせずに「まだ寝室にいるんじゃないかしら」と言います。

寝室のドアを開けると、中は真っ暗でした。カーテンも閉まったままです。ベッドの真ん中あたりにブランケットの塊があるのを見つけるのがやっとでした。

「ガバナー!」

「うん？」

「あの、二時間後に大統領就任式が始まります」

「もう起きないといけないということか？」

会話スタイル　長編小説

会話の仕方は、認識システムを見分けるときの非常に重要な手がかりになります。ポイント９の会話スタイルは**長編小説**です。ポイント９は話を聞いているよりも自分が話し手のときに、より快適に感じる傾向があります。

ポイント９に「やあ、元気かい？」と挨拶すると、シンプルな挨拶ではなく、次のような長い物語が返ってきます。

「すこぶるいい調子だよ！　と言っても、今朝は少々、二日酔いなんだ。昨日、ジョーと出かけてね。ジョーのことは知ってるよね？　何かのパーティーで出会って、君も一緒にフルトンの店に一緒に行ったよね？　店の名前はなんだったっけ？　フルトン？　いやオファレルだったかな？　まあ、店の名前はいいとして、昨日はジョーとカクテルを何杯か飲んでいたら、ある男と知り合いになってね。なんて名前だったかな……。とにかく、本人が言うには、その男は……」

ポイント９が全員このような話し方をするわけではありません。内気でほとんど口を開かない人もいます。内気なタイプでも、いったん話し出すと、必要以上に細かいことをくどくどと話したり、話の内容がどんどんそれていって収縮がつかなくなったりする傾向があります。

ポイント9はこの瞬間にとどまることを耐え難いと感じます。今ここから意識をそらすか、会話をするか、ぼーっとすることで、その耐え難さを麻痺させます。

催眠療法家で精神科医でもあったミルトン・エリクソンはポイント9でした。エリクソンは、一人語りを用いた催眠でクライアントをトランス状態に誘導しました。延々と続く物語を創作し、クライアントに語りかけます。こうしてトランス状態に誘導しつつ、治療に役立つたとえ話や比喩をクライアントの潜在意識に届けるのが彼の得意とする治療法の一つでした。

カール・ロジャースも、ポイント9の認識システムをセラピーに活用した著名なセラピストです。ロジャース派のセラピーでは、セラピストはクライアントに指示を与えることはありません。クライアントの考え方を、そのままクライアントに返します。ロジャースにとって完璧なセラピストとは、クライアントを映す鏡になれる人でした。

罠　探究者

ポイント9の罠は**探求者**です。探し続けるという行動パターンが、自分を麻痺させる手段の一つになっています。私があるポイント9の男性にセミナー中にインタビューしたときのことです。インタビューは上の空で、彼はマイクをじっと見つめ、マイクの仕組みを解き明かそうとしています。「このマイクは向こうのケーブルにつながっているんだろうか？　コンデンサーはついているのかな？」などと考えていたそうです。

ポイント9は世界や日常のさまざまなことについて考え、理解しようとして延々と時間を費やします。

大工仕事、特にサンドペーパーでやすりをかけるのを好むポイント９は、やすりをかけながら何時間も物思いに耽ります。ものごとの解決策、世界というものはいったいどうなっているのか、宇宙の構造、人生を生きるコツなど、とりとめなく思いを巡らせます。

ポイント９は長時間にわたって単調な作業をしながら意識を乖離させても、問題なく仕事を仕上げられる人たちです。織工や、かなり退屈で単調なデータ入力業務に従事する人たちの中にこのタイプがいます。ポイント９はこうした作業をしながら、ある種の快適さを味わえます。この瞬間から「抜け出た」状態のまま、何か役立つことで自分を忙しくしていられるのは、ポイント９にとってはありがたく、かつ、よい気分になれることなのです。

私はセラピストとしての仕事をとおして、探究者の罠は隠し扉にもなることを発見しました。開くことさえできれば、今いるところとはまったく違う場所に抜け出せる非常口につながる隠し扉です。人生のすべてを真実の探求に捧げると、真実がおのずと姿を現します。認識システム自体が、苦しみの終焉という向こう岸にたどり着くための乗り物になるのです。

ただし、向こう岸に降り立つには、認識システムも、「私が何者なのか」についてのあらゆる概念も、こちら側に置いていかなければなりません。つまり、最後には探求をやめなければなりません。今まで求め続けてきたものが見つかったときに通らなければならない最大の難関は、さらに探し続けることからも、何かほかのものを探すことからも一切手を引くことなのです。もちろん深まりは起こり続けるでしょう。ですが、探求という行為をやめない限り、深まるどころか、わき道へとそれ、本当に大切なものが取りこぼされてしまいます。

防衛機制　自分に麻酔をかける

ポイント9は、怒りは許されないものだと信じ込んでいます。禁じるまではいかなくても、少なくとも厳しく非難されるべきもの、ひんしゅくを買うものだと思っています。怒ることは愛情深いことでも、愛される行為でもありません。ポイント9は「いい人」でいたいがために、激怒の衝動が起きたときには、自分を麻酔薬で眠らせて、怒りを麻痺させる防衛機制を起動させます。

ウェブスター辞典によると、narcotic（麻薬・麻酔薬）とは「適度に使用したときに、感覚を鈍らせたり、痛みを軽減したり、深い睡眠をもたらしたりする薬物」、「鎮静、緩和、鈍化作用を持つもの」です。

ポイント9は、実にさまざまな方法を用いて麻酔効果を得ます。食べ物、アルコール、テレビなど、人によってどの薬を使うかは違いますが、たいていの場合、自分の内面を鈍らせる技をいくつか身につけています。ワークショップに参加していたある男性が、自分を落ち着かせるための暗示について話してくれました。

「怒りを感じる事態が起きたら、とっさに『大丈夫。落ち着こう。なんの問題もない』と自分に言い聞かせます。意識的にやっているわけではなくて、反射的に言葉が出てくるんです。苦しみたくないからそう言い聞かせてはいるものの、効果はありません。そう言ってみたところで怒りがなくならないのは、自分でもわかっています」

この男性は自分を救おうとして自分を麻痺させていましたが、本物の救いとなったのは、慣れ親しんだ自己麻酔の戦略をやめ、これまでずっと避けてきた激しい怒りをただそのまま感じる体験でした。

自分に麻酔をかけるという防衛メカニズムは、たいていその人の癖や習慣として表面化します。習慣から外れたことをすると、ポイント9はまるで自分の一部が失われたかのように感じます。ポイント9は無意識状態で自動的になされていく習慣的行動に依存して生きています。たとえば、いつも決まった朝食を食べるような人たちです。何かの記事で読んだのですが、四十二年もの間、毎晩同じ食堂で同じメニューを注文した男性がいたそうです。

かつてカウンターカルチャーやLSDに夢中だったポイント9の男性が、私のワークショップに参加することがありますが、誰もがデザイナーズ・ブランドを身に着けるようになった八〇年代のヤッピーの時代になっても、彼らだけは長髪のポニーテールにイヤリングのままでした。

習慣に中毒になることが功を奏して経営者として大きな成功を収めるポイント9もいます。経営者に求められる行動様式を早々に身につけ、もっぱらそれに従うことで大企業のリーダーとなります。

首、肩、あるいは腹部に怒りをため込むポイント9が多くいます。運動器官に問題を抱えていたり、自分が起こした事故で体を痛めたりすることもあります。最近、家具職人をしているポイント9の古い友人にばったり会いました。彼はにっこり笑って手を振ってくれましたが、三本の指と肘には包帯が巻いてありました。

回避　対立

ポイント9は対立をひたすら避けます。ポイント9にとっては、ただ黙りこんで、何もせず、自分の言い分を頑として譲らないというのが怒りを表現する方法の一つです。エニアグラムのポイントの中で一番の頑固者になりえるのがポイント9です。

ポイント9は愛情深くありたいので対立を避けます。そのため「ノー」と言うことが非常に難しいのです。その場では「ノー」と言いませんが、約束したことをいざ実行する段になると、ぐずぐずして行動しません。何かを頼まれたときにポイント9の心の内には「やりたくない」という反応が起きることが多いのですが、返す言葉はたいてい「いいですよ、やりましょう」です。そして、頼まれたことをやるべきときが来ても、やり遂げないこともままあります。

ポイント9は家族やペットなど自分にとって安全な相手に対しては、怒りの言葉を口にすることができます。もしくは、相手が目の前におらず安全が確保されているのであれば、その人と対立する空想に耽ることもあります。ポイント9が、職場で誰かに腹を立てた、と言っても、話をよく聞いてみると、腹を立てられた側はポイント9の怒りに気づいていないケースがほとんどです。

あるポイント9の女性が、ポイント9はいつも対立を避けるわけではないと主張しようとしました。

「私は人と対立できますよ」とその女性。

「具体例を教えてもらえますか？」

「そうねぇ、先週のことだけれど、上司に言ったんです。『駐車場のスタッフですが、気が利かないし、態度も失礼です。なんとかしてください。私、本気で怒りますよ。ひとこと言ってやります』って」

この女性が、イライラの原因となっている駐車場の男性に面と向かって「あなたには腹が立つ」と言うことは決してないでしょう。

ポイント9の問題は、怒りが生じたその瞬間には怒りを表に出さないことです。怒りを表現しないのは、多くの場合、怒りが生じたときには顕在意識では怒りを感じていないためです。怒りを感じるよりも、何かの方法で自分を麻痺させてそこから気持ちをそらします。

ここでまた、レーガン元大統領についてのマイケル・ディーバーの記事から引用します。

レーガン家が毛むくじゃらの大きなブービエ・デ・フランダースの子犬を飼いはじめた頃のことです。はっきり言って、その犬にはイライラさせられましたね。考えてもみてください、私はいつも朝の六時にホワイト・ハウスに出勤し、早い時間に二つある会議のうちの一つをすませ、話し合うべき課題が山積みなんです。大統領はと言うと、執務室で子犬のラッキーのしつけです。

「ラッキー、こっちにおいで。いい子だ、ラッキー」

咳払いをして、仕事にとりかからないとまずいことを伝えようとするんですが、だいたい無視されましたね。

その日、とうとうイライラが募って言ったんです。「大統領、その犬を部屋から出していただけませんか。そのうち大統領の机に粗相しますよ」

大統領は顔を上げてひとこと。「いいじゃないか。誰もがそうするんだから」（piss on「小便をかける」は「ひどい扱いをする」の意味にもなる）

内なる二項対立　信じる人／疑う人

各認識システムのポイントにはそれぞれ固有の両極性（内なる二項対立）があります。認識システムがマインドの動きとして現象化するときには、どちらか一方の極に傾いて表現されます。つまり、ポイント9であれば、疑う人が背景に引っ込んでいる**信じる人**側のポイント9と、信じる人が背景に引っ込んでいる**疑う人**側のポイント9の二種類があります。ポイント9の二項対立は、十年にもおよぶ「試験的結婚」とでも呼べそうな状態を生み出します。結婚がうまくいくかどうかに確信が持てず、もう二、三年様子を見ることにします。そうやって確信が持てないままずるずると年月が過ぎていくというわけです。

ポイント9にとっては何かの組織に加入すること自体は問題にはなりません。ですが、熱心な参加者になることはないでしょう。その組織がよいものだと信じてはいるものの、とりあえず試しに参加しているか、あるいは、よいものかどうか疑わしいから、とりあえず試しに参加しているかのどちらかです。ポイント9は今いる場所で起きていることに全身全霊で集中することがありません。ポイント9は一見、何かの信奉者に見えることもあります。ときには、人が言うことをうのみにするだまされやすい人に見えることさえあります。ですが、そう見えた次の瞬間には、すべてを疑う批評家に変わります（疑いはストレス下におけるポイント9からポイント6への移動と関係しています。ポイント6は疑いが生じる場です）。

信じる人／疑う人についてのあるポイント9のコメントです。

「これはいいぞ！　と思うんです。その思いつきに夢中になって、ワクワクします。でも、すぐに疑ってしまうんです。もしかしたら大したアイデアじゃないかもしれない。実行に移すのは大変そうだ。特に、あれこれやらないといけないと思うと、怖気づきます。だから、やめておくように自分に言い聞かせます。本当に素晴らしいアイデアが、いくつも浮かんでくるんです。でも、それを抑え込みます。そのうち、失敗するのが怖くなってきます。こんな風に、最初の一瞬は何もかも信じますが、次の瞬間には疑いの中に入ってしまうんです」

サブタイプ

自己保存的サブタイプ　食欲

ポイント9の自己保存的サブタイプは**食欲**と呼ばれます。このサブタイプの極端な例をあげると、体重が百八十キロを超え、飛行機で二人分の座席を確保しなければならないような人たちです。とはいえ、かなり細身な体形の人もいれば、アスリート・タイプの人も少なくありません。いずれにしろ、自己保存的ポイント9はあらゆることについて自分は満たされていないという感覚を持っています。

食欲などの本能的欲望を利用して怒りを抑え込もうとしますが、あまりうまくはいきません。そのため、ポイント9の中でも、気持ちがささくれ立っているのが外から見て一番わかりやすいのは自己保存的サブタイプです。自己保存的ポイント9は、怒りや絶望感をいっとき忘れさせてくれるものを常に渇望し続けます。私はポルノグラフィーとマスターベーションに病的に中毒になっている人たちにワークをしたことがありますが、彼らは自己保存的ポイント9でした。

それよりも深刻度は低いですが、自分の所有物を「おもちゃ」と呼び、最新のおもちゃや最高のおもちゃを手に入れるためのお金や手段を持ち合わせていないことに不平を言う自己保存的ポイント9もいます。以前、私がワークしたクライアントのちょっと大きなおもちゃは、レーシング・カーでした。彼は収入をすべてレーシング・カー作りにつぎ込んでいましたが、決して満足することはありませんでした。フェラーリを組み立てれば、最高のフェラーリではないと文句を言い、ランボルギーニを復元しても、もっとすごいやつがどこかにあると言って不満そうです。そのおもちゃを手に入れさえすれば、満足できると言うのです。これが彼の人生における悩みでした。そこには決して満たされることのない渇望感がありました。

家賃の支払いが遅れているなど、身の安全が脅かされる問題が持ち上がると、自己保存的ポイント9は暴飲暴食することで不安や怒りに対処しようとします。前述したクリスマスのスーツを着て体が痒くなったポイント9の男性は自己保存的サブタイプでした。クリスマスを楽しく過ごすために自分を曲げてウールのスーツを着なくてはならず、そのことが彼の中に怒りを生み出しました。それから四十年たった今でも、何をやっても、満ち足りた気持ちになることはありません。食べても、酒を飲んでも、セックスしても満足感は彼の手からすり抜けていきます。

自己保存的ポイント9の認識システムがどのような感覚をもたらすものなのか、ある女性が説明してくれました。

「私はエネルギーを蓄える名人なのよ。できる限り努力をしないでおけば、大量のエネルギーをためておけるの。怠け者だと思われるのはわかってるわ。でもね、私はそう簡単には動かない。役員会だとか、そんなことで私を家からひっぱり出そうとしても無駄。エネルギーを浪費しないように気をつけているもの。神様とも約束したのよ。私がエネルギーを注ぐときには、注いだ以上のものを受け取る、って。たとえひどいことが起きてボロボロになったとしても、費やしたエネルギー以上のものを受け取ることにしているの。たぶん受け取るのは別のものでなんでしょうけれど。とにかく、何がなんでも、使ったエネルギー以上のものを私は受け取るのよ。

こんな気持ちの奥にあるのは、激しく飢えた怪物のようなエネルギーなの。飢えを満たすのはどうにも無理なんだけれど、とにかくその恐ろしい怪物をなんとしてでも満足させないといけない。

その怪物よりも恐ろしいものなんてないわ。怪物のもっと奥にはどうしたって埋めることのできない空虚感がある。自己保存的サブタイプの食欲ね。何を食べても、どんなに大量に胃袋に詰め込んだってだめ。何をやっても満たされない。どんなにたくさんテレビを見ても、何本も映画を見ても満足できないのよ。友達の数だって足りない。空虚感を埋める足しになるほど何かを手にするなんて、ありえない。

柱って言ってもいいかもしれない。暗い色をした柱みたいな虚空。底はなさそう……いやだ、底のあたりに怪物がいる。そいつのせいで私は満たされないの。そいつはとにかくいつもお腹を空かせているから」

社会的サブタイプ　参加

ポイント９の社会的サブタイプは**参加**と呼ばれます。何かに「参加するのを好む人たち」です。ことあるごとに密かな疑いが心の中に割り込んでくるので、社会参加を求めながらも、そのことに躊躇があります。社会的ポイント９にとっての社会参加とは、深く関わるのか、完全に無関心になるのかのどちらかに態度を決めることなく、その中間をうろうろすることです。

エルク・クラブ、ムース・クラブ、ライオンズ・クラブ、ロータリー・クラブ、バワリー・ボーイズ、フリーメーソンなど、実に多くの友愛会や、社交クラブ、奉仕団体、ビジネス団体がありますが、そうした団体の加入者の中に社会的ポイント９がいます。社会的ポイント９は集会に顔を出しはしても、指導的立場になることはまずありません。だいたい端っこのほうで目立たないようにしていますが、かといって脱退もしません。所属している団体のことをどう思っているのか聞かれたら、おそらく、迷いがあると答えるでしょう。十年にわたる試験的結婚と同じです。試験的結婚との違いは、団体や組織との関係なのか、プライベートの関係なのかだけです。

個人的な人間関係においては、社会的ポイント９は個としての自分をなくします。

ある社会的ポイント9がそのことについて説明してくれました。

「僕が大切にしていることの中でも、重要度が高いのが快適さですね。死ぬまでずっと快適に過ごせたら、言うことなしです。快適に生きるコツさえわかれば、人生はうまくいったも同然。やることがなければないほど、もっといい。日がな一日、何もすることがなくて、ソファーでのんびりするなんて最高ですよ。誰かの相手をする必要もなければ、人に命令されることもない。何もしなくていいんです。おまけに冷蔵庫にゆで卵が入っていて、いつでも食べられたら文句なしです。無知を決め込む術を本気でマスターしたいものです（笑）。生きていれば、いろいろなことが起こるわけだし、やっぱり、いつかは向き合わないといけないし（笑）。

感じないでいられたら、それがベストですけどね。感じなければ問題もないから。楽なのがいいです……」

イーライ　そのやり方は本当にうまくいくんですか？

「とんでもない。僕と関係がある人であれば誰に対してもなんですが、僕はその人の身になって考えてしまうんです。相手のことなのにまるで自分のことのように感じて、行動しようとしてしまう。自分自身の体や心の健康よりも、人間関係のほうが大事なんです。やるべきことをやるよりも、楽しいことをするよりも、人間関係が優先。人の役に立っているという思考の奴隷になっているようなものです。僕の頭の中では、自分以外の人間がものすごく重要で、自分ではない誰かの要求のほうが優先されるんです。人が何を気にかけているのかが、自分のことよりも大事なんですよ。それと同時に、自分自身を大切にしないことにものすごく腹を立ててもいる。かなりおかしいことですけどね。前よりは自分のことがわかってきたと思うな」

イーライ　いいですね。では、自分に直面する準備はできましたか？

「まあね（あくびをする……笑い）。明日なら」

性的サブタイプ　融合

性的ポイント9は**融合**と呼ばれます。このサブタイプは相手の中に自分を溶かし込みます。ポイント9のほかのサブタイプ以上に他者との境界線を失います。肉体としての「私」はここまでで、その先は自分ではないという感覚がありません。性的ポイント9は相手と溶けきっていて、境界線がわからず、人と自分とを区別できないのです。愛する者の中で自分を見失っています。無意識にではありますが、認識システムを脱却してワンネスに戻ろうとしているのです。

ですが、認識システムから脱却しようとするこうした無意識的な試みでは、**私（me）**について自分が持っている概念を手放し、広大で無限な分離のない気づきそのものを発見しようとする代わりに、**私（I）**を別の何かに溶け込ませて一体感を作り出そうとします。これではワンネスの実現ではなく、認識システムがホームへの帰還を疑似体験しているにすぎません。

性的ポイント9はよく、自分の分が別にあることに気づかずに無意識にパートナーの皿から食べ物を食べてしまうことがある、と言います。また、私は、性的ポイント9が自分のほうから別れを切り出して去っていった、という話は聞いたことがありません。

この話を聞いたある性的ポイント9が、そうとは限らないと反論しました。彼が言うには、元妻と彼はどちらもポイント9であるにもかかわらず離婚できたと言うのです。私はとても驚き、もう結婚は続けられないとわかってから実際に離婚するまでにどれぐらい時間がかかったのか尋ねました。

「ええと、六年だったはずです」

「それなら悪くないですよ。で、いつ離婚したんですか？」

するとと苦笑いして、こう答えました。「三年前です。でも、まだ家から出ていってくれないんです」

ポイント9は個性の強い人に惹かれる傾向があります。自分の考えをしっかり持っていて、自分のことについても相手のことについても感情をはっきりと表現する人に魅力を感じます。ポイント9はパートナーの表現するものと自分を重ね合わせて、一体化しようとします。あるポイント9はそのことについて「私のすべてを委ねる」という言い方をしました。「どっちが自分の欲しいもので、どっちが相手の欲しいものなのか、区別がつかないんです」まるで二人は溶け合ってしまったかのようです。

そうした状況にフラストレーションを感じていたあるポイント9のコメントです。

「我慢の限界に達したことが体の感覚でわかるんです。突然、キレるんですよ。でも、そうなるまでに我慢に我慢を重ねています。我慢してきた何もかもが怒りの種になります。怒りを外に出さないこともその一つです。怒りが爆発したら、それはもう大変なことになります。家を出て、二、三カ月戻らなかったこともあります」

そのほかの例

科学者、大領領、俳優、あるいは組み立てラインの機械オペレーターなどにもよくポイント9がいます。ポイント9にはその場所で求められていることに柔軟に対応しながら、自分は快適なままでいる能力があります。エアー・フォース・ワンから降機する際に、頭をぶつけて、よろめきながら階段を降りてきたジェラルド・フォード元大統領は典型的なポイント9です。アニメ・キャラクターのホーマー・シンプソンは自己保存的ポイント9です。役としてはポイント8を演じることが多いジョン・グッドマンは社会的ポイント9です。

『チャンス』はポイント9の気質がよくわかる傑作映画です。ピーター・セラーズ（本人もポイント9）が主役の庭師のチャンスを演じています。チャンスは自分自身の考えを持っていません。感情が完全に解離していて、状況と感情がまったくそぐわない状態で生きていますが、誰とでも打ち解けることができます。庭造りの話をしていただけなのに賢人だと勘違いされ、大統領の相談役にまでなってしまいます。『ビッグ・リボウスキ』でジェフ・ブリッジズが演じたマリファナを吸い、ボーリングに興じる元反戦活動家の無職の男「デュード」は社会的ポイント9です。

ダイアン・キートンはポイント9ですが、ポイント6のウディ・アレン監督作品で数々の素晴らしい演技を見せています。ポイント6とポイント9は、エニアグラムの中でも結びつきが非常に強い組み合わせの一つです。おとなしいポイント9がポイント6によって生命力を与えられ、快活さを帯びます。映画『アニー・ホール』を見るとその様子がよくわかるでしょう。

国と文化

国や文化にもそれぞれ認識システムがあります。オーストリアはポイント9の国です。冷戦時代、オーストリアは東と西、社会主義と資本主義の間に挟まれていました。オーストリアの文化はほかのゲルマン文化とはかなり違って、表向きはおおらかさが感じられます。隣国のドイツ（ポイント6）やスイス（ポイント1）と比べると、よりくつろいでいて気楽な雰囲気があります。ヒトラーがオーストリアを侵略したとき、民衆は歓声をあげ迎え入れました。そして、同盟国がオーストリアに侵攻したときにも、同じように歓声をあげ迎え入れます。オーストリア人はあらゆる視点のどの見方でも、それに同調できますが、自分自身はあらゆる視点の真ん中で眠りこけています。

ポイント9はおいしい食事とお酒を大いに好みますが、払うお金に関してはかなり出し惜しみするかもしれません。オーストリアには「親指の指紋の跡がつくほどきつく一シリング硬貨を握りしめる」という表現があるそうです。私は入浴習慣ついてオーストリア人に尋ねてみたことがありますが、週に二回以上、風呂に入るのは贅沢で度を越えていると言う人がかなりいました。

ある年の夏、オーストリアの田舎の古城で講座を開催したときのことです。プランケンシュタインという小さな町の大部分をその古城が占めていました。町を管理する地元の教会が十五分ごとに鐘を鳴らすことになっていました。十五分、三十分、四十五分、一時間、それぞれ別の音色で時刻を知らせます。あろうことか、教会の時計が十分遅れていました。城のどこにいても教会の鐘が聞こえるので、腕時計も掛け時計もプランケンシュタイン時間に合わせて十分遅らせなければなりませんでした。

インドは社会的ポイント9の特徴を持ちます。インドにおける時間や、汚れ、お金に対する姿勢がどのようなものかは、おそらく世界中の人たちに知られているのではないでしょうか。お役所仕事はポイント9的な事象ですが、たった一つの手続きに対して、カーボン・コピーが四枚ついた申請用紙に六種類のゴム印を駆使するインドでは、ほとんど芸術的とさえ言いたくなる域に達していました。

九〇年代初頭のことです。私は午前二時にニュー・デリーの空港の到着場にいました。私も含め数百人もの人たちが税関の通過待ちをしています（このこと自体はまったく異常ではありません。通常、飛行機や列車は午前四時到着で五時出発というスケジュールでした）。税関の四つの窓口のうち三つが閉まっていました。たった一人で仕事をしている税関職員は、手渡されたパスポートのすべてのページを開いて、スタンプを一つ残らずチェックするほどの念の入れよう。一時間もすると気温も上がってきて、順番待ちの人たちの汗の匂いで誰もがうんざりしていました。インド人のビジネスマンたちが声を荒げます。暴動を扇動しているかのようです。そのとき突然、閉まっていた三つの窓口が開き、矢継ぎ早に押されるスタンプのポン、ポンという音がホールに鳴り響きはじめました。

数十年前、私が最後にインドを訪れたとき、一ルピー紙幣の価値はおよそ三セントでした。リクシャの運転手が汗ばんだシャツの内側からボロボロの湿った一ルピー札を取り出し、私に手渡します。そのお札には、小さな真四角の形に何度も繰り返し折り畳まれた跡がついていました。どれほど汚れていようと、濡れていようと、いかに小さく折り畳まれていようと、実際に使える法定通貨であることに変わりはありません。ですが、ほんのわずかでも紙幣の角が破れていたら、その紙幣を受け取ってはいけません。お金として使えないのです。

インドは鉄道社会で、それが主たる移動と輸送の手段です。バスや飛行機もそうですが、列車が時刻表どおりに運行することはめったにありません。六時間どころか十二時間も遅れることもざらにあります。一度、定刻より十五分早く列車が出発したのを目撃しました！　出発時刻に合わせて駅にやってきた乗客が気の毒です。この話を地元のインド人にしたところ、彼曰く「たぶん前の日の列車だよ！」

あるとき私の友人たちがバスで北インドのブッダガヤからベラナシに向かいました。長めに見積もってもせいぜい五時間の旅で、午後四時にはベラナシに到着するはずです。ところが、実際には二十九時間かかり、到着したのは翌日の午後四時でした。地元のインド人たちにとっては、とりたてておかしなことではなかったようです。道が混んでいた、のひとことで説明は終わりました。

サブタイプごとの例

サブタイプごとに、著名人を例としてあげていきます。このリストは、ポイントにせよ、サブタイプにせよ必ずしも正確に特定できているとは限りません。本人と直接会ってみないことには、その人の認識システムのポイントがどれなのかを決めかねることも多々あります。とはいえ、このリストは認識システムやサブタイプの特色を理解するためのヒントとして利用できます。どのような性質のエネルギーが感じられるかを意識しながら読み進めてください。

自己保存的サブタイプ～食欲

自己保存的ポイント9は怒りをこらえて口をギュッと結んでいたり、攻撃的に見えたりすることがあります。ポイント9の中では、怒りがもっとも表面に近いところにあるのがこのサブタイプです。自己保存的ポイント9のある男性のコメントです。

「そもそも自分がポイント9だなんて思いもしなかった。ポイント7だとすっかり勘違いしていたんだ。その割には、恐れにうまく対処していると自分で感心していたぐらいだから(笑)。ポイント9だってわかったとき、下の息子が五歳のときの出来事を思い出したよ。夕食のときに息子にこう聞かれたんだ。『パパ、どうして怒ってるの?』『怒ってなんかいないよ』『でも怒った顔をしてるよ』」

ウディ・ハレルソン、ホーマー・シンプソン（アニメの登場人物）、ロシアの農民

社会的サブタイプ～参加

ポイント9の中では、もっともポイント3寄りのサブタイプです。多くの場合、人間関係、家族、人との交流を何よりも大切にします。

ロナルド・レーガン、ジェラルド・フォード、ケヴィン・コスナー、ケヴィン・スペイシー、ニコラス・ケイジ、ダイアン・キートン、ビル・マーレイ、ミルトン・エリクソン、ジョセフ・キャンベル、ライオンズ・クラブ、インド

性的サブタイプ～融合

ポイント9の中でも、濡れたような瞳で柔らかい雰囲気をまとっているのが性的サブタイプです。「愛の対象」である他者と溶け合って一つになりたいという思いを、ある性的ポイント9の女性が語ってくれました。

「最愛の人となる誰かがどこかにいると固く信じています。運命の人がいるんです。その人なしには私は自分の気持ちからも、命の源からも、人生からも、愛からも、何もかもから切り離されてしまいます。存在することからさえ。この感覚は私にとってはとてもリアルなんです。

実は、今、ある人との関係を終わらせようとしているんです。その人と関係を持ったことで数年前に深い目覚めの体験が起こりました。最愛の人は外側ではなく、ここにいると気づいたんです。ガンガジが私

の師となり、運命の人でもありました。ですが、ある男性に出会って何もかもがすっかり変わってしまったんです。彼が私のすべてになりました。最愛の人が私の外側に存在してしまったんです。身も心もボロボロで、まともに考えることができなくなるほど彼にしがみつきました。彼を失ったら、私は最愛の人を失ってしまうのですから」

モーガン・フリーマン、フォレスト・ウィティカー、リンゴ・スター、ムージ、チャーリー・パーカー、ジェリー・ガルシア、オーストリア

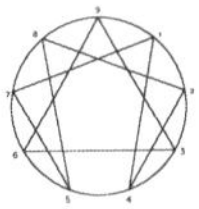

ポイント8　外在化された怒りポイント

エッセンス	シャクティ／宇宙のパワー
聖なる理念	真実
聖なる道	無邪気
主機能	復讐
囚われ	欲望
理想化	「私は有能だ」
会話スタイル	人を責める
罠	正義
防衛機制	否認
回避	弱さ
内なる二項対立	道徳主義／快楽主義
サブタイプ	自己保存的〜生き延びられれば満足
	社会的〜フレンドシップ
	性的〜所有／明け渡し

怒りの耽溺と力の誤用

ヤギを放牧して暮らすベドウィンと呼ばれる遊牧民族がいます。その中のある部族は、自分たちの理想像を、ポイント8の認識システムを持つ戦いの神エホバに投影しました。エホバは自分の選んだ民の面倒を見ますが、それ以外のすべての人を殺します。「皆殺しにせよ」旧約聖書には、約束の地に向かって砂漠を進んでいくヘブライ人たちにエホバがそう命令したという記述があります。エホバは復讐心に燃えた嫉妬深い神です。マフィアのゴッド・ファーザーはエホバの父権的ヒエラルキーを模した存在と言えます。自分の拡大家族の世話をし、そのほか全員を敵とみなします。ゴッド・ファーザーとエホバの違いは、指輪にキスすることを求めるか、包皮をほんの少し差し出させるかだけです。

本書の新版を書いている今現在、ポイント8の認識システムが最悪の状態になったらどうなるかを、ドナルド・トランプほど大っぴらに見せてくれる人物はいないでしょう。快楽主義の性的ポイント8のトランプはまさに巨大マフィアのドンです。トランプには自分の家族に対する忠誠心があります。一般の規則・規範は彼には適用されません。典型的なペテン師です。トランプの精神病レベルの自己愛を見ていると、神経症的な認識システムが病的な状態に達するとどのような恐ろしいことになるかがわかります。自分の中に嘘が蔓延し、もはや真実を見つけることはできません。人生という名の鏡には自分自身に陶酔しきった己の姿のみが映し出され、内省や思いやりが映る隙間は残っていません。世界をありのままに映し出す余地も当然ありません。

もちろん、ポイント8全員がこのような人物になるわけではありません。自己愛が精神異常の域に達した場合の例です。トランプ・オーガナイゼーションの前副会長が、人を責めることにかけるトランプの情熱についてこう語っています（人を責めるのはポイント8の特性です）。「トランプは絶対に責任をとろうとしない。責任というものがＤＮＡの中に入っていないようだ。どんな場合であれ、ほかの誰かのせいにする」

ポイント8は、ポイント9の意識が外向きになった外在化バージョンです。ポイント9は自分の視座を失い、一方、ポイント8はあらゆることについて自分個人の視座からしか見ようとしません。ポイント9は怒りを自分の内側に向けますが、ポイント8は怒りを外の世界に投影します。ポイント8は自分の怒りは正当なものだと感じ、「堂々と他者を非難する人たち」です。誰もがときによって人を責めることがありますが、ポイント８の場合は、人を責める衝動を抑えることができません。「自分は悪くない！　自分はやっていない！」という強烈な思いが心の奥にあり、それが独善的な態度で世界を責める要因になっています。

個人の力

ポイント8はシャクティ／宇宙のパワーというエッセンスを誤用し、その偽物である個人の力を使って、世界を支配しようとします。常に自分が優位に立とうとしますが、そうするのは身の潔白を主張して自分をかばうためや、不当に扱われている弱者を守るためです。「でたらめを言うな。俺には通用しない。真実しか聞きたくない」とポイント8が言うとき、聖なる理念である真実の間違った使い方をしています。概して、ポイント8自身がエニアグラムの中で一番の嘘つきでいじめっ子たちです。

ほぼすべての人が自分の認識システムを好ましく思いません。自分の認識システムがどのポイントなのかがわかると、だいたい誰もが、別のポイントのほうがよかったと言います。ところがポイント8は例外で、そうは思いません。

一般に、男性のポイント8は自分のことを誰かが話すのを聞いたり、自分の話をしたりするのが大好きです。自分がワルだったこと、タフにふるまった武勇伝、勝ち目がまったくなさそうな状況をうまく切り抜けたエピソードなどを自慢するのが楽しいのです。このタイプの比較的穏やかな例が、テレビ出演時に袖をまくり上げて手術の痕を見せた社会的ポイント8のリンドン・ジョンソン元大統領です。

かつては女性が社会の中でポイント8の性質を表現するのは難しい風潮があったかもしれません。ポイント8の性質が、女性のあるべき姿として期待されるものとは異なっていたためです。私の知り合いのポイント8の女性の中には、社会にしっかりと根差した生き方をし、表面的にはポイント8の認識システムが機能していないように見える人たちもいます。彼女たちのことをあまりよく知らない人の目には、自分に自信があって、品があり、洗練されていて、社会に適合しているように映るでしょう。ですが、自宅や職場で攻撃的な物言いになることがあり、たいていは、そこでの実権を握っているのは彼女たちなのです。ミシェル・オバマがこうした女性の好例です。

ポイント8の女性の声に、相手を叱ったり、追いつめたりするような響きが感じられることがあります。元大統領顧問ケリー・アン・コンウェイや元ホワイト・ハウス副報道官のサラ・ハッカビー・サンダース、そしてミシェル・オバマは三人とも、サブタイプは異なるものの、内なる二項対立が道徳主義側のポイント8です。おそらくサンダースは自己保存的サブタイプ、オバマは社会的サブタイプ、コンウェイは性的サブタイプでしょう。

ベット・ミドラーとメイ・ウェストもポイント8です。彼女たちは楽しい時を過ごすことに関連して、つまりエンターテイメントの分野でキャリアを築きました。

ポイント8だと判定するときの手がかりの一つは目です。たいてい、ポイント8には目力の強さが感じられます。眉のあたりがネアンデルタール人のように突き出ているポイント8もいます。ポイント8のジャック・ニコルソンやヨシフ・スターリンにこの特徴が見られます。

ポイント8は白か黒かでものごとを見る傾向があります。グレー・ゾーンはほぼ許容できません。「敵か、味方か」という視点で人を見ます。

ポイント8は、人の弱点を見つけることに関して直感的とも言える能力が発達しています。一方、自分の弱さはどんな犠牲を払ってでもないものにしようとします。ポイント8であれば誰でも、他人に見せている鎧の下に隠しているものがあります。虚勢という鎧の中で怖がっている何もできない小さな子どもです。その子は誰かに頼りたくてしょうがありません。そのことを隠すために、相手の弱みを見つける術を身につけます。そうすれば自分の弱みが知られてしまう前に相手を攻撃できるからです。

次はあるポイント8の男性のコメントです。

「俺が五歳になると親父はベルトではなく、こぶしを使うようになった。生き延びるには嘘をつくしかない。俺は嘘の達人になって、でたらめを言う腕前は上がるばかり。一人前の男に見られたくて低い声で話す訓練もした。人を脅し、小突き回し、どこまでも追いつめた。人を騙して身ぐるみをはいでやったと思えば、次の日には、下劣なやつに騙されて何もかも奪われた誰かに同情することもある。俺がそうしろと言ったら従うしかない。従わなければ痛い目にあわせてやるだけさ」

反逆者や犯罪者であることは8にとっての主要なテーマです。ポイント8は反権力的な態度をもっともはっきりと露わにする人たちです。自分が正しいと信じるルールにのみ従います。実際の犯罪を含め、なんらかの非合法的な行為に関わった経験のあるポイント8も珍しくありません。受刑者の中にもポイント8がよくいます。罪を犯してもうまい具合に逃げ切る空想をすることを好みます。

あるポイント8の男性のコメントです。

「言葉を使うのであろうと、力に訴えるのであろうと、闘うのが好きなんだ。やられたら必ずやり返す。犯罪にも暴力にも縁がない静かな郊外育ちだけど、俺がそこに犯罪と暴力を生み出してやった。ギャングのリーダーだったんだ。好き好んでリーダーになったわけじゃない。誰かが何かをやると言ったら、ポイント8の出番なだけさ。実際にことを起こせるパワーを持っているのはポイント8だけだからね。ほかのやつらはポイント8に従うか、従わないかのどちらかしかない」

ポイント8は他者を救う勇敢な戦士にもなれます。グルジェフがそのいい例です。グルジェフは人々の覚醒のために人生を捧げました。かと思えば、お金が必要になると、そこらへんにいる鳥を捕まえてきて黄色く染め上げ、アメリカ産のカナリアだと嘘をついて売ることにもまったくためらいはありませんでした。

ポイント8はプライベートの人間関係でも、仕事でも、社会生活においても場を仕切る傾向があります。威張り屋で自分の怒りを正当化します。

メキシコ、アフガニスタン、セルビア、イスラエル、ボルネオ島には戦士の部族社会があり、そうした文化はポイント8に該当します。

囚われ　欲望

ポイント8のエゴの機械は**欲望**によって稼働します。性的な意味だけでなく（性的欲望もかなり強い傾向があります）、人生を過剰なまでに味わい尽くしたいという欲望です。セックスの例で言うと、過度に性行為をするか、あるいは常に次のセックスの機会を渇望しています。実際、ポイント8が一人の相手との関係で満足することは極めて稀です。特に男性の性的サブタイプであれば、なおさらその傾向は強くなります。何をするにせよ、過剰なまでにやってしまうのがポイント8なのです。今この瞬間、食べることで快楽を味わっているのであれば、食べすぎるまでやめません。肝硬変、痛風、梅毒、高血圧、あるいは心臓発作で亡くなることもあります。

ポイント8は、欲望をとおしてポイント9の麻痺状態から目覚めます。そのため、ポイント8は眠っているか、フル回転しているかのどちらかになっている傾向があります。何事も節度を守ってほどほどにやるというのは難しいのです。自分を鈍麻させる9の位置から移動する原動力となるのが、欲望の囚われと正義の罠です。

次のポイント8の女性は、自分の認識システムを明らかにして、それを超えていこうとしていますが、そうすることで情熱を失い凡庸になってしまうのではないかと恐れています。

「あたりさわりのない生き方をするなんて、苦しそう。自分から欲望や激しさがなくなるのは嫌なんです。悟りに熱心になっている人たちは、ちょっと行きすぎているというか……もっと楽しんだらどう、とはっぱをかけたくなります（笑）。生きる情熱を失いたくないんです。私が求めている『くつろぎ』のためには瞑想もいいのかもしれませんが、望んでいない方向に持っていかれそう。生きる情熱がなくなってしまいそうだもの」

次の手紙は、新聞の読者相談コラム『ディア・アビー』に掲載されていたものです。

親愛なるアビーへ
主人は五年前に退職したのですが、いまだにのんびりと生活することができないのです。どうしたらいいのでしょう。車に乗っていると、止まれの標識でもたもたしていたと言って、前の車に向かって怒鳴るんです。スーパーのレジで前の女性が小切手にサインをしていたら、ぶつぶつと文句を言います。食事もまるで狼のようにガツガツ食べるのです。私が食卓に着く頃には、すでに半分食べ終わっています。二人で歩いていても、いつも三歩先にいる主人におまえはのろまだと言われてしまいます。

主人の高血圧はよくなりました。かなり数値が下がったんです。私の血圧のほうはだんだん上がってきましたが……。

この女性は間違いなくポイント8の夫について相談しています。彼は「私は胃潰瘍にはならない。人を胃潰瘍にする側だから」や「間違っているときでさえ、私は正しい」などの標語を机に飾るタイプの人です。

ほかの二つの怒りポイント1と9は、ポイント8とは違い、怒りを外に表現することはありません。ポイント9は、怒りを感じるのは愛情深くないことだと信じているので、怒りを無意識の中に追いやり、気がつかないようにします。ポイント1は、ものごとが正しくないときに怒りを感じますが、怒りを抑圧し、怒りの矛先を自分に向け、外には表現せずに自分を責めます。ポイント8は怒りを感じるのは正しいことだと「知っています」。そして、誰かほかの人のせいで怒りが生じたことも「知っています」。どんなことが起ころうと、ポイント8は自分の怒りや暴力性を正当化し、擁護できるのです。自分が間違っている証拠が多ければ多いほど、声高に自分を正当化します。

逆らう

ポイント8は他者に対して反抗的で敵対的な態度をとります。私の友人に聡明で、愛想がよく、気のやさしいユダヤ人の心理療法士がいます。七十歳になる彼がこのような話をしてくれました。

「すっかり卒業したと思っていたんだがね。まさかもう、そんなことをするはずはない、とね。ところが、あのバカ野郎の車が割り込んできたものだから、気づいたときには車から降りて、そいつの車の窓に手を突っ込んで胸ぐらをつかんでいたんだ。車から降りるときも、向こうさんの車に向かって歩いているときも、心の中では『モーティー、まさかそんなことやらないよな？』とつぶやいてはいたんだけれどね」

モーティーは敵意に満ちている、あるいは暴力的だと人に思われるような人物ではありません。それにもかかわらず、衝動にまかせてつい反応してしまったのです。

ポイント8は、やられたらやり返す、いわゆる復讐の反応をします。その場ですぐに仕返しができない場合は、敵意を恨みという形で温存し、自分が冷静になるのを待ち、時間をかけてより効果的に復讐を果たします。

幼少期

ポイント8は幼少期に、生き残るために自分を守る固い殻を作らなければなりませんでした。自分を守るために大急ぎで大人になる必要があったのです。子どもの頃に、自分がしてもいないことでお仕置きされたり、あるいはやってしまったことを見逃されたりした体験を持つことも多々あります。そうした経験から、法というのは恣意的なものだという感覚が身につき、「自分のルールは自分で作る。従うのは自分のルールだけ」と考えるようになります。

ポイント9は後ろに引っ込んでいて目立たない子どもでしたが、ポイント8の場合、その多くが子供の頃に身体的あるいは精神的に実際に折檻されたか、あるいは折檻されたように感じています。ポイント8の男性はたいてい、叩かれたり、むちで打たれたり、なんらかの体罰を受けています。体罰に関しては、女性のポイント8には必ずしも当てはまりません。女性の場合は、特に暴力的な環境で育ったわけではないと言う人もいます。とはいえ、父親や兄に暴力や性的虐待を受けた、あるいは酒に酔って暴れる父親から弟や妹を守らなければならなかった、と語るポイント8の女性も何人もいました。

ポイント8は幼いうちに、この世はジャングルであり、そこで生き残るには「やられる前にやらなければならない」という確信に至ります。自分は不当な行為の被害者だったと感じているので、ポイント8にとって正義は熱くなるテーマの一つです。ポイント8は世界を責め、世界に出ていって不正を正そうとします。

次は誤解した母親に責められたポイント8の女性の話です。

「小さい頃は母と二人暮らしでした。猫を一匹飼っていました。母は高価な香水が好きで、ドレッサーに香水の瓶が並んでいました。猫がドレッサーに飛び乗って瓶を倒してしまったんです。香水がこぼれました。母が家に戻る前に、私は香水の瓶を元どおりにしたんですが、こぼれた香水の香りが強烈に漂っていました。

母は部屋に入ってくるなり、『香水を勝手に使ったわね』と怒鳴りました。私は香水の匂いが大嫌いだったので、そんなことをするわけがありません。『私じゃない』と言いました。『じゃあ、誰なの？』母はしつこく責め続けます。のべつ幕なしに怒鳴りちらし、やってもいないことで私を責め続ける母を黙って見ていました。

私は『ちょっと待って』と言って、香水の瓶を一つ残らず壁に叩きつけました。割れずに残っているのがあれば、それも粉々にしました。

それから、母に私を叩かせてやりました。母はとても小柄だったので、叩き返したら、殺してしまいそうでした。『まあいいわ。今回のことは私が罪をかぶるけど、まず私が楽しむから』そう思ったんです」

理想化「私は有能だ」

ポイント8はかなり若いうちに人生に打ちのめされる経験をします。生きるか死ぬかの瀬戸際のような体験をし、その瞬間に認識システムが結晶化するケースも少なくありません。強烈な試練に耐え抜いたことで、何が起こっても対処できるという自惚れが強まります。そのため、人からは「世慣れた人」だと思われます。

ポイント9の理想化は「私は快適だ」です。人生がどれほど厳しい状況であろうと、おそらくポイント9はこう言うでしょう。「うまくいってるよ。テレビもあるし、毎月の支払いもできている。なんとかやっていけるから大丈夫さ」自分の状況を、快適で実際に困ったことは起きていないものとして認識するのがポイント9の理想化です。

ポイント8の理想化は**「私は有能だ」**です。ものごとに対処できることを理想とします。有能であることについて、あるポイント8の女性が次のように語っています。

「私に頼ってもらってかまいません。自分としても頼りがいのある存在でいたいですから。やります、と私が言えば、そのことはもう実行されたようなものです。その予定です、と言ったら、後になって気持ちがブレるなんてことは絶対にありません。『やる予定です』というのは、もうやってしまったのと同じ意味なんです。すぐに取り掛かってやり終えます。やると言ったことは必ずやるので、自分を高く評価していますし、信頼もしています。今日やるべきことのリストがあれば、それをやる。ただそれだけのことです。どうってことありません」

このように自負心があり、かつ常に気を張っていなければならないため、刺激を求め、危険と隣り合わせの生き方をします。躁状態で車のスピードを出しすぎることもあります。自分の命はかけがえのないものだから絶対にスピードは出さないと言うポイント8の男性がいましたが、あるべき場所ではないところに一時停止の標識があったら、それは無視するそうです。「一時停止の標識をそこに置くのが悪いんだ。対向車線の車を止めたらいい。こっちの車線に標識を作ったのは、何か政治的な取引があったせいに違いない」

ある人が父親と車に乗ったときのエピソードです。

「父がスピードを上げて急に車線変更したんです。『父さん、あの車に割り込んじゃったじゃないか』と言うと父は私をにらみ、とげとげしい口調でこう言いました。『あの車にはブレーキはないのか？　ブレーキはそのためにあるんだ』」

マフィアのボスは社会の中でポイント8の役割を担っています。日本では、やくざがこれと同じ存在です。マフィアのボスには厳しい行動規範があります。殺す相手の母親の家では決して殺人を実行しません。ボスはファミリーを守り、世話をし、コミュニティーの安全を確保し、子どもたちの面倒を見ます。もしあなたが困っていたら、お金を渡してくれるでしょう。悪意に満ちた世間の犠牲になっているファミリーの世話をするのがボスの使命です。ボスが見返りとして求めるものは指輪にキスすることと、ボスへの敬意だけです。

そもそも社会のシステムは不当なものであり、ポイント8にとって社会は敵です。そのため、社会のルールはポイント8には適用されません。

会話スタイル　人を責める

ポイント8の会話スタイルは**人を責める**です。ポイント9は長編小説さながら延々と話し続けます。一方、ポイント8は「君の問題は……」と相手の問題を指摘します。ポイント8が面白おかしい話をするとき、残酷さや、あるいは挑発的な含みが感じられるかもしれません。何をすべきで、何をすべきでないかをあなたに言ってやらなければならない。ポイント8はそう信じています。あなたにとって何が正しくて、何が間違っているのかを教える義務があると思っているのです。人をこき下ろして不快な気分にするのを楽しむこともあります。ポイント8は新しい環境に入ると、そこではいったい誰がボスなのかをすばやく判断し、ボスのポジションを狙うべくその人に挑みます。

ポイント1がこだわる正しさは道徳的であるのと対照的に、ポイント8の正しさには独善的な印象があります。ポイント8が誰かを責めるとき、自分のほうが優れていて、能力があると思っているだけでなく、支配的なポジションをとりたいという衝動が肉体に生じています。自営で活動しているセミナー講師の女性が、攻撃とも受け取られかねない自分の強気な態度について話してくれました。

「私の下で働くのは大変だと思います。『それしかできていないの？』と私に頭ごなしに言われたことが原因で仕事をやめた秘書が数名います。私であれば、その人たちの倍も質がよい仕事を半分の時間でやれますから。今は人を雇うときに、もし私が一方的に決めつけるようなことを言ったら、言い方や発言について私に指摘していいという許可を与えています。時間がかかりましたが、批判的なフィードバックに対して以前ほどは反発しなくなりました。実にたくさんの批判的なフィードバックをもらうんです！　情熱的な性格のせいで、人からは怒っていると誤解されます。今こうしてお話ししていても、怒っていると思われているはずです。私は怒っていません。ただ単に情熱的なだけなんです。

十三年間参加していたあるスピリチュアルのグループから追い出されたことがあります。私がパワフルすぎて嫌だったようです。どこへ行っても、邪魔者扱いされます。私の話し方がよくないんです。いつも人を傷つけてしまいます。傷つけるつもりなんてまったくありません。本当のことがつい口から出てしまうだけなんです。言ってしまってから、自分でもハッとすることがよくあります」

罠　正義

ポイント8の罠は**正義**です。小さい頃に不当な扱いを受けたポイント8は、敗者の中のチャンピオンになります。立ち上がり、正義を盾にして体制に戦いを挑みます。正義の名のもとに政府を倒すこともあります。ポイント8は弱者のためによきことを成し遂げる一方、正義のためという思いの中には独善的な衝動が潜んでいて、認識システムを強化しかねません。そうなった場合、ポイント8はより深い眠りの中に入ります。
フランス革命を題材にした古典映画『ダントン』では、快楽主義の性的ポイント8の俳優ジェラール・ドパルデューが、同じポイント8の主役ダントンを演じています。一方、ロベスピエールはポイント1の認識システムの聡明な人物として描かれています。ダントンがギロチンにかけられることで終止符が打たれるロベスピエールとの争いを見ていると、ポイント8とポイント1という二つの対立する認識システムについて深く考えさせられます。ポイント1とポイント8のどちらにも、自分の正しさへの確信があります。正義のために戦っている、事態を掌握している、有罪を言い渡す判事などいない、というポイント8特有の自信過剰な確信のせいで、ダントンはギロチン刑に処されたのです。

ポイント8が自分の人生を正義に捧げるとき、隠し扉が開きます。正義のためにすべてをかけると心が決まると、これまでの古い生き方が燃え尽き、正義を超えて真実を発見できる可能性が芽生えます。オスカー・シンドラーは性的ポイント8ですが、実際に隠し扉が開かれ、この可能性を生きた素晴らしい例です。シンドラーはナチの協力者で、女遊びにふける、戦争成金のアルコール中毒者でしたが、自らの命をかけ、全財産を投じて、自分の工場で働くユダヤ人たちを強制収容所から救いました。シンドラーの行いは、どのようにして認識システムがハートの本質的な善良さによってエゴを超越する行動へと向かうのかを教えてくれます。

防衛機制　否認

ポイント8が採用する防衛機制は**否認**です。二つのタイプの否認があります。一つは、自分の罪悪感を否定して他者に投影し、ほかの人を責めるという否認。もう一つは、自分の中に強い情動が起きたときに、それにともなう感情に気づかないという否認です。感情を否認するのは、感情が弱さ、傷つきやすさ、あるいは罪悪感の表れだとみなされることが多いからです。

ポイント8がこの防衛機制を発達させたのは、子どものときに道理に合わない折檻を受け、敵意に満ちた世界から自分の身を守らないといけないと感じた経験に端を発します。ポイント8は、荒々しい戦士の仮面をつけた傷つきやすく、心やさしい、おびえた子どもです。自分を有能に見せようとする態度と、感情の否認や自分の罪の否定は、恐怖と怒りに対処するための策なのです。

恋愛や夫婦関係においては、ポイント8は自分が何か感じていること自体を否定する傾向があり、本当の気持ちを話し合いたい、とパートナーに面と向かって言われると、何も感じていないと言い張ります。パートナーがポイント8の態度に敵意があるのを感じたり、怒りの感情があることに気づいたりしても、ポイント8本人は問題があることを否定し、人のあら探しをしていると言って相手を責めます。

あるポイント8の男性がワークショップ休憩後の出来事について話してくれました。

「階段は走ることにしている。歩かずに駆け上がるんだ。夕食から戻ってきて、階段で前にいる人を追い抜くときに、バッグにぶつかった。そのとき真っ先に頭に浮かんだのは『馬鹿でかいバッグなんか持ちやがって』だった。『おいおい、僕はちょっと強引だったんじゃないかな？』なんてことは思ってもみない。それどころか、とっさに相手を責めた。間髪を入れずに人を責める言葉が浮かぶんだ。考えるより先に相手を責めているようなものだよ」

回避　弱さ

ポイント8の回避は**弱さ**です。ポイント8は常に自分が有能であるように見せ、弱さを避けます。人づき合いや職場でソフトな面を見せたいときには、意識的にそう見えるように努めますが、努力していることが外から見てもわかります。

ポイント8は常に「私は有能だ。私に弱さはない。私は対処できる」という態度を見せます。自分で場を仕切らずに、無防備のまま、起こることに任せようという気持ちになるには、自分に向き合うひたむきな努力が必要になることがほとんどです。弱さを避けようとすると、否認の防衛機制が働き出します。無防備で柔らかな感情は否定されるか、あるいはタフさの仮面の後ろに隠されます。

次は、自分自身に真剣に取り組んだポイント8からの報告です。

「無邪気さは、私がこれまでまったく体験したことがない何かでした。その味わいを知った今、何よりも欲しいものになりました。ただ、無邪気なままでいることを世間は受け入れてくれません。別の何かを期待されるんです。怒ってみせたら、そのほうがはるかに受け入れられたぐらいですから」

アメリカ野球殿堂入りしたタイ・カッブは、一九一二年の十二月にある男を殺した、と伝記作家アル・スタンプに得意げに話しています。その日は野球の試合があり、カッブは駅に向かう途中でナイフを持った三人の暴漢に襲われました。カッブは照準器が起こしてある拳銃を持ち歩いていましたが、発砲に失敗し、男たちに背中を切りつけられます。拳で激しく殴って反撃すると、とうとう暴漢は逃げていきました。カッブはほっと一息つくどころか、後を追いかけ、路地の行き止まりまで追い詰めます。

「十分ばかり照準器で顔をぐちゃぐちゃに引き裂いてやったから、顔だったものはもうそこにはなかった。血まみれで、息はしていなかった。そのままほったらかしさ」

カッブは背中の傷をその場しのぎの布で覆い、電車に乗って球場に行き、二塁打と三塁打を打ちます。背中の5インチもの傷の手当てを受けたのは試合が終わってからでした。

内なる二項対立　道徳主義／快楽主義

ポイント8の内なる二項対立は**道徳主義／快楽主義**です。この二つは、何について過剰なのかが対立しています。ただし、どの認識システムでもそうですが、一人の中に二項対立のどちらの極も存在します。

取り憑かれたように仕事をする人、というのが周りの人の目に映る道徳主義側のポイント8の姿です。朝早く起きて、長い時間、バリバリ働くのは道徳主義側のポイント8の過剰の証しであり、そうした働き方をすることで人間関係における影響力を手に入れます。時間の制約にも挑み、同時にいくつもの仕事をこなします。仕事が終わると、大酒を飲み、大いに遊ぶこともあるので、ポイント8以外からすると、道徳主義側のポイント8が快楽主義側に見えることもあります。

快楽主義側のポイント8は態度が自慢気です。このタイプは、どれぐらい働いたかではなく、どれぐらい夜更かしをしたのか、あるいはパーティーがどれほど刺激的だったのかを自慢します。六〇年代の初めに刑務所に入っていたある男性によると、当時、受刑者たちが手本にしたいと思う人物の調査が行われたそうです。満場一致で第一位はディーン・マーティン（アメリカの俳優、歌手、司会者）でした。受刑者たちは、片手に酒のグラスを持ち、もう一方の手で美女を抱きカウチでくつろぐ大金持ちのマーティンのような人生に憧れていました。

ほかの認識システムと同様にポイント8も、同じ人物が内なる二項対立の両方のスタイルを体現しますが、おもに人に見せるのはどちらか一つです。どちらのスタイルを採用するにしても、ポイント8は支配し、感情的な弱さを見せることを避け、人よりも自分のほうが勝っていると証明しようとします。

ジェリー・リー・ルイスといとこのジミー・スワガードはポイント8の極性のわかりやすい例でしょう。田舎育ちの二人は自由奔放なティーンエイジャー時代をともに過ごしました。ジェリーは快楽主義でワイルドなロックンローラーの道に進みます。未成年のいとこと結婚したために刑務所に入ったこともありました。ジミーはテレビ宣教師として道徳主義の道を歩き、聖人ぶった態度で罪人たちを攻撃しました。車の中で娼婦と一緒にいるところを発見されるまではありますが。

そのほかにも、道徳主義側のヒラリー・クリントンと快楽主義側のベット・ミドラー、道徳主義側のミシェル・オバマと快楽主義側のメイ・ウェストの違いを比較してみるといいでしょう。

サブタイプ

自己保存的サブタイプ　生き延びられれば満足

自己保存的本能をベースとして欲望の囚われが機能する自己保存的サブタイプは、**生き延びられれば満足**と呼ばれます。生存に必要な最小限のニーズが満たされている限り、自己保存的ポイント8はいい気分でいられます。他人に頼らずに生きていけることに喜びを感じる人たちです。社会慣習の枠外での生活を楽しむ筋金入りのサバイバリストはこのタイプに多く見られます。北アイダホで狩猟生活をするアーリアン・ブラザーフッドには、おそらく自己保存的ポイント8がたくさんいるでしょう。

一九六〇年代のことですが、あるポイント8の男性が友人の家の庭に段ボール製の小さな砦を作って住んでいました。ウェイターの稼ぎがかなりあったにもかかわらず、二年間も段ボールの砦で暮らしていました。延長コードを使って母屋から電気を引いてあるので、テレビを見ることもできます。段ボールの中は暖かく、必要最小限のものはすべて揃っています。この男性は心からその生活を楽しんでいました。

あるワークショップで私がこの話をすると、また別の自己保存的ポイント8の男性が得意顔で話し出します。「砦じゃないけど、僕も人の家の庭でベニヤ板の掘立小屋に住んでいたよ。電気は髭剃りにしか使わせてもらえなかったけどね」この男性が自分の言った冗談に笑うと、彼のエネルギーが部屋中に広がりました。支配体制に打ち勝っている自分の生き方が好きだとも言っていました。彼にとっては何かからうまく逃れることは喜びであり、満足感を得られることなのです。この男性のほかにもツリー・ハウス、車、ガレージを住まいにしていたポイント8もいました。あるポイント8が言うには、車は古いタイプの大型のキャデラックに限るそうです。乗り心地がよく、後部座席は寝るのにちょうどいいのだとか。

自己保存的ポイント8はほかのサブタイプと比べ、多くの場合、より不愛想で、不満が多く、神経質です。気難しい老人のような人もいます。生き残るためにほかの誰かを必要としないので、ほかのサブタイプほどには社交術に注意を払いません。

次は、快楽主義側の自己保存的ポイント8の女性のコメントです。

「男の人を手に入れたいとき、ポイント2がうらやましくなる。ポイント2だったらそんなの簡単よね。でも私はあんな風にできないのよ。できることなら愛想のいいポイント2のまねをして、私も男性を誘い込みたいわよ（笑）。男が欲しいなんてことがばれるのはプライドが許さないから、人に気づかれないようにしないといけないし、友達には世捨て人になったとでも言っておこうかしら。でもね、『夕食会でも開こうかな？』って考えたりもするのよ(笑)。誰も来てくれないかもしれないけれどね。そんなことになったら本当にまずいわね（笑）。そういうことは結構気にするのよ。一人で働き、一人暮らしをしています。『私に指図したり、『ねえ、君の問題はね……』』なんて指摘してくるような人に出くわしたくないもの。『私を治そうとしないでください。修理不可』とか『犬に注意。噛みつきます』とでも書いてあるTシャツを着ておこうかしら」

社会的サブタイプ　フレンドシップ

欲望の囚われが社会的本能を利用するとき、**フレンドシップ**と呼ばれます。友人（ときにはギャングの仲間のこともあります）との絆が人生での大きなテーマの一つになります。このサブタイプを持つポイント8が友人リストにあなたの名前を載せたとしたら、裏切りでもしない限り、あなたの名前がそこから消えることはありません。

社会的ポイント8は、友人との間に何かの問題が起こったときには、相手としっかり向き合って解決しようとします。概して、社会的サブタイプは複数の友人グループが一堂に会する場を好みます。一方、性的サブタイプであれば、六人でランチに出かけるお膳立てをするなどということはほぼしません。ある社会的ポイント8が「セックスより、みんなでバスケットボールをするほうがいい」と言っていました。社会的ポイント8にとっては、友人との絆は紛れもなく大切なものであり、絆は死ぬまで切れません。

私の知り合いのある女性の場合、大学時代に帰省したときに人に会う順番はいつも決まっていて、まず友人、次に恋人、最後に家族だったそうです。高校時代の恋人に別れを切り出したときは、別れても親友でいたいと言い張ったとか。ポイント9の彼氏にとってみれば理解しがたいことではありましたが、とにかく友達でいることに同意しました。数年後、この男性はかつての恋人の結婚式に参列し、結婚を祝福しました。

道徳主義側の社会的ポイント8の性格を知るには、ミシェル・オバマを参考にするといいでしょう。家族を所有、保護、利用の対象として扱う性的サブタイプのドナルド・トランプとは違い、社会的サブタイプのミシェルにとってはミシェル＝オバマ家です。家族はミシェルを中心として動きます。家族の中での権力を掌握し、家族を管理・運営します。必要なものを与え、家族を先導する役割がミシェルのアイデンティティーとなっています。

性的ポイント8は、社会的サブタイプとはまた違った表現になります。性的ポイント8のマフィアのボスは部下に対して義理を果たします。ですが、その中に友人と呼べる人はいないかもしれません。おそらく、自分の愛人でさえ心の絆で結ばれた存在ではないでしょう。

性的サブタイプ　所有／明け渡し

性的サブタイプであればどのポイントなのかに関わらず、一対一の関係を好みます。とりわけポイント8の場合はその傾向が極端に強く、愛する人を所有しようとします。また、パートナーに自分を明け渡せるかどうかの問題が生じることもあります。とはいえ、自分以外の相手と関係を持たないようにパートナーに要求したり、激しい嫉妬を体験したりするとは限りません。私の知り合いの性的ポイント8は自由恋愛の関係を持っているそうです。

「パートナーが僕以外の恋人を作ってもかまわないよ。僕とパートナーは完全につながっていると実感しているから、彼女に愛人がいても不安な気持ちにはならないね。僕のポジションは安泰なんだ」

ポイント8の性的サブタイプの所有／明け渡しは、愛するものを完全に所有し、さらに自分を相手に明け渡すという意味です。二人の間でどちらがボスなのかが問題になります。親密になって心を許したり、コントロールを手放したりしたときの繊細な自分の感情に触れるのを、相手の上に立とうとすることで避けます。

性的ポイント8の男性が、まったく同じタイプの女性と恋愛関係にあったときの経験を語ってくれました。

「お金から、食べ物、セックスまでありとあらゆることに関して二人のうちどっちが上に立っているのかが、問題になりました。彼女は常に僕のために『何かをして』くれたんです。花もよく買ってくれました。それまでの僕の人生には、僕に気に入られようとして花やら、お菓子やら、贈り物をくれる人なんていませんでした。

自分のパターンにも気がつきました。性的ポイント8が誰かを誘惑するのは、愛するものを所有したいからだということもわかりました。贈り物が相手を所有するための道具だったんです。ずっと気づきませんでしたよ。人のために何かをしているように見えても、その奥にある動機は攻撃やコントロールだったなんて、いや、まったく驚きです」

そのほかの例

オプラ・ウィンフリーは道徳主義側の性的ポイント8ですが、トランプなどほかの性的ポイント8と同じようにカリスマ性があり、今いる場に自らの存在感を充満させることができます。場の規模は問いません（このことについて、グルジェフは目から性的なエネルギーが漏れ出ると言っていました）。ある種の生殖羽のようなものです。オプラは人の役に立ちたいと真摯に願っています。この純粋な思いは認識システムより深いところにある原動力であり、認識システムをとおして表現されます。いずれにせよ、誰がボスなのかについては疑問を差し挟む余地はありませんが。

男性優位主義の人たちは、人間性が未成熟なポイント8の典型と言えるでしょう。ショーン・ペンやアル・パチーノらが映画で演じる役がその好例です。表に見せている顔の奥には人を脅しているような雰囲気があり、いつも危険な香りを漂わせ、何かしら過剰さを持っています。サミュエル・L・ジャクソンはポイント8の役柄を数多く演じ、幅のある演技を見せています。『シャイラク』では快楽主義側のポイント8を、『パルプ・フィクション』では道徳主義側のポイント8の殺し屋を演じました。ローレンス・フィッシュバーンが演じたオセロは道徳主義側の性的ポイント8の最たる例です。

ロバート・デ・ニーロが『レイジング・ブル』で演じたボクシング王者は、怒れる快楽主義側の自己保存的ポイント8です。デ・ニーロは『ボーイズ・ライフ』では、より複雑な性格のポイント8を演じています。この男は映画の結末で通りに残され、「俺はどうなるんだ?」と典型的な利己心の叫び声を上げます。ポイント8の激しい怒りの抗議が見事に表現されています。

人間的に未成熟のポイント8は、反社会的人格、いじめっこ、偏屈者になるかもしれません。アーチー・バンカー（一九七〇年代のアメリカのホーム・コメディーの登場人物。社会的マイノリティーに対して偏見を持つ、いばりくさった男性）はポイント8のパロディーです。一九六〇年代にアラバマ州セルマで黒人公民権運動家にすさまじい暴力を振るったジム・クラーク保安官はポイント8です。ブラック・パンサー党、そしてその創設者の一人ヒューイ・ニュートンもポイント8です。

ポイント8のジャック・ニコルソンは、出演したすべての映画で本人と同じポイント8の役を演じています。彼が演じた役でよく知られているものをいくつか紹介します。

・ケン・キージーの著名な小説が原作の『カッコーの巣の上で』。負け犬たちの肩を持つことに人生を捧げ、支配体制に打ち勝とうとするケチな詐欺師。社会的サブタイプ。

・『ホッファ』。全米トラック運転手組合のジミー・ホッファ、自己保存的サブタイプ。

・『ア・フュー・グッド・マン』。陸軍大将、性的サブタイプ。

・『イーストウィックの魔女たち』。悪魔、性的サブタイプ。

ある日、車に乗っていたジャック・ニコルソンは、前を走っていた車の運転にいらつき、激怒して、ゴルフのクラブを手に車から飛び出し、藪から棒に前の車を叩きのめしました。

さまざまなポイントの俳優がポイント8の男性を演じていますが、違いを見つけるのはそう難しくありません。スティーブ・マックイーンの場合、本人はポイント6ですが、ポイント8の役を演じています。マーロン・ブランドはポイント4ですが、ボクサー、港湾労働者、無法者のバイク乗り、そしてエミリアーノ・サパタなど多くのポイント8を演じました。ブランドが演じたポイント8の役柄は常に、どこかしら哀しみや悲嘆を感じさせます。『波止場』で彼が言った「オレだって本当は挑戦者になれたんだ」は映画史上に残る名台詞です。クリント・イーストウッドは本人はポイント1ですが、初期の作品ではマカロニ・ウエスタンや警官の役でポイント8を演じました。本人はポイント8ではない俳優たちが演じるポイント8をよく観察してみると、ジャック・ニコルソンなどポイント8の俳優による正真正銘のポイント8との歴然とした違いがわかります。

元アイク&ティナ・ターナーのアイク・ターナーは快楽主義側の性的ポイント8でした。あるインタビューで「ぶたれてもしょうがないときだけだ」と女性を叩くことを認めています。「やったことはまったく後悔していない。ただの一つもだ。そのすべてがあったから今の俺がいる。今日のこの俺が好きなのさ。ああ、ティナもひっぱたいたよ。せいぜい世間の男が嫁を叩く程度にだけどな」

同じインタビューでアイクは連れの女性を撫でながら、性的に女性を征服したことを自慢しています。

「六つのときに初めて女とやった。最初の結婚は十四歳のときで、十回結婚した」

牧師の父と裁縫師の母の間に生まれ、世界大恐慌時代にミシシッピで育ったアイクは六歳の頃から働きはじめ、八歳で鉄くずを売ったり、詐欺で巻き上げたり、雑用をしたりしてお金を手に入れるようになります。家出をしてメンフィスに行き、そのことで母親からむちで打たれました。それでも懲りずに学校をさぼり続け、ビリヤード場に出入りし、そこで音楽と出会います。アイクは法律を軽視し、薬物に深くはまり込みました。金回りがよかったときには、ホテルの部屋のあちこちにコカインの入った器を置いて友人たちをもてなしたそうです。

チョギャム・トゥルンパはオックスフォード大学で教育を受けたチベットのラマ僧で、人類への奉仕に身を捧げた人物です。彼の才気あふれる著書は水晶のように聡明な輝きを放っています。トゥルンパが創立したナロッパ・インスティテュートは、シャンバラ・トレーニング・プログラムなど新しい文化意識を生み出す先駆的な場となりました。トゥルンパは飲酒癖も女性癖も一切隠そうとしませんでした。泥酔状態で壇上に上がって素晴らしい演説をしたこともあれば、信者を部屋の外に座らせておいたまま、その信者の妻を寝室に連れ込んだこともあります。過度の飲酒による合併症で四十八歳のときに亡くなりました。

ゲシュタルト・セラピーの父、フリッツ・パールズは怒りを表現する方法を教えることが仕事でした。パールズは何か「でたらめ」を言ったクライアントや生徒をこき下ろすのが大好きでした。かつてパールズから学んだセラピストたちが二十年ぶりに集まって同窓会を開いたときのことです。二十年もの間、抑え込まれていた問題がそこで露呈しました。女性セラピストたちはパールズから性的虐待を受けたと感じていたのです。パールズがあらゆる年代のあらゆる体型の女性に誘いをかけていた、と言います。男性セラピストたちも、パールズにけなされ、骨抜きにされた、と口々に言っていました。

パールズは天才的な父であり、完全な支配力を持つ存在だと思われていました。いかなる状況でも、彼に立ち向かえるほどの力がある人はいなかったのです。程度の差こそあれポイント8であれば誰もがそうであるように、パールズは自分が有能であるように見せ、支配力と優位な立場を維持することに長けていました。

カナダの病院で臨終を迎えたときのパールズの最後の言葉も、支配的立場を維持するための発言でした。ベッドに寝ているように、そして用を足すときにはおまるを使うように、と指示されたパールズはベッドから身を起こし、トイレに向かいながら言いました。「私に指図するな」この言葉を残し、倒れて亡くなりました。

今はもう変化しつつあるのかもしれませんが、私たちの社会では女性がポイント8として生きるのは容易ではありませんでした。支配と怒りは男性の担当とみなされ、かつては女性が権力や能力を使おうものなら、周りから煙たがられることもありました。表向きは従順でしとやかな自分を演じ、裏で欲望をむき出しにするポイント8の女性もいます。とはいえ、パワフルに活躍するポイント8の女性もたくさんいます。

・オプラは道徳主義側の性的サブタイプです。

・タバコを切らさなかったと言われる神智学協会の女王、ブラヴァツキー夫人は自己保存的サブタイプです。

・ミシェル・オバマ、ヒラリー・クリントン、キャサリン・ヘップバーンは道徳主義側の社会的サブタイプです。

サブタイプごとの例

自己保存的サブタイプ～生き延びられれば満足

ポイント8の中でもっとも気難しく、不機嫌なのが自己保存的サブタイプです。生きていく上で自分以外の人を必要としないため、社交スキルを磨こうとしません。

スロボダン・ミロシェヴィッチ、ジャック・ニコルソン、ハーヴェイ・カイテル、フリッツ・パールズ、ジミー・ホッファ、タイ・カッブ、クエンティン・タランティーノ、ヨシフ・スターリン、マダム・ブラヴァツキー、ポーランド

社会的サブタイプ～フレンドシップ

社会的サブタイッはつき合いの長い親しい友人を持ち、常に家族や仲間と近い関係にある人たちです。

ミシェル・オバマ、ヒラリー・クリントン、ローラ・ダーン、ロバート・デ・ニーロ、キース・リチャーズ、リンドン・ジョンソン、ルシル・ボール、チャールズ・ブロンソン、ロバート・デュヴァル、ラッキー・ルチアーノ、キャサリン・ヘップバーン、ダニー・デヴィート、シー・シェパード、アイルランド

性的サブタイプ～所有／明け渡し

ポイント8の中で自分自身と自分の性的な魅力について、もっとも自信を持っているのが性的サブタイプです。性的な欲望が目から滲み出ています。

ビル・クリントン、サミュエル・L・ジャクソン、セリーナ・ウィリアムズ、アル・パチーノ、ラッセル・クロウ、ショーン・コネリー、リーアム・ニーソン、サダム・フセイン、スーザン・サランドン、ローレンス・フィッシュバーン、オスカー・シンドラー、メイ・ウェスト、フランク・シナトラ、ジミー・スワガード、その男ゾルバ、マイク・タイソン、チョギャム トゥルンパ、ゲオルギイ・グルジェフ、ニュージーランドのマオリ族、ギャングスタ・ラップ、イスラエル

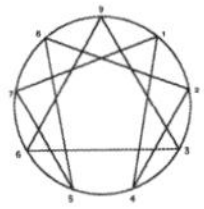

ポイント1　内在化された怒りポイント

エッセンス	純粋
聖なる理念	完璧
聖なる道	静穏
主機能	憤り
囚われ	怒り
理想化	「私は正しい」
会話スタイル	説教
罠	完璧
防衛機制	反動形成
回避	怒り
内なる二項対立	厳正／繊細
サブタイプ	自己保存的〜心配
	社会的〜非順応
	性的〜嫉妬

完璧さへの欲動

ポイント1はポイント9の内在化バージョンです。ポイント1は、囚われと回避の両方が怒りになっている非常に興味深い怒りポイントです。囚われと回避が同じものになっているのはポイント1しかありません。ポイント1はブレーキを踏んだまま先に進もうとしている人たちとも言えます。

ポイント1の認識システムは肛門筋周辺と深い関わりがあります。ポイント1は「神経のピリピリした人」の代表のような人たちです。肛門性格は、厳重に管理したい、正しくありたいという欲求となって表れます。

ポイント9は自分の立ち位置がわからなくなり、ポイント8はすべてにおいて優位な立ち位置をとります。ポイント1は正しい立ち位置を求め、正しい行いをしようとやっきになります。有名な絵画『アメリカン・ゴシック』のようなしかめ面や、怒りをたたえた薄い唇、道徳的な優越感がポイント1の表情に表れていることがよくあります。

ポイント8は悪い子で、ポイント1はよい子です。ポイント1は怒りポイントですが、ポイント8のような怒り方をすることはめったにありません。ポイント1は怒りを爆発させると、その後で自分の行動が正しかったかどうか自分自身と討論します。ポイント1は裁判官のホームグラウンドです。どの認識システムでもスーパーエゴという内なる裁判官を持っていますが、ポイント1の場合は、裁判官をジャッジする裁判官がいるのです。

ポイント1の怒りは完璧を求めるがために生じ、間違うことに対する強い恐れによってさらに怒りに油が注がれます。正しくあるためには、いかなるときでも何が正しいことなのかを知っていなければなりません。それがわからないのはポイント1にとってはひどく恐ろしいことであり、概念、信念、説教、思いつきの妙案を駆使してその恐怖を退けます。常に自分を改善しようと努めるのもポイント1の特徴です。

ポイント1は、人の目には何をやらせても完璧にこなす人のように映ります。私の友人に、オレゴン州の丸太小屋に住むポイント1の女性がいます。彼女はそれこそ完璧な母親であり、完璧な妻に見えました。電気も水道も通っていない家に住み、夫婦で木を切って熱源にしていました。二人にお金はありませんが、この家に行くと、まさにすべてが完璧に感じられます。何もかもがあるべき場所に収まっています。オーブンには焼き立てのパン、ギンガムチェックのカーテンのかかった窓、カラフルな花瓶に美しく生けられた野草。隅から隅まで掃除が行き届き、ピカピカに磨かれた床はお皿の代わりに使えそうです。

ポイント1の場合、自分が高い価値を置くものに関して完璧主義のパーソナリティーが現れます。何に価値を置くのかは人によってさまざまです。人生のあらゆる面においてポイント1は完璧主義なのだろうと考えたくなりますが、そうではない人のほうが多数を占めます。あるポイント1のコメントです。

「私の家はしょっちゅう散らかっているし、ものすごくきちんとしているわけではないんです。でも自分が重要だと思うことだと、力の限りを尽くしてきちんとしようと頑張ります」

自宅は塵一つ落ちていないほど完璧に掃除し、常に整然としていても、職場の自分のスペースはどちらかと言うと散らかっている、と言うポイント1の女性もいました。自分の家がどう見えるかに彼女は重きを置いていますが、職場については重要視していません。仕事に支障がない程度に片づいていれば十分なのです。

他人からしてみれば、これ以上ないほどきちんとやっているように見えても、ポイント1本人が十分だと感じることは決してありません。なぜなら常に自分の理想とする基準と自分とを比べ、自分は十分ではないと判断するためです。ポイント1は改善の努力をし続けるしかないのです。ワークショップに参加したあるポイント1が、完璧を目指さずにはいられなかった若い頃の話をしてくれました。

「完璧な自分でなければならない。そう思っていました。でも、そんな風にはどうしても思えません。理想どおりに何かができたことは一度もないんです。何をやっても上手にできました。本当です。ただ、満足のいく出来ではなかったんです。自分の理想どおりにはならなかった。

子どもが生まれてからは、それはもう大変でした。ちゃんと宿題をやったかどうか気になってしょうがないんです。しまいにはほとんど私が代わりにやっていました。子どもたちの宿題が完璧じゃないと私の気がすまないんです。宿題の出来があまりに完璧すぎたせいで、先生に気づかれてしまったのですが、それまではずっと私が宿題をやっていました。先生には子どもたちを放っておくように言われました。間違いから自分で学ぶようにしてやりなさい、と。言われたとおりにしてみると、気分がとてもよくなりました。肩の荷が降ろせたんです」

医者、中小企業の経営者、自営の専門職にポイント1が多く見られます。一分の狂いもない技術を要する脳外科医はポイント1的な職業と言ってもいいかもしれません。官僚組織の中で働くのは、ポイント1にとって容易なことではないでしょう。なぜなら、ポイント1は周りに順応することをよしとせず、厳格な道徳律を持ち、正しいと信じていることのために戦おうとするからです。

改革者

ポイント1は伝道師や社会改革者になることがあります。伝道師のビリー・グラハム（アメリカの著名なキリスト教の福音伝道師）とジェリー・ファルウェル（アメリカのキリスト教福音派の原理主義者）、そしてマハトマ・ガンディー、マーティン・ルーサー・キング、アメリカの弁護士ラルフ・ネーダー（環境問題や消費者の権利保護問題などに携わり、緑の党から大統領選に立候補した）らの社会改革者はポイント1です。ポイント1はユートピア思想の場です。

ナポレオンは社会的ポイント1です。彼はエルバ島に追放され、そこで最初に行ったことはエルバ島政府の改革でした。税法の変更と民主的選挙の導入を行った後、小規模な民兵組織から本格的な軍事力への改変に着手します。下水設備と道路を敷設し、教育システムの改革も行いました。

ポイント1は自由思想の持ち主です。世間一般の考えに影響されることはありません。たいてい心のどこかで理想世界の夢を抱いています。これはポイント7の理想主義の性質がポイント1に現れたものと言えます。ポイント7はポイント1のコアにあたるため、1から7への移動が起こります（ポイントの移動とコアに関しては『ポイントの移動と関係性』の章で説明します）。

ポイント1の多くは、一人ひとりが頑張ればみんながうまくいく、という信念を持っています。クリスチャン・サイエンスの創始者マリー・ベーカー・エディーは、マインドの持つ癒しの力を信じていましたが、彼女はポイント1の典型例です。

怒り

怒りはまず身体感覚として顕在化します。怒りというのは肉体の思考なのです。ポイント1は怒りが生じると自分を責めます。怒りを適切に表現する方法がわからないのです。カソリックの告解では悪い人間である自分自身を罰しますが、これはまさにポイント1的な行いです。毛のシャツ（十四世紀頃から一部のキリスト教団で罰として使われたチクチクするシャツ）を着るのも非常にポイント1的な行為です。ポイント1にとっては、怒ることはコントロールを失うことであり、受け入れられない行為です。怒ることは無作法にあたるので人前で怒りを表すことができない、というケースもあります。ポイント1にとっては、もし怒るようなことがあれば、自分は非難がましい人間であり、それゆえ不完全だ、ということを意味します。これがさらにポイント1の怒りを募らせます。自分の怒りが正当なものだと完全に認められるごく稀なケースを除き、怒りを感じること自体が間違いだと思ってしまうのです。怒りを手なずけるか、コントロールするか、あるいは抑圧しようとします。

「私にとって怒りは大量の消化不良を抱えるようなものなんです。怒りを抑え込みますから。腹が立つのは、たとえばこんなときですね。努力が評価されない……やりたくもないのに、やるべきだからと自分を曲げて何かをやる……人が私に本音を言わない……人との関係で腹が立つようなことが起きたら、その瞬間に怒りは感じるものの、怒って当然だとはなかなか思えないんです。ですから、腹を立てないように自分を説き伏せます。基本的には腹が立ったことを相手には伝えません。腹を立てるのは私の問題であって、自分で対処すべきです。対処するには、自分の体に働きかけないといけないんです。しばらく怒りが続き、後で皮肉や辛辣な批評となって漏れ出てしまうことも多々あります。以前は長い間、怒りを持ち続けていましたが、ありがたいことに今はそれほど長くは怒りにしがみつかなくなりました。昔だったら腹を立てていたようなことが起きても、今は出来事をそのまま受け止められます。何かが起きても、起きるがままにしておけます」

時間、汚れ、お金

強迫神経症ポイント全員に共通するテーマは、時間、汚れ、お金です。ポイント8の場合、習慣的に遅刻する、服に食べこぼしの染みをつける、前ポケットに百ドル札を丸めて突っ込む、というようなことをします。自分が着ているのは服ではなくて食べ物がくっつく磁石なんだ、と言ったポイント8がいました。

「何かがどこかにこぼれるときは、その一部は俺のシャツに着地することになっているのさ」

一方、ポイント1にとっては、清潔さや、折り目正しい衣服の着方が重要なテーマとなります。たいてい、ポイント1は極端にきれい好きで、片づけるだけでは気がすまず、ごしごし磨いて汚れを取り除きます。過度の手洗いは、強迫性障害の衝動と防衛機制の反動形成がセットになった行動です。

スイスはポイント1の文化を持つ国です。スイスを旅行したときに気づいたのですが、チューリッヒ空港の床はアメリカの一般家庭の台所の床よりも清潔です。もちろん、アメリカの家でもポイント1の家は別ですが。次は、家の床に特別なこだわりがあるポイント1の女性のコメントです。

「床掃除に対する私のこだわりは、強迫的な行動がいかに無駄かをはっきりと見せてくれます。私は完璧な床をイメージできます。そのイメージどおりの床にしたいんです。でも、そんなことはどうしたってできっこありません。誰かが足跡で汚したり、パンくずを落としたりすると、絶対に気づきます。私の世界の秩序が攻撃されたような気がするんです。無理なのはわかっていても、床を完璧にきれいにしておくことに取り憑かれているんです。床を掃くのも、磨くのも大好きです。掃除していると、私の思いどおりに秩序を保っているような気がして、満足感があるんです。

床の汚れを気にしないようにするには、コントロールを手放すしかないのですが、私にとっては、何も考えてはいけないと言われているようなものです。何もかもが混乱してしまう。掃除をして秩序を生み出している限り安心なんです。秩序があればものごとが予測可能になって、想定外のことはなくなりますから。こんな風に頭の中でつながっているんです。掃除をしていれば、知らないままでいることへの恐れに気づかずにすみます。それが床にこだわる理由の一つです

『よい人』になりたい、秩序を保つという正しいことをして褒められたい、というのがもう一つの理由。私がやったことを人に認められて、正当に評価されたいんです。うちの家の床を汚したり、パンくずを落としたりする人は、私にしてみれば自分本位の怠け者で、私の行為に感謝する気がないってことなんです」

スーパーエゴ

ポイント８は他人を責める人たちのホームグラウンドですが、一方、ポイント１はスーパーエゴ、つまり心の中で自分の不完全さを責める人たちのホームグラウンドです。すべてのエゴに必ずスーパーエゴ（自分を裁く裁判官）がいますが、ポイント１のスーパーエゴは、規模が二倍になっているかのようなとりわけ強大な威力を持ちます。ポイント１の女性がそのことについて次のように語っています。

「ポイント１はその場で適切な行為はなんなのかに気づけるように、常に緊張感を持っていなければなりません。私の頭の中には裁判官がいるんです。ハイヤーセルフみたいなものです。正しいことをしないと、裁判官に『このやり方でやるべきだったのに、なぜそうしなかったのですか？』と責められます。とても厳しく裁かれるので、正しいやり方を見つけるしかありません。そのためにはしっかりとリサーチし、裁判官に責められないであろう正しいことは何かを、よほど注意して見つけ出さないといけないのです。

私の頭の中にいる裁判官は、道徳的に正しい人物というか、神様のようなもので、私がまっとうな狭き道を歩めるようにしてくれます。十代の頃の自分を振り返ると、とても道徳的でした。悪いことは一切しませんでした。怖すぎて、悪いことなんてできるわけがありません」

ジェームズ・マディソンが書いた『ザ・フェデラリスト・ペーパーズ』の五十一篇が、ポイント１の視点がどのようなものかを教えてくれます。

人間が天使でもあるというならば、政府などもとより必要としないであろう。（中略）人間が人間の上に立って政治を行うという政府を組織するにあたっては、最大の難点は次の点にある。すなわち、まず政府をして被治者を抑制しうるものとしなければならないし、次に政府自体が政府自身を抑制せざるをえないようにしなければならないのである（A・ハミルトン、J・ジェイ、J・マディソン 著『フェデラリスト』岩波書店、一九九九年）。

ポイント1の怒りは嫌味な言葉となって漏れ出ることがあります。そのため過度に批判的になり、自分自身も批判します。それはまた、受動的攻撃性行動にもつながります。ポイント1には姿勢がよく、唇が薄く、しかめ面をしている人が多くいます。顔の作りの特徴として左右対称性が高い人も少なくありません。さげすんだ目で見ている、と他人に感じさせてしまうこともしばしばあります。

分裂

ジョージ・バーナード・ショーは典型的なポイント1の顔つきをしていました。唇がとても薄く、眉の奥から批判的な目つきで世界を見ています。女性の権利が一般的なものになる、はるか以前からショーは女性権利の熱心な擁護者でした。ショーの戯曲『ピグマリオン』は映画『マイ・フェア・レディ』の原作にもなっているコメディーで、下層階級の女性が舞踏会デビューする顛末について描かれています。「上流社会」に対するポイント1的な辛辣な批判と、女性を娼婦か処女のどちらかとしか見ないポイント1の分裂が作品に表れています。ポイント1の男性は女性に対する本物の敬意を持ちながらも、同時に強い敵意を持っていることも珍しくありません。こうしたジキルとハイドのようなパーソナリティーがあるため、あらゆることに対して分裂的な思いを持ちます。ビル・コスビー（アメリカのコメディアン。さまざまな人種や文化を尊重していたが、性犯罪の容疑で有罪判決を受ける）のことを思い出してみてください。

ポイント1の内側には強い性的衝動の秘密の花園があり、その花園は厳格なスーパーエゴの目をかろうじて逃れています。ポイント1は寝室では情熱的に愛を交せても、人前で愛情を示すことを嫌がります。『ビター・ハーベスト』はポイント1の主人公を描いたポーランド映画です。第二次世界大戦中に聖職を放棄して農民になった主人公の男性が、ナチ占領下の農場で家の地下室にユダヤ人女性を匿うことを軸に物語が展開します。女性を匿ったのは道徳的に正しいという理由からでしたが、性的なものを感じさせる状況でもあります。主人公は倫理的な行為として真摯に女性を守りたいと望む一方で、劣情を抱き続けます。彼は酒に酔い、地下室に潜り込み、性的暴行を働きますが、翌朝にはそのことが記憶からすっかり消えています（私がエニアグラムを最初に教わった先生の一人、キャスリーン・スピースは「ポイント1のスーパーエゴはアルコールに極めて溶けやすい」と言っていました）。

この映画の話に触発されて、ポイント1の男性が自分の結婚式の写真について話してくれました。新郎と新婦がカメラに生真面目な顔を向けている写真ばかりで、キスをしている写真はおろか、手をつないでいる写真もほとんどありません。ところが、二人は式の直前に教会の中で愛を交わしたそうです。

スパンキングや変態セックスに耽るのは、ポイント1の認識システムによってセクシャリティーが歪められた結果かもしれません。中学の制服を着たイギリスの男性判事たちがSMの女王にぶたれたのはポイント1的な事件です。

怒りの抑圧

ポイント1の場合、創造性とセクシャリティーもまた怒りと結びついています。怒りを感じたり、表現したりすることができるようになると、創造性とセクシャリティーも同時に活性化します。怒りが抑圧されている限り、性的なエネルギーと創造性に問題が生じます。怒りの抑圧と病気が関係しているケースも少なくありません。消化管に緊張が生じることもあります。レーニンとナポレオンは社会的ポイント1ですが、二人とも消化器系の問題に悩まされました。ナポレオンは胃がんで亡くなったと言われています。

多くのポイント1の身体的特徴として体がとても硬いことがあげられます。ポイント1と結婚した女性が、半跏趺坐《はんかふざ》ができるようになりたくて夫は毎日練習したけれど二年かかった、と言っていました。

社会と文化

ポイント1の文化を背景とする社会の例として、小規模農家と市民民主主義を尊重するスイス諸州があげられます。ポイント1の社会は例外なく、クリーンで上品そうにとりすました外向きの顔の裏側に赤線地帯を隠し、心の中では自由思想を尊重しています。

あるときスイスの医薬品メーカー、サンド社に勤務するポイント1の男性と知り合いになりました。私は、この男性が官僚的な組織の中で上司とどのように折り合いをつけているのかにとても興味が湧きました。サンド社では、品質管理サークルというチーム体制を採用しているため、上司は存在しないのでなんの問題もないそうです。こうした組織運営方法も、スイスと同じポイント1文化の企業であればスムーズに導入できるでしょう。

社会的ポイント1の文化的背景を持つ都市アムステルダムでは、カウンターカルチャーのライフスタイルが容認され、マリファナの使用も認められています。地元の住民が薬物乱用を擁護しているわけではなく、実際には大多数が反対しています。彼らが支持しているのは、自由思想と個人が好きなように生きる権利です。

アメリカも建国当時はポイント1の国でした。ピューリタンもアーミッシュもポイント1の典型例です。ピューリタンの労働倫理とカルヴァン主義には、ポイント1の視点が反映されています。アメリカを建国したのは、生真面目で、かたぐるしく、気難しいジョージ・ワシントン将軍です。建国の父は完璧なユニフォームを身に着け、まるで石のように無表情です。

囚われ／回避　怒り

認識システムの中で心の分裂の度合いがもっとも極端なのはポイント1です。ポイント1は、囚われと回避の両方が**怒り**で、聖なる理念と罠の両方が**完璧**という対立的な構造になっています。

ポイント1は、どうであったらものごとが完璧なのかについて理想のイメージを持っていて、完璧ではない点に気づくと憤慨します。この憤りは辛辣な言葉や皮肉に満ちた冗談となって口からすべり出ることがあります。ポイント1はいつも少し怒っています。怒りは過度な批判性という形で漏れ出し、しばしば筋肉の緊張を引き起こします。ポイント1が何にも増して批判するのは自分自身です。エニアグラムの中で自罰傾向が一番強いのはこのポイントです。

ポイント9は怒りを感じると、自分を麻痺させて怒りを無意識に追いやります。ポイント8は怒りを感じると、怒りを激しく表現します。ポイント1は怒りを感じると、怒りを避けようとします。怒りの感知と怒りの回避が同時に起きますが、この対立は、怒りを感じることが正しいのかそうではないのかをスーパーエゴが判断することによって処理されます。裁判官であるスーパーエゴは、怒りをはじめとして、あらゆる行動、考え、感情の妥当性を判断します。

肉体に怒りが生じても、スーパーエゴがこれは怒るべきケースではないと判断した場合、ポイント1は怒りを表に出しません。その代わり、心の中で怒りを抱き続け憤慨します。何か完璧ではないものに気づくと嫌味を言い、心の中にずっとあった怒りが外に漏れ出ます。怒りを抑え込んでいるために自分に負荷がかかり、それが筋肉の緊張、頭痛、整形外科的な問題、関節のトラブル、関節炎、大腸炎の原因となることもあります。

幼少期

ポイント1はたいてい、子どもの頃に受けたお仕置きは至極適切なもので、一貫性があったと言います。幼少期に悪いことをすると罰せられ、よいことをするとご褒美をもらうという経験をしたため、それ以降も、正しいことにはご褒美が、悪いことには罰が与えられると信じるようになります。

ポイント1は肛門周辺に怒りをため込みます。幼児期にトイレ・トレーニングという名の戦いに敗れた経験を持ちます。トイレ・トレーニングのときに激怒が起こりますが、怒りは無意識下に抑圧され、この怒りがポイント1のコントロール欲の根底にあることも少なくありません。

これまで私が行ったポイント1の人たちとのセラピー・セッションでわかったことですが、この人たちの肛門周辺の筋肉は例外なく緊張していました。怒りによる緊張が最初に発生するのは肛門周辺ですが、それ以外にも、あごのこわばり（クリント・イーストウッドのようなあご）など、さまざまな個所に筋肉の緊張を引き起こします。

性的ポイント1の男性が、子どもの頃に認識システムが結晶化した瞬間について話してくれました。

「三歳ぐらいだったと思います。家のそばに池があって、僕はそこにいる生き物に夢中でした。何時間も池のほとりで生き物を観察したものです。ある日、カエルが性交しているのを見つけたんです。僕はものすごくわくわくして、急いで家に帰って報告しました。『ママ、カエルの背中に乗かっているカエルがいたよ！』母は友人たちとトランプをしていたんですが、みんなに笑われました。ものすごく恥ずかしくなって、慌てて自分の部屋に逃げ込みましたよ。そのときですね、恥をかくような状況に二度と身を置かないと決めたのは」

次は、あるポイント1の女性のコメントです。

「おむつが外れてからまだ日が浅いときのことですが、私は姉たちと遊んでいました。ベッドの上でおむつを履かされました。それから、おむつをはずして、私におしっこをしなさいと言うんです。そのとき父が部屋に入ってきました。私は裸のままベッドの上に立って、『しなかったもん！　しなかったもん！』と言って泣きじゃくったんです。今でも覚えています」

大人になった彼女は高潔な社会運動家として活動しています。

理想化「私は正しい」

ポイント1の理想化は**「私は正しい」**です。完璧であることについて理想を描き、その理想は自分や世界に課される厳しい道徳律となります。

歴史における典型的なポイント1と言えば、ヴィクトリア朝イギリスです。当時は、女性の足を連想させるのが不道徳だという理由で椅子やソファーの脚を長いスカートで隠していました。一方で、英文学ポルノグラフィーの傑作が執筆されたのもこの時代です。一日中ポルノ映画を見て、一般の人にとって何が妥当で適切なのかを判断する検閲官にはポイント1が多くいます。

著名な催眠療法家で精神科医のミルトン・エリクソンは、性に関する自己イメージが髪型に反映されると考えました。自分の性器をどのようなものとしてとらえているかが髪の整え方や分け方に表れるそうです。ポイント1の多くは常にきちんと髪を整えています。ピックアップ・トラックの後ろに乗っても一糸乱れぬヘルメットのような髪型の人もいます。イギリスの元首相マーガレット・サッチャーやチャールズ皇太子のヘアスタイルがその例です。転んだら割れてしまいそうです。

会話スタイル　説教

ポイント1の会話スタイルは**説教**です。上からものを言ったり、あなたがより完璧なパートナーや子どもになるにはどうしたらいいかについて講義したりします。会話が説教調になるのは、ポイント1には、善悪をわきまえ正しい行動ができる点で勝っているという感覚があるためです。他人からしてみれば、人を見下しているように見えるかもしれません。

罠　完璧

ポイント１は完璧を求めますが、その要求はありのままの自然な状態をコントロールし、自分の考える完璧なものにしたいという欲望として現象化します。木が群生している手つかずの自然よりも、手入れが行き届いた農地のほうが美しいと考える傾向があります。ポイント１の家の芝生はたいてい、軍隊の隊列のように規律正しく刈り揃えられています。規則的な形状に手入れされ、伸びすぎた芝は一本たりともありません。

完璧であることを目指して世界をコントロールしようとするのがポイント１の罠です。自然な状態のものに手を入れて完璧にしたいという欲望が起こります。部屋に入るとすぐに何かおかしなことがあれば気がつく、とポイント１はよく言います。セミナー会場のすそ板に備えつけられたコンセントがわずかに斜めになっている、と指摘したポイント１がいました。この人はカーテンに薄い染みとちょっとしたしわがあることにも気づいていました。ニューヨークに住む私の知り合いのポイント１の医者は、レントゲン写真を解読する技術に長け、大きな成功を収めています。見逃しかねない欠陥を見つけて正確な診断を下せるのです。

完璧主義の罠はポイント１に怒りをもたらします。自分自身のことを完璧ではないと判断し、その不完全感を外の世界に投影します。投影のせいで外の世界のものごとが不完全だと知覚され、その不完全さに腹を立てます。礼儀作法の権威ミス・マナーズ（アメリカのジャーナリスト、作家。『ミス・マナーズのほんとうのマナー』の著者）とエミリー・ポスト（アメリカの作家。エチケットのバイブル『エミリー・ポストのエチケット』の著者）は二人ともポイント1です。ポイント1は社会のルールを知って、適切にふるまうことを重んじる礼儀作法の場です。

完璧主義の罠のわかりやすい例を紹介します。注意の向け先が間違いに固定されると、その瞬間の体験は完璧であることを見過ごすという話です。

「ある年のサンクスギビングに家でパーティーを開いたんです。たくさんの人を招待しました。一品持参してもらう持ち寄りパーティーにしたので、友人の一人にお野菜を使った料理を持ってきてほしいと頼みました。なんの料理を頼んだのかはちょっと思い出せないんですが、とにかく、彼女は芽キャベツの料理を持って現れたんです。よりにもよって芽キャベツですよ。玄関に入ってきて、芽キャベツ料理を手渡されました。ショックでした。『頼んだものと違う。いったい、どうしてそうなるの？　芽キャベツが好きな人なんてここには誰もいないのに』すぐにそうした言葉が頭に浮かびました」

私はこの人に質問しました。「お友達に実際にそう言ったんですか？」

「まさか！　そんなこと言いませんよ！　でも、その間違いが気になってしょうがないんです。いい気分だったのが台無し。ほかのことは何もかもうまくいっていたんです。せっかく素敵な人たちが集まってくれたのに、頭の中はつまらない芽キャベツの間違いのことでいっぱいでした。実はその芽キャベツ料理はとてもおいしかったんです。私もとても気に入りました！」

罠と聖なる理念の両方が完璧のポイント1は、完璧な状態であればこのように見えるはずだ、あるいは完璧とはこのように感じられるものだという先入観に囚われさえしなければ、あるがままの状態でものごとはすでに完璧なのだと気づけるはずです。この気づきに自分を委ねると、ポイント１特有の厳しさが溶け、あらゆる概念を超えた静穏と愛への扉が開かれます。

防衛機制　反動形成

ポイント９の場合、会話や薬物乱用、食べ物、考えごとなどで自分を麻痺させる防衛機制が働きます。ポイント１の防衛機制は**反動形成**です。反動形成とは、潜在意識の中で何かの衝動が生じたときに、顕在意識に上がってくる前にその衝動を別の思いや行動に変化させることを指します。

私が最初にエニアグラムを教わったジェリー・パーキンスは、マスターベーションの最中に牧師に見つかった少年の例を用いて反動形成について解説しています。牧師は「マスターベーションをしたくなったら、祈りなさい」と少年に言います。やがて少年からマスターベーションをしたい気持ちは消え、やたらとお祈りをしたくなるようになりました。マスターベーションの衝動が起こると、それは潜在意識の中で別の行動に変えられ、お祈りとして顕在化するというわけです。

ポイント１が働きすぎのときによく起こる状況も反動形成の一つです。ポイント１は過労気味になってくると、休暇をとって休まなければと考えるのではなく、もっと働かなければと思います。働きすぎる傾向に加え、人生の計画を立てるのも好きなので、たくさん予定を詰め込みます。

あるポイント１は「休暇には大変な努力がともないます。何もしないでいるのは、とても難しいことなんです。休暇は好きではありません」と言っていました。休暇をとっても、ポイント１はたいてい「何もしない」ことをしません。スキューバ・ダイビングのレッスンを受けたり、朝六時に起きてテニスをしたりします。小さな島への旅行であれば、二日間の滞在中に島中のすべてを見なければ気がすみません。あるポイント1の女性が、夫に同行した六週間のタイでの休暇中、ビーチに寝そべって何日も過ごさなければならなかったのは「耐え難い体験だった」とこぼしていました。

時間の無駄遣いをひどく嫌うのもポイント1のおもだった特徴の一つです。時間は権威とコントロールの問題と強く結びついています。ライフ・コーディネーターでカリスマ主婦のマーサ・スチュワートは性的ポイント1です。彼女にとって休暇は子どもたちの学びの時間だったようです。子どもたちが毎日どのような活動をして、一日をどう過ごすことで貴重な時間をいかに有効に使ったかをラジオ番組で詳しく語っていました。

内なる二項対立　厳正／繊細

ポイント1の内なる二項対立は**厳正／繊細**です。どの認識システムもそうですが、一人の中にその両面が存在します。ポイント1の二項対立はポイント8の二項対立・道徳主義／快楽主義のバージョン違いになっていることに注目してください。

厳正／繊細が各人の気質にどのように反映されているかは、その人が世界に向けてどのような「態度」をとっているかでわかります。立ち振る舞いも感情面も軍人のような態度のポイント1もいれば、より柔軟で繊細な感情を持っているように見えるポイント1もいます。アル・ゴアは厳正側のポイント1で、エマ・トンプソンは繊細側のポイント1です。

サブタイプ

ポイント１とポイント８はポイント９の別バージョンなので、サブタイプに関してもポイント９のサブタイプの変種とみなすことができ、類似点があります。

自己保存的ポイント９は十分満足することができません。自己保存的ポイント８は生き延びられれば満足します。自己保存的ポイント１は将来について心配します。

このように、共通する中心的テーマであるこの世での生き残りに関してどのような姿勢をとるかに三つのバージョンがあります。

自己保存的サブタイプ　心配

自己保存的ポイント１の**心配**とは怒りが未来に投影されたものです。このタイプは、うまくいかない可能性のあることすべてについて、あらかじめ考えて心配しておけば、未来に起こる大惨事を避ける手立てを講じられると信じているように見えます。

自己保存的ポイント１は後で述べるポイント７のマジカル・シンキングのバリエーションです。ポイント７のマジカル・シンキングは「しかるべき思考を持てば、空を飛べる」のようにポジティブに考えます。一方、ポイント１の場合はネガティブに考えるマジカル・シンキングで、「起こりうるあらゆるネガティブな結果について心配しておけば、実際に起こる前に対処できる」と考えます。

ある自己保存的ポイント１の女性は霊能者に会いに行って、九十歳まで生きると言われたそうです。そう言われて、彼女は腹を立てました。なぜなら、突然、これまでとはまったく違う視点で将来について心配するはめになったからです。「九十歳まで長生きするなんて、いったいどうやって自分の面倒を見たらいいのだろう？」と悩みはじめ、人生の計画を一変させました。仕事を変え、貯蓄計画も見直しました。最後に彼女に会ったとき、こうしたさまざまな切り替えをすっかり終えてはいましたが、それでもまだ、未来について気に病んでいました。

私の知人に自己保存的ポイント1の医者がいます。四十代で仕事もうまくいっていて、サンフランシスコ・ベイエリアに住んでいました。五歳の娘の将来のことを心配し、娘のために万全の準備を整えるべく南部に引っ越しました。彼が大切にしていた唯一の創造性の表現手段だった絵画教室に通うのを諦めなければなりませんでしたが、それでもテネシー州に住めば収入は増え、生活費は減ります。十年計画を立て、十年か十五年ほどテネシー州で十分な稼ぎを得たら、サンフランシスコに戻るつもりです。そこが本当に住みたい場所なのです。

社会的サブタイプ　非順応

社会的ポイント1は**非順応**と呼ばれます。非協調的な社会改革者たちです。このタイプには、ロベスピエール、レーニン、ナポレオン、マハトマ・ガンディー、ラルフ・ネーダーらがいます。

社会的ポイント1は、自分が信じる道徳律に基づいて毅然とした態度をとります。また、官僚主義的な規範や社会通念には同調したがらないか、あるいは拒否します。自分が正しいと思うことのためなら体を張って立ち向かうのも厭わない人たちです。

アメリカにおける安楽死問題のパイオニア、ケヴォーキアン医師はこのタイプの代表例でしょう。彼は、安楽死を望み、その準備のある多くの人たちに手を貸しました。罪に問われることなく安楽死の処置を行っていたため、法律に立ち向かう用意をしていませんでした。ところが、安楽死の装置を作動させている映像がテレビで公開されると、これが証拠となって逮捕されます。ケヴォーキアン医師は自らの信念を守るために弁護士に頼らず自分自身で弁護を行いますが、有罪となります。その結果、医師として医療に従事するのではなく、監房の中から社会を変えるというやり方で正義のために戦うことになりました。社会的ポイント1は自分のモラルは正しいと確信しているため、自らの態度を明確にし、それを広めようとして積極的に活動します。

前述したようにフランスの革命家ロベスピエールは社会的ポイント1です。ロベスピエールの恐怖政治は、高潔なユートピア思想はギロチンさえも正当化する危険をはらむという教訓になりました。ポイント8の解説にも登場しましたが、名作映画『ダントン』では、ポイント1のロベスピエールとポイント8のダントンの確執が描かれており、ロベスピエールの独善的な道徳観がどのようにして恐怖政治を生み出したのかを知ることができます。ロベスピエールは復讐を果たしたかったわけではありません。学生時代からの親友カミーユ・デムーランを死に追いやることになり、嘆き悲しみます。ロベスピエールはカミーユに考えを改めるように懇願しますが、結局、革命を守るために必要なことをせざるをえず、ダントンとカミーユの首をはねさせました。

ロベスピエールは歴史上もっとも民主的と言われるフランス憲法の策定に尽力しましたが、この憲法が施行されることはありませんでした。未施行に終わったのは、何が最善かを知っているのは自分であり、自由を手に入れるにはその前に容赦ない抑圧が生じなければならない、とロベスピエールが確信していたためです。彼は早くから死刑廃止を主張していましたが、自分の倫理観を実現するために何千人もの命を奪いました。ロベスピエールは「革命なくして大変革はない」と言って、目的が手段を正当化することを信じて疑いませんでした。のちに「卵を割らないとオムレツは作れない」というスローガンを掲げた毛沢東も、ロベスピエールと同じ信念を持っていました。

ロシア革命のレーニンも社会的ポイント1です。レーニンはロベスピエールのやり方を踏襲します。地上天国を築くには、まず地獄を作らなければならないと固く信じていました。ボルシェヴィキは、ロベスピエールのジャコバン派と同じく、自分たちの目的、つまり**正しい目的**のためであれば暴力を進んで利用する非主流の過激派グループでした。ジャコバン派もボルシェヴィキも独裁権力を支持する組織ですが、うわべでは「人民」に奉仕しているように見せかけて、暴徒化した群衆を利用します。レーニンは汚れ仕事をポイント8のスターリンにまかせ、その間、自分は妻とカフェで過ごしていました。

ロベスピエールもレーニンも凶暴な性格の持ち主ではありません。実際、二人とも暴力的な場面を目にすることを避けました。また、自分たちが起こした革命で私腹を肥やそうともくろんだこともありません。どちらかと言うと穏やかなブルジョア的生活を送っていました。それにもかかわらず、自分の思い描いた理想を実現するためであれば、どんなことであれ人に命令してやらせました。たとえ、どれほど血を流させることになってもです。

一方、ネルソン・マンデラの場合、ポイント1の非順応サブタイプの認識システムが厳正な道徳的理想像の実現ではなく、人々への奉仕に活かされました。ある時点で、マンデラは人種隔離政策との闘いにおいて暴力に訴える必要があることを認めます。それでも、決して思いやりと明晰さを失うことはなく、過去の政権に対する報復行為を完全に防ぎました。

非暴力によるインドの独立を目指して弁護士のスーツを腰巻に変えたガンディーも、社会的ポイント1

の認識システムを善用した代表です。

バーニー・サンダースも社会的ポイント１です。ニュー・ディール政策以降、連邦議員に選出された社会主義者はサンダースただ一人です。確固とした信念を持ち、非妥協的な姿勢と政策は社会に真の変化を引き起こしました。ですが、サンダースにとって最大の強みである怒りは諸刃の剣です。道徳心が彼のパーソナリティーに影響し、怒りに満ちた説教がましい人物という印象を与えます。これでは政策への支持を失いかねません。

性的サブタイプ　嫉妬

怒りが性の領域に漏れ出すと**嫉妬**となります。ポイント１の嫉妬とは、自分たちの「完璧な結合」をほかの誰かに汚されるかもしれないという不安感を指します。

性的な関係の中に完璧さと嫉妬の両方の感覚が混在します。たとえば、カクテル・パーティーであなたが非常に知的かつ快活で進歩的な性的ポイント１の男性と話をしていたとします。突然、この男性は何かを察知して後ろを振り向くと、部屋の反対側で妻が誰かと話をしています。あなたに向けている男性の表情と声のトーンが変わりました。妻の様子を見て無意識に反応しているのです。ぎこちない作り笑いになり、声もわずかに上ずっています。性的ポイント１はしばしば、嫉妬と心配の自動反応を起こします。自分たちの完璧な結合を誰かに冒涜されるかもしれないと気に病んでいるのです。

ある男性の性的ポイント１のコメントです。

「ポイント１の完璧の罠は、昔の僕にとっては生き地獄だったよ。完璧なんて無理だからね。早いうちに諦めた。でも、どうやっても抜けない癖が一つあってね。それについては自分の使命とさえ思っていた。

自分の種をまくというやつだ（笑）。それが僕のすべてだった。そのたった一つのことの周りで、僕は人生のダンスを踊り続けていた。

ダンスはとても上手になったよ。性的ポイント1だから、苦もなく状況を操作できたし、誘惑するのは得意だった。女性を女性として見てもいなかった。僕の種を植えるための肥沃な土壌かどうかという目で見ていた。もちろん、男は敵さ。そんな自分に向き合わなきゃならない時がきた。『種まきをとったら、僕にはいったい何が残されるんだろう？　ペニスがなかったら僕は何者でもない』とにかく、僕が何よりも恐れていることがわかったんだ。自分が何者でもないってことさ。最高の発見だったよ」

そのほかの例

アメリカ建国の父たちはポイント1の好例です。彼らの中には清廉潔白で純粋な道徳観、そして宗教と思想の自由が見られます。考えたいように考え、なんでも好きに信じてよいのです。ただし、正しいふるまいをしなければなりませんが。

ジョン・レノンは社会的ポイント1です。悩みでもあるかのように額にしわを寄せ、ポイント1特有の薄い唇をしています。音楽による布教活動と説教は『インスタント・カーマ』でその頂点に達します。

カルマはすぐに返ってくる。
おまえの頭を狙ってるんだ。
しっかりしろよ。

あっという間に、死んじまうんだから。

ジョンは女性の権利の熱心な擁護者でもありました。人生の終盤では主夫という生き方の伝道を始めます。また、ベッドインと名づけた反戦パフォーマンスでオノ・ヨーコと一緒にベッドにいる姿をテレビで放映させたことはよく知られていますが、これもポイント1的な行為です。

スティーブ・ジョブズは社会的ポイント1です。ジョブズはエンジニアではなく、完璧主義の夢想家でした。アップルのイメージを完璧なものにするようにチームに要求し、仲間に対していらだち、罵倒しました。彼はインドでスピリチュアルな探求をしていたときのＬＳＤ体験の中で、一つにつながった世界のインスピレーションを得ます。そのビジョンに従い、ｉＰｏｄそしてｉＰｈｏｎｅで私たちの世界を一つにつながった世界へと変えたのです。ＩＢＭの企業文化に対抗し、ＩＢＭのターゲットではない人たちにとって使いやすいコンピューターを開発しました。ジョブズの真似をしたのが自己保存的ポイント3のビル・ゲイツです。彼は一般的な企業向けにマイクロソフトを立ち上げました。

ヒュー・ヘフナー（アメリカの実業家で雑誌『PLAYBOY』の創刊者）はパジャマ姿がトレードマークのポイント1です。『PLAYBOY』誌の哲学にも、修正が加えられた「完璧な」女性のイメージにも、ポイント1的な視点がしっかりと反映されています。パイプをくわえたバス・ローブ姿の男性が完璧なヘアスタイルのプレイメイトたちを連れて、スリッパを引きずりながらうろうろしている。ヒュー・ヘフナーと言えば、おそらく誰もがこのようなイメージを思い浮かべるでしょう。プレイメイトは純粋で清潔感あふれる理想の女の子たちですが、快楽主義者という秘密の裏の顔を持っています。

五〇年代のアメリカは死んだように活気を失っていましたが、六〇年代にその状況から抜け出します。

当時、『PLAYBOY』誌は一般的な社会規範への迎合を拒否するメディアのパイオニアとして、出版の自由、宗教の自由、思想の自由に関して断固とした姿勢を貫きました。薄い唇、眉間の皺、深刻な表情、強く緊張したあごを持った中西部出身（中西部の人は裏表がなく律儀な気質だと言われている）のビジネスマンのヘフナーは、『PLAYBOY』誌の哲学を説き、常に社会問題に関わっていました。

クリント・イーストウッドもポイント1です。初期の多くの映画作品でポイント8を演じていますが、そうした役での性格描写は怒りではなく、道徳的優越感がベースになっています。彼の才能がもっとも発揮され、役者としてのキャリアの頂点ともなった作品は、監督も兼任した『許されざる者』でしょう。イーストウッドが演じたのは、亡き妻との出会いによって改心した元ガンマンでポイント1の人物です。子どもたちに教訓をたれ、豚に残飯を与えるきつい仕事をしています。子どもたちにもっといい生活をさせたいという思いから、そして、殺しのターゲットが女性を切りつけた男だと聞いて、もう一度だけ銃を手に取ります。ところが、彼はすでに殺し屋の心を失っていました。人を殺したことを激しく後悔します。その後悔も、心やさしいポイント9の相棒モーガン・フリーマンが殺されたと知り、酒をあおるまでのことです。酒に酔うと、人を殺すほどの激怒が表に出てきます。ジーン・ハックマン演じる保安官はポイント8で、悪党のほうがポイント1というひねりのきいた素晴らしい作品です。タイトルも完璧です。『許されざる者』はこれ以上ないほどポイント1的な作品です。

イーストウッドが監督した『真夜中のサバナ』もポイント1の映画です。

アーヤトッラー・ホメイニーは厳格な原理主義的方針でイランを統治しました。アメリカのバイブル・ベルトや原理主義バプテスト派の牧師のイスラム教版と言えそうな人物です。

チャールズ皇太子は鍼、代替療法、イギリスの伝統建築を擁護したことから、周りに合わせることをよしとしない性格が知られるようになりました。皇太子は何か気がかりがあるような表情をした、まじめで道徳的な人物です。髪型も乱れることなく常に一定。ところが、その裏に倒錯的な性生活の秘密を隠しています。

プロ・フットボール選手のコリン・キャパニックは、片膝立ちと長髪で「ブラック・ライブズ・マター」への支持を表明したことが原因で、数年間、選手活動ができなくなりました。

最後に、ドクター・ブロナーのマジック・ソープ・ペパーミントを取り上げます。私は最近、ドクター・ブロナーがドイツからアメリカに逃れたユダヤ人で、Heilbronner Soap 社（当時、ドイツでもっとも大きな石鹸会社）のたった一人の生き残りだということを知りました。家族全員を失ったのは精神のバランスを崩しかねないほどのつらい体験だったのではないかと思います。そうした体験を経ながらもブロナーは優秀な石鹸職人でした。六〇年代のヒッピーは全員がドクター・ブロナーの石鹸を使っていたというのは言いすぎだとしても、少なくとも私がいたコミューンでは誰もが使っていました。体から、衣服、食器までどんなものでも洗えます。普通、市販の石鹸には香料や色素などの化学薬品が使われていますが、ドクター・ブロナーの石鹸にはそうしたものは一切入っていません。そして、それと同じぐらい重要なのは、小さな文字で埋めつくされたラベルです。当時、私たちは、そのラベルのことを、マッド・リイエンティストによるワンネスについてのハイなお説教と呼んでいました。先日、シドニーでマジック・ソープを購入したのですが、そのラベルにはこう書いてあります。「清い人格は絶対的な清潔さに宿る！　さあモラルＡＢＣを伝えよう！　モラルＡＢＣで全人類が一つになってフリーダム。またたく間に六十億倍パワフルだ。我々はみな一つ！」これはラベルを埋め尽くす長いお説教の出だし部分です。季節が変わると、あるいは新しいロットが生産されると説教の文句が変わりますが、ワンネスのために勤勉に働き、清めるというテーマは一貫しています。

サブタイプごとの例

自己保存的サブタイプ～心配

マーガレット・サッチャー、アイダ・ロルフ（ストラクチュラル・インテグレーションの創始者。当時の医学的治療手段に強い不満を抱き、代替的手法を探求し、新しいボディワークを開発する）、バッシャール・アル＝アサド（シリア大統領）、マギー・スミス（イギリスの女優。『天使にラブソングを』で規律に厳格で、生真面目な性格の修道院長を演じた）、クリント・イーストウッド、ゲーリー・クーパー、ルー・ゲーリック（難病に苦しみながらも二千百三十試合連続出場を果たし、最年少で殿堂入りした大リーガー。筋萎縮性側索硬化症を患う）、クリスチャン・サイエンスとその創始者マリー・ベーカー・エディー、カルヴァン主義、スイス

社会的サブタイプ～非順応

ジョン・レノン、バーニー・サンダース、スティーブ・ジョブズ、アダム・ドライバー、コリン・キャパニック、ナポレオン、ロベスピエール、マルコムX、ネルソン・マンデラ、レフ・トルストイ、マハトマ・ガンディー、バックミンスター・フラー、アレクサンドル・ソルジェニーツィン、ラルフ・ネーダー、ジョージ・バーナード・ショー、アーヤトッラー・ホメイニー、マルティン・ルター、クェーカー教徒、アーミッシュ、オランダ

性的サブタイプ～嫉妬

マーティン・ルーサー・キング、チャールズ皇太子、マーサ・スチュワート、エド・ハリス、アル・ゴア、エマ・トンプソン、アレサ・フランクリン、ジャン＝リュック・ピカード（『スター・トレック』の登場人物）、ウォルト・ホイットマン、ヌーディスト村、スウェーデン

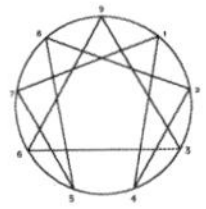

ヒステリー　自己イメージ・ポイント

ああ、私の魂よ、このハートをひっくり返し、
愛する者の中に飲み込まれてくれ。

カビール

ヒステリー
自己イメージ・ポイント

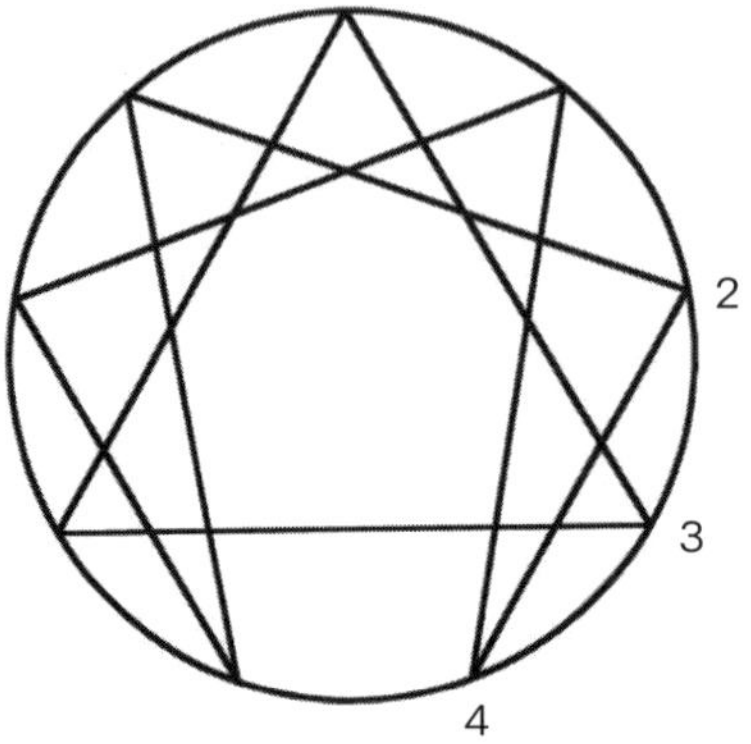

ヒステリー・ポイントの場合、認識システムが感情体で結晶化しています。愛を自分の外側に求めることで、愛がベールに隠されます。このポイントの人たちの認識システムは感情によって動かされます。子宮を意味するギリシャ語が語源の「ヒステリー（hysteria）」という言葉は感情のバランスが崩れた状態を指しますが、女性特有の症状というイメージを抱かれてきました。西洋文化においては、ポイント2とポイント4は女性的なポイントだと考えられがちですが、当然、男

性もいます。

ヒステリー・ポイントにとっての中心テーマは愛情欲求と承認欲求であり、この欲求にはありのままの自分では愛されないという感覚がともないます。すべてのヒステリー・ポイントの根底には自己嫌悪のテーマが隠されています。このポイントの人たちは人に近づいていくため、「関係性」のグループと呼ばれることもあります。主要な問題は人間関係そして「私は誰と一緒にいるか？」を軸に展開します。

ヒステリー・ポイントは、愛される方法を見つけることを主眼とした戦略を編み出しました。

・ポイント3は何かを生み出し、生み出した成果を理由に愛されようとします。

・ポイント2は親切で面倒見がよい人でいることで愛を要求します。

・ポイント4は愛されることを求め、自分は個性的でえり抜きの優れた存在なので愛されるべきだと思います。

ヒステリー・ポイントは他者からの評価によって自尊心を満たそうとするため、自分が外に見せているイメージを、他者に映し返してもらいたいと常に願っています。一人で生きていくという考えのない人たちです。

また、これらのポイントは自己イメージ・ポイントとも呼ばれます。社会から求められていると思しきイメージに合わせて、自分の本質を曲げてしまった人たちだからです。エニアグラムのポイントの中で容姿が美しい人たちがもっとも多くいるのが自己イメージ・ポイントです。このような人が愛される、と教えられてきたイメージに合わせて自分を作り上げます。

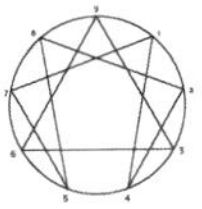

ポイント3　自己イメージ・ポイントの中核

エッセンス	愛
聖なる理念	慈悲
聖なる道	正直
主機能	効率
囚われ	偽り
理想化	「私は成功している」
会話スタイル	宣伝
罠	効率
防衛機制	同一視
回避	失敗
内なる二項対立	過活動／空想
サブタイプ	自己保存的～安全確保
	社会的～名声
	性的～男性性／女性性

自己イメージ・ポイント（ヒステリー・ポイント）の中核はポイント3です。外の世界からもたらされる理想のイメージに心を迷わされて、自分の本質との交流を断ってしまった人たちです。怒りポイントの中核に怒りがないように見えるのと同じように、ヒステリー・ポイントの中核にはヒステリー性がないように見えます。

制作・生産活動

ポイント3は何かを制作することによって自己肯定感を得ます。ポイント3にとって制作活動は性的興奮をもたらすリビドーの対象であり、感情エネルギーも生命エネルギーも制作活動に費やされます。冷静沈着に能力を発揮し、最高の効率でやるべき仕事を遂行します。

ポイント3は、そのままの自分では愛されない、愛されるには成果を出すしかない、と小さな頃から信じています。神童、学級委員長、桁外れの才能を発揮する子、チアリーダー部の部長などの多くは、ポイント3の認識システムが生み出した成果物です。

あるポイント3が、愛されるための制作・生産活動についてこう語っています。

「私がすることは何もかも、自分が愛されるに値する存在だと確かめるための行為なんです。愛される価値がないかもしれないという思いが晴れることはありません。愛に飢えていて、誰かから与えてほしいんです。『そのままでいたら愛されない。愛されたかったら、何かをしないといけない。知識を持たないといけない。すべてをちゃんとしなければいけない』これが人生で最初に学んだことです。まるで犬のようですね。しつけどおりに動かなかったら餌をもらえないのですから。

何かをただ楽しむなんて私には難しすぎます。いつも何かをしていないといけないし、いつも必要なものを持っていないといけないし、いつも知っていなければいけない。そうしないと、受け入れてもらえないし、人に好かれない。そんなプレッシャーを常に感じています。誰かに愛してもらうには、何かをするしかないんです」

アメリカは、イメージ、制作・生産活動、成功が社会を動かす主要な価値観となっているポイント3の文化を持つ国です。制作・生産活動に感情体を利用しなければならないので、深く感情とつながることは差し控えられます。

あるポイント3の女性がチアリーダーとホームカミング・クイーンを兼任した経験について話してくれ

ました。クイーン・コンテストに膨大なエネルギーを注ぎ込んだ結果、クイーンに選ばれました。そのお披露目でグラウンドを回る間中、堂々と笑顔で手を振り続けました。「クイーンに選ばれてどんな気持ち？」とみんなに聞かれ、最高にいい気分よ、と答えます。ですが、本当のところは空虚感しかなかったそうです。そうした本音を明かしたのは、それから何年も経ってからのことでした。「ホームカミング・クイーン」という製品を生み出すことに感情のすべてを使い尽くして、内側には何も残っていなかったのです。

次は、また別のポイント３の女性のコメントです。

「卒業記念アルバムの自分の名前の下に肩書をたくさん並べようと心に決めていました。ホームカミング・クイーンになり、学級委員長にも選出されました。ありとあらゆることに参加しました。当時は二食分のお弁当を持って学校に通いました。やることがいっぱいあったので昼食も夕食も学校で食べていました。大学に入っても同じで、今度もまた学級委員長になりました。委員会が楽しかったわけでも、委員長の仕事に興味があったわけでもありません。興味があるのは肩書きだけなんです。委員長の選挙に勝った後で、そのことを家族に報告したくて公衆電話に向かいました。『これで、やっとお父さんが愛してくれるかもしれない』そう思ったんです……」

ポイント１と同じように、ポイント３も完璧な人に見えます。欠点が見当たらないのです。表面上は何もかもうまくいっているように見えます。ポイント１との違いは、ポイント３の場合、表面に出ているものがすべてだという点です。その人を知るにつれ、深いところにある何かに触れたり、時間とともに熟成する豊かな面を発見したりすることは、ポイント３に関して言えばあまりなさそうです。すべてがすでに見えるところにあるのです。

何年も前に、私がセミナー講師としてエサレン研究所を訪れたときのことです。車から荷物を降ろしていると、男性が手を貸してくれました。手伝いながら、私に何気ない質問をします。私がアジアのアートに興味があることを知ると、自分はジャイナ教アート作品の世界でも有数のコレクターだ、叔父がメトロポリタン美術館のアジアン・アートに寄付をした、クリスティーズのとても重要なオークションに行ってきたばかりで誰それと競りで争った、などの情報を私に知らせます。出会ってからたった五分しか経っていませんでした。

その後、セミナー中にこの男性は自分のビジネスの話をしました。以前は朝から晩まで何年も休みなく働きづめだったと言います。「会社に行ったら、どういうわけか誰も出社していないなんてことがよくありました。カレンダーを見るまで日曜日だと気がつかなかったんです！」

サンフランシスコ・フォーティーナイナーズのクォーターバックだったジョー・モンタナはポイント3です。アメリカン・フットボール界の神話的存在で、チームを三度もスーパー・ボールに導きました。顔立ちも端正で、完璧な妻（ポイント3）と完璧な子どもがいます。フィールドでのモンタナの動きにはマジカルなオーラがあったとチームメイトが言っていました。

一九八六年のシーズンが開幕してすぐに、モンタナの背中に深刻な故障が見つかります。大手術の後、今シーズン中の復帰はありえず、二度とプレイできない可能性もある、とチームが公式に発表しました。手術を担当した医師からも、今後はもうプレイすべきではないと告げられます。

それから九週間も経たないうちに麻痺が残るリスクを承知で、モンタナはフットボール・フィールドに戻りプレイします。億万長者で経済的には一生安泰のはずです。リスクを冒してまでプレイした理由を聞かれ、仕事を失うのが心配だったからだ、と答えています。腕の数回の手術を経て数年後には、申し分なく素晴らしい実績を残して堂々と引退できる年齢になっていましたが、そうせずに、もう二、三年プレイできそうなチームへのトレードを希望しました。

ポイント3にとって人生は怒涛の制作・生産活動のように感じられます。ですが、活動過多の奥には働きすぎによる根深い疲労が隠されています。ポイント3がセラピーを受けにくると（通常、多忙で、うまくいっているので、セラピーにやってくることはあまりありません）、たいてい疲れきってへとへとになっています。あるポイント3が「ガソリンは満タンだけれど、オイルが入っていない車みたいだ」と言っていました。

ポイント3は自分が怒涛の制作・生産活動のただ中にいるように感じていますが、実はそれが、感じることからの猛烈な逃避になっています。ポイント3には、自分がこのままで愛されるとはどうしても信じられません。愛される代わりに評価を得ることで妥協します。「ありのままの私を愛して」ではなく、「私が成し遂げたことで私を愛して」なのです。

マイケル・ジョーダンは最高レベルのバスケットボール選手でした。父親を事故で亡くしたとき、選手としてのキャリアの頂点にいましたが、父親の死に深く影響され、バスケットボールをやめて、野球への挑戦を始めます。野球経験はないも同然で、その上、スポーツ選手としては下り坂に差しかかる年齢になっていました。「マイケルは素晴らしい野球選手にだってなれる。あの子は本気でやればなんだってできる。父はいつもそう言っていました」野球への転向について質問されたジョーダンの返答です。

ポイント3の内面は、ケージの中のクルクル回る車輪の上で走り続けているハムスターのような状態になっています。ポイント3は「世界を一つにまとめないといけない」という感覚を持っていて、一瞬でも止まったら世界が崩壊してしまうと恐れています。

事業で大きな成功を収めているポイント3が過活動状態についてこう語っています。

「以前、秘書を三、四人ほど雇っていました。少しのんびりしようとするんですが、オフィスに着いたとたんに仕事モードになって『私はいったい何をやってるんだ？　休憩だと？　ダメじゃないか』と考えてしまうんです。いつも何かをやっていました。朝、職場の自分の部屋に入ると、報告に来たスタッフに何か問題が起きていないか確認します。『問題は？　ないんだな？　すべて順調ということだな？』問題がないときには、スタッフが出ていくなり、私が問題をこしらえて、誰かを呼んで情報を集めはじめます。とにかく休むなんて無理でした。十二年間、休暇なしです。私にとっては、休むのは愚か者か、怠け者がすることでしたから。誰かに『働きすぎだとは思わないのか？』と言われても、『意味がわからんね？　働きすぎ？　そんな言葉は私の辞書にない』と思うだけでした」

カクテル・パーティーで聴診器や、職業が明らかにわかるバッジを着けている人がいたら、おそらくその人はポイント3です。会話が始まると即座に、自分が「何をしている」のか話しはじめます。ポイント3はなんらかの意味で人並み以上の成功を収めている人たちです。カクテル・パーティーで聴診器を身に着けている医者は自分の全人生をかけて、ある特定のイメージを他者に与えようとしています。たとえば、「正しい」カントリー・クラブの会員で、「正しい」メルセデス・ベンツに乗り、子どもは二、三人もうけているといったようなイメージです。

エスト（一九七一年に設立された自己啓発セミナーの草分け的団体）はポイント3の団体です。創設者のワーナー・エアハードは性的サブタイプのポイント3です。エアハードはある日、車で仕事に向かっているときにスピリチュアルな啓示を得ます。そうした体験をした後、瞑想を始めたり、グルを見つけにインドに行ったりする人もいますが、エアハードの場合は、数百万ドル規模の企業を設立しました。

エストのモットーは「みんなが成功する世界」です。エアハードは「君が何を感じているかはどうでもいい。やるべきことをやれ」と説きます。エストのプログラムでは週末に二回の参加で覚醒できるので仕事を休まずにすみ、ポイント３にとっては最高のセミナーでした。ただし、「覚醒したことを証明するために」、過労状態のボランティアたちがひしめく窮屈な部屋で、ずらりと並んだ電話機の前に座り、まだエストの仲間になっていない人たちに電話をかけてセミナーを売り込むという心理的重圧にさらされはしますが。

囚われ　偽り

ポイント３の認識システムを動かしている囚われは**偽り**です。ポイント３が必ずしも嘘つきだという意味ではありません。確かに嘘をつくのは上手ですが、嘘をつくというよりも、自分が人前で演じる役をプロデュースするという意味での偽りです。心の奥では、ポイント３は自分が演じている役は自分の本当の姿ではないことを自覚しています。それでも、とにかくその役こそ自分なのだと思い込むのです。ポイント３は役割と「本当の自分」とを同一視し、自らを欺きます。めったに内省などしない人たちですが、貴重な内省のときには、おそらく自分にこう言い聞かせるでしょう。「これが本当の自分ではないことは、もちろんわかっているんだ。でもね……」素晴らしい女優グウィネス・パルトローは性的ポイント３の典型です。「仮面をつけているみたいなの」という理由で女優業を休み、数百万ドル規模の会社を興しました。

ポイント３には、自分が観衆の目にどう映っているかを感知する超能力のようなものが備わっています。

否定的な反応を感知すると、話の途中でもその内容を変えることができます。私の知り合いのポイント3の男性は、上流階級が通う寄宿学校とアイビー・リーグを出たアングロサクソン系白人新教徒というバックグラウンドを持っているはずなのですが、ユダヤ系アメリカ人の私と一緒にいるうちにイディッシュ語のオチでユダヤ人ジョークを飛ばしはじめました。だんだん、私よりも彼のほうがよっぽどユダヤ人らしいのでは、と思えてきました。

ポイント3は、世間一般や特定の観客が高く評価するイメージに合わせて自分を変える達人です。次は、私の生徒でもあるエニアグラム講師のコメントです。エニアグラムの講座でポイント3について理解してもらうためのパネル・ディスカッションに出てくれるように、ある男性に頼んだときのエピソードを話してくれました。

「この男性は非常に成功したビジネスマンで、業界ではかなり注目を浴びています。パネル・ディスカッション中にその内容から推測して、認識システムからのブレークスルーが近い『ポイント3』はくつろぐことができ、『行動』にのめり込むのをやめるものだ、と理解したようです。彼はパネル・ディスカッションのオーディエンスに向かって『投機的な事業はすべて手放して、家で趣味を楽しんでいます』と言い、そうするのは容易なことではなかったが、うまくやっている、とつけ加えました。パネル・ディスカッションが行われた翌日、新聞のビジネス欄の最初のページを開くと、その男性の記事を見つけました。新たに事業を始めたと書いてあります。このビジネスマンは講座の参加者たちが高く評価する人物象に自分を一致させるタスクを成し遂げました。みんなを騙しただけでなく、残念なことに自分自身も騙したんです」

あるとき、エニアグラムのリトリートで会場の前方の席にポイント3が座っていました。彼女は私たちに「正直」さをアピールしようとしていました。グループ・ディスカッション中の三十分あまり実は自分のソックスのことを考えていた、と正直にみんなに告白したのです。ブーツで敷地内を歩くときにはソックスを履くけれど、それ以外のときは絶対にソックスを身に着けない。ところが、今はブーツを脱いでいるのにソックスを履いている、と言います。さらに、今、自分がした話が本当はどうでもいいことだとわかっている、と言い添えるのも忘れません。そのような他愛のないことを気にするほど自分は無知ではないけれど、ポイント3の認識システムについて面白おかしく報告したかった、というわけです。数分後、みんなが見ていない隙に、さっとソックスを脱ぎました。

幼少期

ポイント3は幼児期から制作・生産活動を始めます。五歳の頃から時給の仕事を始め、それから途切れることなく働いていると報告するポイント3も少なくありません。ポイント3は、幼いうちから家族（特に父親）の望みと期待に応える方法を身につけます。

ポイント3の子どもはたいてい、早熟でミニチュア版の大人のように見えます。ふるまいも大人びていて、七歳にもなると大人と同じような行動をします。四、五歳ですでに、自分の深い感情とつながることができなくなっている子も多くいます。成長し、アルコールや薬物、セックスを経験するようになると、そうしたものによって感情が解放されたときに子どもじみた性質が表に出てくることもよくあります。

子どもの頃、ポイント3は成果を出すことで褒美をもらい、常に家族が望むものを生み出すように努力し続けます。あるポイント3の女性は、小さい頃に親からなんのルールも課せられなかったそうです。年頃になってもそれは続き、門限さえなかったとか。なぜなら、親からいちいち言われなくても、直観的にどのような規則に従えばいいのかを察して、自主的にそれを守っていたからでした。

ある母親が自分の娘について話してくれました。

「娘はお腹にいるときから完璧な子でした。出産のときも完璧で、なんの苦もなくすんなり生まれました。容姿も完璧なんです。赤ん坊というのはだいたい、しわくちゃだったり、毛むくじゃらだったりするものです。娘を見ると誰もが、なんて完璧なお顔なんでしょう、と声を上げました。泣いてぐずることもありません。生後六カ月で自分の名前が言えたんです。夜におむつを着ける必要はありませんでした。おねしょを一度もしなかったんです」

常にオールAを取っていたと言うポイント3の男性の話です。子どもの頃、宿題は学校ですませていたのですが、父親から宿題のことを聞かれてからは、家でやるようにしたそうです。また、数学の問題を解くときに途中の計算はノートに書かずに暗算し、答えだけをノートに書いていました。ところが、あるとき父親がしっかり勉強しているのか知りたがったので、その日以来、計算も書き残すようにしたとか。

ポイント3のクライアントとのセラピー・セッションでは、子どもの頃のことをよく思い出せないケースがしばしばあります。過去のトラウマを思い出すまでにほかのポイントよりも時間がかかることが少なくありません。思い出せないことに関して、たいていのポイント3は、常に成長・進歩しているから過去の体験や昨日がどうだったかは今の自分には関係がないからだ、と説明します。今現在とこれからの成功にしか興味がないのです。

成人したポイント3が実際の年齢より若く見えるのは珍しいことではありません。特に性的サブタイプに顕著な特徴ですが、鼻は小ぶりでしわのないツルっとした顔をしています。人生が顔に刻まれることがないかのようです。アメリカの幼児番組のキャラクター、ハウディー・ドゥーディーは、典型的なポイント3の顔です。ほかには、ジョン・ケネディ、シャーリー・マクレーン、ジミー・カーター、シャーリー・テンプル（一九二八年―二〇一四年、ハリウッド女優、のちに外交官）などもポイント3の顔立ちをしています。どの人の顔もまるでお面のように見えます。

ポイント3は、世間一般が持つイメージに合わせて自分を曲げます。そして世間が期待するものを制作します。このイメージの内容は、ポイント3本人の家族が属する社会階級や生活環境によって異なります。

子ども時代の一時期は反抗的だったと語るポイント3もよくいます。たとえば、不良とつるんだり、ライダース・ジャケットを着てみたり、不良を演じるのです。たいていは長続きしません。反抗期のことを振り返ってみると、それすら仲間から受け入れられるために何かの役柄を演じていたにすぎなかったと言うポイント3がほとんどです。

衣服が擦り切れたことは一度もないと言うポイント3が実に多いのは、興味深い現象です。この人たちの決して擦り切れない靴は、きちんとしたい、よい印象を与えたい、立派でありたいという欲望の無意識の表れです。

理想化　「私は成功している」

妻に家から追い出されたポイント3の男性が、その後すぐに上司に言いました。「もっとお金が必要なんです。養わないといけない家が二つになったもので」結婚が失敗したことを、収入を増やす手段に使うのはポイント3の典型的手口です。どんなことでも成功物語に変えます。仕事で間違った判断をしたこと

について ポイント3が話すとしたら、そもそも自分はいい案だと思っていなかった、と話の冒頭でほのめかすでしょう。彼の判断は却下されたものの、今度は自分が会社を苦境から救い出すというわけです。

ポイント3は常に、グラスには水がまだ半分入っているという見方をします。どのような状況でも「勝利」に変えます。すべての経験にチャンスとメリットを必ず見つけるので、すべてが成功体験になります。

あるポイント3がビジネスでの成功について話してくれました。どれくらい成功したのか聞いてみると、死ぬまで何でも好きなことをできるぐらいお金があると言います。この男性は、亡くなった父親と存命中から疎遠になっていたそうですが、疎遠だったのは、父親がヘリコプターと二台のリムジンを持っていたため、なかなか居場所を見つけられなかったからだとか。父親と自分のどちらがより成功しているか張り合ったことがあるか、と誰かが尋ねました。「いや、一度もない。僕が本当に成功したのは、父が亡くなった後なんだ」彼は、父親よりも成功していたのでしょうか？　「ええ、何倍もね」

エニアグラムのワークショップの冒頭で、ポイント3の男性が「僕はほんとうに幸運です。このままで行くつもりです」と自己紹介しました。

会話スタイル　宣伝

ポイント3の会話スタイルは**宣伝**です。ポイント3の会話は、自分のやっていることがどれほど素晴らしいかを語るか、あるいは、あなたに何かを売り込むかのどちらかです。

あるワークショップでニュー・エイジ系のポイント3が、自己紹介のひとこと目で、自分が成功した出版業者だということをみんなに知らしめました。出版した雑誌のタイトルを並べ、ワークショップ参加の目的も仕事の効率アップのためだと言います。数時間後、ランチの列に並んでいるときにも雑誌のタイトルをしつこく繰り返していました。

あるポイント3の男性は、若い頃はいつも憂鬱で、自分の世界に引きこもって本ばかり読んでいたそうです。「コロンビア大学に三万冊の本を寄付したんです。もちろん、全部読み終わってからですが」

セミナー会場にポイント3が遅刻して入ってきました。誰も彼のことを知りません。四十人の参加者が車座になっている真ん中を横切って、自分の場所にさっと座ったのですが、その一瞬の間に自分が医者であり、セント・ルイスで開催された大規模な会議で非常に重要な論文を発表してきたばかりだ、と全員に知らせました。

ポイント3の話し方は押しつけがましく、せっかちに聞こえることがあります。ポイント3は結論をすぐに出したがります（「結論」はポイント3の概念です）。ポイント3はタイプA行動パターン（競争心が旺盛、せっかち、攻撃的で過剰に活動的といった特徴を持つ行動パターン）のホームグラウンドです。ポイント3が行うあらゆることに宣伝の雰囲気が漂いますが、イキイキとした感情はそこにはありません。

罠　効率

ポイント3が一度に複数のことをこなすのは**効率**の罠のせいです。たいてい複数の作業を同時進行させます。車を運転しながら、シガー・ライターに電気カミソリのプラグを差し、ベルリッツのドイツ語の音声教材をBGMにして、携帯電話の相手に手紙を口述筆記させる。これをすべて同時に行います。あなたがポイント3と電話で話しているとき、電話の向こうでは何かほかのことも同時に行われています。たいてい、皿洗いや税金の計算をしながら電話で話せるようにコードレス・ヘッドフォンを使っています。

浴室にレポート用紙を持ち込んだポイント3もいました。レポート用紙だと水に濡れてしまうので、音声スイッチ機能つきのボイス・レコーダーに切り替えました。別のポイント3は、バスルームで足のムダ毛を処理しながら朝食を取っていたところ、携帯電話が鳴ったのでうっかり食べ物を落としてしまったそうです。

「システム手帳はポイント3の発明品に違いない。ポイント3はリストアップして、優先順位を決めるのが得意だから」と私がポイント3に言ったところ、こう言い返されました。「そういうことは全部、感覚的にできるので、書いておく必要はないんですよ」意識的にやることを減らして、ゆとりを持とうとしたポイント3の女性がいます。システム手帳に空白があるのを目にすると、軽い不安発作に襲われたそうです。

また、ポイント3は効率を求めるあまり、「人を押し退けてもトップを目指す」こともあります。効率の名のもとに容赦なく人を切り捨て、踏み台にしかねません。メキシコ在住のポイント3の男性のコメントです。

「欲しいものを手に入れるために必要であれば、どんなことでもやる。もともとは鉱山技師だったんだが、あるときもっと出世したくなった。それには修士号と博士号を取らないといけない。どうってことなかった。すべて手に入れて、出世街道を昇りはじめた。大きな会社の副社長になったんだ。メキシコのスタンダード・オイル社だ。その後も、とにかく上を目指し続けた。あるときこんな考えが浮かんだ。『小型ジェット機を持っているやつがいる。あれを手に入れるには、どうしたらいいんだ？』後は計画を立てるだけ。一日二十四時間、一年三百六十五日休みなしでも、そんなことはかまわない。欲しいものは手に入れる。

邪魔をするやつがいて、生きている限り邪魔してくるとしたら、死んでもらう（笑）。今のところ邪魔するやつがいなかったから、まだ誰も殺していない。でも、ありえないことじゃない」

この話をした後にこの男性は、小型ジェット機を手に入れたかどうか聞かれ、こともなげに、一年かかったと答えました。効率のために人を押し退けてもトップを目指す、の逆もあります。船が沈みそうになったら、さっさと逃げるのが効率的なのです。

ポイント3は、ものごとがうまくいっているように見えるときには、そこに波風を立てることを恐れます。これが効率の真の罠です。波風を立てれば、深いところにある感情に触れてしまいそうで怖いのです。あるポイント3が感情のワークを体験した後でこう言いました。「奥にしまってあるぐちゃぐちゃの感情を、わざわざいじくる必要なんてあるの？　涙を流せばいいんだったら、涙ぐらい作り出せるのに」ポイント3にとっては、自分の内側に分け入って正直な気持ちを見つけるよりは、その場の状況から判断して、適切と思われる感情反応が何かを察知するほうがはるかに容易です。効率のよさを目指すなら、本当の感情を知ることなど、かける必要のない手間なのです。

防衛機制　同一視

ポイント3は、一見、完璧な家族を持っているように見えますが、実は、家族に向き合い、細やかな愛情をかけ続けることに難しさを感じることも少なくありません。防衛機制の**同一視**は、ポイント3に、医者やフットボールのスター選手など、まるで職業が自分自身であるかのようにふるまわせます。ポイント3は自分が何をやっているのか、それをどれくらいうまくやっているのかを宣伝しますが、そうしたことがわかれば自分が何者なのかが明確になると思っているかのようです。

ポイント3はワーカホリックのホームグラウンドです。仕事と自分とを同一視し、役割に徹することで人生が築かれていきます。ポイント3は、現在担っている役割に合わせて自分の過去を都合よく書き換えることもあります。

ある日、ポイント3が完璧な仕事を終え、完璧な家族の住む家に帰ってみると、妻と子どもの姿がありません。なぜそんなことになったのか理由がまったく思いあたりません。ポイント3は友人に言います。「何もかもとてもうまくいっていると思っていたんだが」深い感情に触れることがないので、何かがおかしいとすら感じられません。感情エネルギーが、制作・生産活動に費やされて消耗しきっているのです。

回避　失敗

ポイント3の回避は**失敗**です。イラン米大使館人質事件が発生したときに人質の救出が試みられましたが、イランの砂漠でヘリコプターが墜落し、作戦は中止されました。当時の大統領ジミー・カーター（ポイント3）はこれを「限定的な成功」と表現しました。ポイント3の辞書には失敗という言葉は載っていません。雲行きが怪しくなったら、さっさとそこから離れて次に移ります。

あるワークショップで、ポイント3の男性が子どもの頃に、どうやって家族や友達と張り合っていたかを教えてくれました。誰が最高の息子か、誰が最高の生徒か、スポーツでもなんでも、とにかく競えるものがあれば、誰が一番なのかを確かめずにはいられなかったそうです。そのすべてにおいて勝ちたかったし、勝ち目がなさそうであれば、そもそも手を出しません。こうした達成欲について次のように語っています。

「ランニング一つとっても、ただ楽しむためにやるなんてことはなかったな。タイムを計って、次の日は三十秒タイムを縮める。これをレースに勝つまで続けるんだ。負ける可能性があれば、つまり失敗の可能性があれば、ランニングはやめる。『やれば勝てるんだけれど、別にやりたくないいな』と自分自身に言い訳をしておく。僕の辞書には失敗という言葉はないんだ。失敗は絶対に受け入れられない。いい人生経験だったと表現することはあっても、失敗とは絶対に言わない」

ポイント3は、たいていあらゆる選択肢を残しておきます。また、ものごとを暫定的に決めておく傾向があります。常に二十五個もの暫定的な計画を同時に進め、一つ失敗したら、そこに注いでいたエネルギーをすぐさま別のプランに向け直します。頭の回転がとても速い人たちです。ポイント3にとって肝心なのは結果を出すことなのです。

あるポイント3が初めて手がけた仕事は、授業で取ったノートをほかの生徒に売ることだったとか。授業でノートをとり、タイプで清書し、梱包する、といった作業は友人にやらせました。ところが、ノート担当の友人がさほど頭がよいわけではないとわかると、ノートをとる役を別の友人に切り替えます。トップ・クラスの学生たちと友達になり、以前からの友人を切り捨ててビジネスを成功させました。フェイスブックの創始者マーク・ザッカーバーグは自己保存的ポイント3ですが、この例と同様にやはり大学時代の友人を自分の成功のために利用しました。

内なる二項対立　過活動／空想

過剰な制作・生産活動を実際には行っていないポイント3は、空想の世界で活発に活動します。活動的な人生を送っていないポイント3は、次に何をしようかあれこれ頭の中で空想を膨らませるのです。もし仮に活動を止められたら、そのとたんに、もっとうまくやるにはどうしたらいいんだろうと考えを巡らしはじめます。

ポイント3がセラピーを受けてみようと思うことはめったにありません。なぜなら、いつもうまくいっているからです。セラピーを受けることがあるとしたら、表面的にではありますが、たちまち素晴らしいクライアントと化すでしょう。ポイント3はすぐに結果の出る短期間のセラピーにしか興味を示しません。さまざまな新しい可能性について想像を働かせる能力があり、かつ効率を求めるので、感情の深みにはまりすぎないうちに迅速に立ち直ります。

戯曲『セールスマンの死』のテレビ版では、空想にふける主人公がみごとに描かれています。自分はもうすぐ成功するし、人にも好かれている、と空想しながら死んでいくみじめなポイント3のウイリー・ローマンをダスティン・ホフマンが完璧に演じています。

サブタイプ

自己保存的サブタイプ　安全確保

自己保存的ポイント３は**安全確保**と呼ばれます。ものを所有することで、生き残りに関して安心感を得るというのが安全確保の意味です。ポイント３が所有するもの——よく知られたブランドもの——には、もの自体の持つ機能を超えたなんらかの力が備わっています。

服の表側にブランド・タグをつけるアイデアを思いついた人は、ポイント３のマーケティングの天才に違いありません。ルイ・ヴィトンのハンドバッグは、ポイント３にとって好ましいある種のステータスを表します。自己保存的ポイント３の行動スタイルは、社会的地位や威信を見せびらかすための消費活動です。この人たちは最高のものを自分が所有していると思うと、深く安心できるのです。

自己保存的ポイント３の女性が家の中を案内してくれたことがあります。その家は高価なものであふれていました。貴重な品々を一つひとつ愛でながら、次々に部屋を案内していくこの女性の様子には、ほとんど性的と言っていい何かが感じられました。私の手を取ったとき、彼女の手のひらは興奮で汗ばんでいました。私と二人きりで部屋にいることに興奮しているのではありません。自分の所有物を二人で眺めていることが彼女を興奮させるのです。家を後にするときに、光沢のある小さな石を私に手渡しました。心からの愛情の印です。彼女のポイント９の夫はソファーでビールを飲んでいます。今、自分の家で何が起こっているのかまったく気づいていません。

社会的サブタイプ　名声

社会的ポイント３は**名声**と呼ばれます。非常にポイント３らしいことに、名声という名称がすべてを語っています。社会的ポイント３は社会的に認められたなんらかの組織や団体、クラブなどに所属します。新聞の社交欄に載るような人たちですが、そうした記事を書く側の社会的ポイント３もいます。

ニュー・エイジ系の社会的ポイント3はネットワーク作りに熱心で、ワークショップでネットワークの作り方を教えることもあります。もっと一般的な分野で言えば、政治家の多くも社会的ポイント3です。

私の知人の社会的ポイント3の男性を見ていると、世界中のすべての人と知り合いなのではないかと思えてきます。あるとき、その知人は、私の妻が富裕層に人気のあるブティックのショッピング・バッグを持っているのに気づきました。彼自身は独身で、本人が言うには、有名モデル・エージェンシー所属のモデルたちと若い頃にデートしたのを除けば（すかさずこの情報を挟んできました）、女性服にもファッションにもなんの興味も持っていないそうです。ところが、私の妻のバッグに気づくやいなや、こう言ったのです。「つい最近、そのブティックのバイヤーとリムジンに同乗したんです。いい取引ができるようにお手伝いできるかもしれません」

広報とマスコミは社会的ポイント3の得意分野です。私の知り合いにテレビ局の宣伝部に勤務する社会的ポイント3の女性がいます。テレビ局に来ていた有名人と同席できる昼食会に招待されたそうです。昼食をすませたばかりだというのに、彼女は嬉々として昼食会に参加しました。ところが、その間に交わされた会話はひとことも彼女の耳に入ってきません。昼食会が終わったらすぐに友達に報告しなければと思い、報告先をリストアップするので頭がいっぱいだったのです。彼女にとっては、誰とランチをしたのかを友達に話すのは、昼食会そのものよりもはるかにエキサイティングなことだったのです。

大規模な社会福祉事業所で所長を任されている社会的ポイント3の男性は、事務所の中で座っている間にも、自分の下で働く人たちをとおして何千人もの人たちの役に立っていると思うととても誇らしい、と言っていました。

性的サブタイプ　男性性／女性性

偽りが性的な領域に漏れ出ると、**男性性／女性性**と呼ばれます。このサブタイプは、世間の目から見た完璧な男性像や女性像の外見や行動のイメージを自分に重ねます。『PLAYBOY』誌を飾る画像修正後の人物のように完璧な容姿をしていたとしても、生き生きとしたその人らしさはあまり感じられないかもしれません。しかも、どぎつくて、ドライで、こわばった印象が混ざっていることさえあります。たとえば、非の打ちどころのないブロンド・ヘアで、ゴールドのイヤリングとチョーカーを身に着け、携帯電話で話しながら、真っ白なメルセデス・ベンツを運転する不動産エージェントの女性がその例です。映画『アメリカン・ビューティー』でアネット・ベニングが演じた不動産業を営むポイント3の女性と、ケヴィン・スペイシーが演じたポイント9の夫は、それぞれの認識システムの代表的な人物象です。

ポイント3は、まるで何かの役柄を演じているように見えるかもしれません。ときには両性具有的な雰囲気が感じられることもあります。ハリウッドは性的ポイント3のホームグラウンドです。主人公となる男性や女性の魅力的なイメージを完璧に作り上げ、たくさんの性的ポイント3が大金持ちになりました。

性的ポイント3は、その人が属する社会階級や世間の期待に合わせて自分を表現します。ピッツバーグの労働階級地区で育った性的ポイント3の女性のエピソードを紹介します。彼女が初めて裁縫をしたのは六歳のときでした。十歳になると弟たちの洋服を手作りし、子守をし、空いている時間にはベビーシッターも始めます。

ミシンは彼女にとって制作・生産活動の象徴でした。十代の頃から結婚するまで、自分用だけでなく家族全員の服をミシンで仕立てました。結婚すると、今度は夫の服をすべて手作りします。完璧な妻の鏡です。ピッツバーグの労働階級という枠組みの中での文句のつけようのない妻となったのです。買い物にしても、何かに割引券がついていれば切り取って集め、購入するものを慎重に選び、倹約に努めました。

その後、カルフォルニアに引っ越し、新しい夫を手に入れます。今度の夫は、妻に対して前の夫とは違う期待を持っていました。女性は自立すべきという考えの持ち主で、妻も専門職に就くことを期待したのです。また、妻がバックパッカーであることも求めました。そこで、彼女はバックパッカーになり、専門職の仕事を始めます。まずボディワーカーになり、次にボディワーカーを養成するトレーナーの主任になりました。家族の中で一番最初に仕事用の名刺を作ったのは彼女でした。新しいパートナーによって求められたとおりのイメージを生み出したのです。

ミック・ジャガーは、六〇年代の「セックス、ドラッグ、ロックンロール」の権化のような性的ポイント3で、ロック・ミュージック界の伝説的存在です。七十代になっても、ロック・スターとしての正しい姿――セクシーで不良っぽい快楽主義者――のイメージを人々に与え続けています。六〇年代や七〇年代のロック・スターたちの多くは年齢を重ねるにつれ、円熟味を帯び、ロックンロールを思春期的な切り口で表現するのを卒業していきました。音楽の表現方法もオーディエンスも時とともに成熟するのです。ミックはそうではありません。今でも、新しい世代の若いロック・ファンを惹きつけるスピード感やイメージをキープしています。ポイント3の偽りが性的な領域で表現されています。肉体としては七十歳を超えたミック・ジャガーが十代の少年のように歌い、踊ります。過去五十年間、ほぼ毎年、ヒット・アルバムを出し、そのための曲を書き、歌ってきました。ブルースをメインストリーム音楽に持ち込んだのが、ミック・ジャガーのサウンドの鍵です。ジョン・F・ケネディーやトレバー・ノア（アメリカで活躍する南アフリカ出身のコメディアン、作家、プロデューサー、政治評論家、俳優）など、ほかの性的ポイント3と同様にミックも中年を過ぎても童顔のままです。

性的ポイント3は、偉大な芸術が生まれたり、リスクをともなう新スタイルへの飛躍が起こったりするような場ではありません。もっと大衆的な方向性を持ちます。性的ポイント3の制作・生産するものは洗練されてはいても、魂が込められていないこともあります。とは言っても、大概はよくできたものを作ることは間違いありません。

ミック・ジャガーがセックス&ドラッグのワイルドなライフスタイルを維持しながら、それと同時に、作品を作り続けて成功していることを考えてみてください。そのようなことをしようものなら、たいていの人は命を落としかねません。実際、バンドの初期のメンバーがそうしたライフスタイルが原因で亡くなっています。危険な薬物の使用はやめたとはいえ、こうした生活を五十年間続けてもなお、ローリング・ストーンズとしてアルバムを出し、プロモーションのためのワールド・ツアーを継続しています。

そのほかの例

バスケットボール界の童顔のスーパースター、ステフィン・カリーはパーフェクトな息子であり、非の打ちどころのない夫であり、文句なしのチームメイトであり、クリスチャンで、どこをとっても好人物。バスケットボールを持ったトレバー・ノアといったところです。

「ラップは家では聴かない。俺の家はラップを聴くには上等すぎるんだ」、「女と寝たり、金を稼いだり。それよりいいことなんて俺には思いつかないね」自己保存的ポイント3のカニエ・ウェストの言葉です。

素晴らしい経歴を持つ映画スター、シャーリー・マクレーンは性的ポイント3です。映画『あなただけ今晩は』でパリに住む可愛らしい娼婦の主人公を演じました。シャーリーは、ある日、鍼治療を受けている最中に体外離脱体験をします。そしてスピリチュアルな洞察を得て、ペルーへと探求の旅に出かけます。その体験について書いた本がベストセラーになりました。当時は多くの人たちが、彼女が受け取ったのと似たようなインスピレーションを得て、似たような探究の旅に出かけた時代です。実際、シャーリーの体験は、多くのヒッピーの探究者たちがその十年も前にすでに体験していたことでした。ですが、彼女は探求の旅を本にまとめてベストセラーにしただけでなく、テレビの特番も制作します。さらには、アメリカ中で開催したワークショップを満員御礼にしました。

ポール・ニューマンは、彼が活躍した時代でもっとも成功した映画スターの一人です。七十代になっても整った顔立ちで、とてつもない額の富を所有し、素晴らしい妻がいて、俳優としても高く評価されています。彼はサラダ・ドレッシングとパスタ・ソースのブランドを立ち上げ成功させました。ポイント３の手にかかればなんでも成功するのです。

自己保存的ポイント３のビル・ゲイツとマイクロソフト社は、九〇年代におけるポイント３の代表的存在です。マイクロソフト社の資産は驚嘆すべき技術革新の力で築かれたものではなく、アップル社が開発したインターフェースの成功を受けて、その技術を企業に受け入れられる形で模倣した結果、手にしたものです。

マーク・ザッカーバーグも自己保存的ポイント３ですが、彼は人と人とのつながりをコンピューター上で再現し、人の感情を刺激する製品を開発します。こうして人間関係を商品化することで億万長者になりました。仮想の感情的つながりによって成り立つビジネスには、ザッカーバーグ自身の大学時代の心理状態が投影されています。要するに彼は感情を販売しているのです。

ビル・ゲイツとマーク・ザッカーバーグの顔の類似点に注目してください。二人とも童顔でオタクの原型のような顔をしています。革新的なメッセージと姿勢を持っていた社会的ポイント1のスティーブ・ジョブズとは似ても似つきません。

自分のことを性的ポイント3だと思っている社会的ポイント3の男性に、その二つの見分け方を教えてほしいと頼まれたので、この中で誰が一番、自分に近いと思うか聞いてみました。「トム・クルーズ（性的ポイント3）？」違います。「ミック・ジャガー（性的ポイント3）？」それも違いますね。「トム・ハンクス？」あっ、それだ！　社会的サブタイプですね！　性的サブタイプと比較して、社会的サブタイプはぼやけた印象を与えます。性的ポイント3のトレバー・ノアと社会的ポイント3のジミー・キンメル（アメリカの司会者、コメディアン、声優、俳優、プロデューサー）を比べるとよくわかります。

サブタイプごとの例

自己保存的サブタイプ～安全確保

ビル・ゲイツ、マーク・ザッカーバーグ、ココ・シャネル、マイケル・ジョーダン、ジョルジオ・アルマーニ、アーノルド・パーマー、グッチ一族、マイクロソフト、モナコ、香港、シンガポール

社会的サブタイプ～名声

トム・ハンクス、ジミー・キンメル、サム・クック、初舞台を踏む女優、ジュニア・リーグ（女子青年連盟。一九〇一年にニューヨークで設立された非営利のボランティア団体）、名刺、ワシントンD．C．

性的サブタイプ～男性性／女性性

ミス・アメリカ、ジョン・F・ケネディとジャッキー、デンゼル・ワシントン、トム・クルーズ、マット・デイモン、ブラッド・ピット、トレバー・ノア、ジャスティン・ビーバー、ダイアナ・ロス、ポール・ニューマン、ステフィン・カリー、タイガー・ウッズ、エマ・ワトソン、エディ・マーフィー、ジュリー・アンドリュース、ディーパック・チョプラ、ワーナー・エアハード、シャーリー・マクレーン、ウィル・スミス、モハメド・アリ、バービー人形のケンとバービー

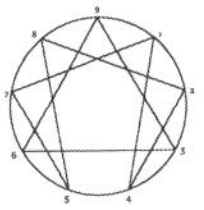

ポイント2　外在化された自己イメージ・ポイント

エッセンス	やさしさ
聖なる理念	自由
聖なる道	謙虚
主機能	おだてる
囚われ	プライド
理想化	「私は親切だ」
会話スタイル	助言
罠	意志
防衛機制	抑圧
回避	ニーズ
内なる二項対立	闘士／放蕩者
サブタイプ	自己保存的～まず私
	社会的～野心
	性的～攻撃／誘惑

ポイント2はポイント3の外在化バージョンです。自己イメージ・ポイントはみな、ありのままの自分では愛されないと信じていて、そのため自尊心の欠如に苦しんでいます。ポイント3は自分が生み出した成果によって愛してもらおうとします。一方、ポイント2の愛されるための戦略は、人の役に立つ、あるいは特別な存在になる、です。援助者、共依存の人たち、働きすぎの母親たち、自分を犠牲にする妻たちは自己保存的ポイント2です。ドリー・パートンやリトル・リチャードといったスターたちは社会的ポイント2です。

ポイント2は概して、生き残るためのニー

ズを満たそうとするときに自分自身でなんとかしようとするよりは、他者に働きかけます。すると働きかけられた人が、ポイント2のニーズを満たすためになんらかの行動を起こします。ポイント2は一般に、パーソナリティー・タイプの中でもっとも依存的です。

ポイント2が着飾ると、母親の服を着た女の子のようになることがあります。バサバサと音を立てそうな大きなまつ毛に、大きなリボン、パフ・スリーブ、ピンヒールのサンダルといった具合です。あるいは、映画『Mr．レディMr．マダム』に登場する小さなメイド・エプロンに下半身は裸のメイドのような格好をしているかもしれません。大きなまつ毛をしたキラキラ系のポイント2には、ドリー・パートンやタミー・フェイ・ベイカー（テレビ伝道師の妻で歌手）がいます。この男性バージョンはピアニストのリベラーチェ（アメリカのピアニスト、エンターテイナー。派手なコスチュームで大衆の人気を得た）です。スパンコールを身にまとったエルビスは、女性を誘惑する性的ポイント2です。

ポイント2の戦略は、はたから見るとかなりうまくいっているように見えます。ポイント2は、母親、妻、秘書、友人、恋人のすべてを兼ね、自分は何も欲しがらず、いつも誰かの世話をしている完璧な女性、つまり西洋社会における理想の女性像と重なります。

ポイント2は、人から愛され、称賛もされ、そして無私の奉仕をしたことへの見返りとして、自分が求めている愛を十分に受け取っているように見えます。ですが、それこそが問題なのです。ポイント2の行為は決して本物の無私の奉仕ではありません。奉仕の動機となっているのは深い自己嫌悪です。ポイント2は、誰かの世話をする引き換えに、愛と自尊心を得ようと必死です。自分自身を大切にするためのエネルギーが残っていることは、まずありません。豪華なディナーを用意し、キャンドルを灯して婚約者をもてなしたり、家族のために何品もの料理を作ったりしますが、自分一人で食べるとなると缶詰からそのまま食べたり、食べることをすっかり忘れてしまうことさえあります。

ポイント2にとって、他者に手を差し伸べることは、自分の欲しいものを相手から搾取するプロセスの一環になっています。無償（という建前）で提供したサービスのお返しに、自分が価値ある存在だという印象を世界から搾り取ろうとしています。エニアグラムの中で、もっとも隠された形で自分を曲げて身売りするのがポイント2です。そして、自分を売り渡していることを、もっとも見逃されるのもポイント2です。なぜなら、多くの人がポイント2に世話されるのを喜んでいるためです。

ポイント2の行動パターンの中で中心的なものの一つがおだてるという行為です。ポイント2の女性に私がそう解説したときに、その人がうっかりと口にした言葉は「あら、男の子をいい気分にするのは、いつだって大事なことよ」でした。これがポイント2の認識システムの核です。あなたをいい気分にできれば、ポイント2自身が自分のことを価値ある人間だと感じられるのです。

ポイント2の善良さ、やさしさ、そして明るさの下には鋼の心が隠されています。ポイント2はあなたのためにあらゆることをやってくれますが、そのすべてについてお返しをするのはどう考えても不可能です。ポイント2がしてくれるようにポイント2の世話をできる人はいません。心の奥では、この事実をポイント2は痛いほどわかっています。

ポイント2はもっとも依存的なパーソナリティーを持つ認識システムです。「スター」性のある社会的サブタイプのポイント2でさえ、その例外ではありません。ショーを成功させる鍵はマネージャーが握っているという感は拭えません。エルビス・プレスリーにはトム・パーカー大佐というマネージャーがついていたことを誰もが知っていました。パーカー大佐という安定した支えがあったからこそ、エルビスは活躍できたのです。エリザベス・テイラーのようなポイント2のスターにこうした安定感のある「お父さん」

がいないのは、悲劇としか言いようがありません。一方、ポイント3のスターは自分自身の世話をする能力がかなり高く、ポイント2のスターとは対照的です。

次はポイント2の男性のコメントです。

「感情の海の中で生きているようなものなんだ。その中をあてどなく漂っていると、ゴーグル越しにみんなが遠くで漂っているのが見える。その人たちをなんとかこちらに引き寄せるために僕は頑張る。僕を見たら、きっと僕のことを素晴らしいと認めてくれるに違いないから」

囚われ　プライド

ポイント2を動かす囚われは**プライド**です。ポイント2以外であれば、認識システムの解説を聞き、自分の認識システムを特定できると、たいていは自分を動かしている囚われについてもすぐに理解します。私のこれまでの経験から言うと、ポイント2にはそれがまったく当てはまりません。囚われのプライドよりも怒りや腹立たしさに気づくことが多いようです。人にいいように利用されること、あるいは自分は愛を受け取っていないことにポイント2は気づいていません。また、人の力になることが好きだ、ということもはっきりと自覚しています。ところがプライドの話をすると、困惑の表情を浮かべてこう言うのです。「でも、人の世話をするのが好きなんです」自分の認識システムを動かしているのはプライドだという気づきが、深いレベルでポイント2に起こることはほぼありません。

次にあげるワークショップ・リーダーのコメントを読むと、ポイント2のふるまいの根底にはプライドがあることがよくわかります。

「一カ月間のトレーニング中は、毎朝、私が瞑想をリードすることになっています。いつも、遅くとも開始の十五分前には瞑想ルームに入り、場を整え、ほかの人が入室する前に瞑想を始めます。そうすることがワークショップのグループに対する私の責任だと思っていますし、そのほうが気分もいいですから。

私の時計が止まっていて、いつもより一時間遅く瞑想ルームに入ったことがありました。部屋のドアを開けるまで、遅れていたことに気がつかなかったんです。自分ではいつもどおり早めに入室したつもりでした。ドアを開けるとみんなが部屋に集まっていて、すでに瞑想を始めていました。それを日にしたとたん、あまりの恥ずかしさに気が動転しました。自分の感情をよく調べてみたんですが、自分の瞑想の時間を取れなかったことに動揺しているのではありません。瞑想は大好きですし、自分にとって必要なのは確かですが、それよりも、プライドが傷ついて動揺していたんです。私がやっていたことは実はプライドに動かされての行動だった、と気づいたのはそのときでした」

ある女性が次のように語っています。「人を自分の味方につけることは、私にしてみればなんてことありません。何を求めているのかを本人が自覚する前に、私がその人のためにやってあげることができます。洗濯でも、アイロンがけでも、料理でも、お安い御用。ただし、私が最高だ、と言ってもらいたいんです。最高の母親、最高の恋人、最高の妻。そう言われるのを待っています」

今度は、ポイント2の男性のコメントです。「自分がボスで、一番偉いのですから、常にみんながこびへつらいます。すると、みんなが言っていることはもっともだという気がしてきます。自分の心の奥で何が起こっているかなんて、考えようとは思わないものなんですよ」

プライドには憤慨という側面があります。クリスマスにネクタイを二本、息子にプレゼントした母親のジョークです。母親はクリスマスの後で息子に会いました。息子はもらったネクタイを締めています。「あら？　もう一本は気に入らなかったの？」

幼少期

幼少期のポイント2は決まってお父さん子です。おちゃめで可愛らしい巻き毛の女の子が甘えた笑顔でお父さんのお膝に乗っている。それがポイント2です。私は男性のポイント2も何人も知っていますが、彼らはほんの幼い頃から、やさしいふるまいと、お母さんを意のままに操る方法を身につけます。ゲイの男性のポイント2にとっては、お父さんのお気に入りの息子かどうかが重要な問題になります。

ある男性のポイント2は、五歳のときにすでに弟と妹の面倒を見ていました。ゆりかごを揺らしてやると、下の子たちはおとなしくなったそうです。七歳のときには妹のおむつを替え、家族のために料理を作っていました。今、この男性はパン屋をやっています。「パン屋の仕事は気に入ってますよ！　人のために何かをするのが本当に好きなんです」

また別のポイント2は、ベビー・ベッドに寝ていたときのことをはっきりと覚えているそうです。かまってほしくなっても、決して泣きませんでした。自分のほかに五人もの子どもを抱え、すでに手いっぱいだったお母さんの重荷になりたくなかったのです。

このポイント2の女性は四歳のときにダンスを始め、五歳のときに初めてダンスでメダルを獲得し、十一歳になるまでメダルを取り続けます。注目を浴びることであれば、どんなことでもやろうとしたそうです。初めて料理を作ったのは三歳で、五歳のときに家族のためにカスタードを作っている最中に手に怪我をしました。今でもそのときの傷が残っています。一人で立てるようになると、さっそく洗い物を手伝いはじめます。椅子の上に立って食器を洗いました。裁縫は何歳のときに始めたのか尋ねたところ、五歳になるまではミシンを使わなかったとのことでした。それまでは手縫いだったのです。

次は、また別のポイント2の女性の子ども時代の話です。

「父の気を引くために、ひょうきんで可愛らしくふるまうようになりました。そうすれば私と遊んでくれたんです。それが唯一うまくいくやり方でした。でも、そのやり方がまずかったのは確かです。母を完全に蚊帳の外に置いてしまいましたから。母は何も言いませんでした。まるでそこには誰もいないかのようでした。私に嫉妬していたに違いありません」

この気づきは、ポイント2の核心をついています。この女性は母親と競い、お父さんの愛を勝ち取りました。母親は自分の負けをおおっぴらに認めることもできず（顕在意識では負けたことに気がついていないこともあります）、子どもに対して恨みを抱くようになります。

ポイント2は、しばしば、父親との深いつながりは感じても、母親との関係に悩んでセラピーに来ます。自分で考えてみても、母親との確執の根本的な原因が思い当たらないのです。セラピーで掘り下げて調べていくと、母親と競ってお父さんの愛を勝ち取ったことが無意識の中で問題となっていることが実によくあります。

そのことについて、あるポイント2の女性はこのように言っています。

「父が私に夢中だということは自分でも気づいていました。実際にそうでした。私だけじゃなくて、父は母にも夢中でした。母は完全な大人です。私は、その頃はまだ無邪気な子どもで、人から教わるまでセックスのことは何も知りませんでした。父と私の間に性的な惹かれ合いのようなものがあるのを意識し出したのは、十八か十九歳になってからです。

二十代になるまで、家族の中で摩擦が起きていることにも気づきませんでした。自分は穏やかな家庭環境で育てられたとずっと信じていました。誰もが望むような家族だったんです。何もかもとても『うまく』いっていました。家族の中にあった恨み、嫉妬、争いはものすごくわかりにくいものでした。みんなが本当に朗らかで、愛情深くて、幸せでした。厄介ごとは、目につかないところにそっと隠されていたんです。母が抱える悲しみと恨みは母のやさしさの中に身を潜めていました』

セクシャリティーについて無知だったというのは、実に的を得たコメントです。なぜなら、ポイント2はまさに前性器期の認識システムだからです。この女性は性的な関心から父親に惹かれていたのではありません。セックスは実のところポイント2のテーマではないのです。通常、ポイント2にとっては、セックスよりも抱きしめられたいという欲求のほうが重要です。ただし、パートナーをキープするため、あるいはパートナーが欲していそうなものを与えるためにセックスが利用されることはよくあります。

ところが性的ポイント2の女性がこれとはまったく逆の話をしてくれました。この女性の両親は、四歳になった彼女にダンスをさせて船乗りをもてなしました。このときすでに、この女性は性の芽生えを自覚し、女であることを楽しんでいました。それ以来セックスに積極的で、かなりたくさんのパートナーと関係を持ったそうです。

人間に非常に近い類縁関係にあるボノボはセックスをベースにした母権制社会を作り、食物、安全、関係性を得るためにセックスを使います。ボノボの社会では、得るためにはまず与えることになっているため、誰でもその恩恵にあずかることができます。一番下層のメンバーであっても快楽欲求を満たせるのです。

理想化　「私は親切だ」

ポイント2の理想化は**「私は親切だ」**です。実際、とても面倒見がよいのです。ポイント8は「その服、おかしいわよ！」と、あなたのどこが間違っているかを指摘するでしょう。ポイント1は「あなたの年頃のまっとうな女性であれば、そんな格好で町を歩くのはどうかと思うわ」とお説教調になるかもしれません。ポイント2であれば、このように言うでしょう。「とっても元気そうね！　そうそう、半額セールをやっているお店があるんだけれど、とってもかわいいワンピースが揃っててね、あなたにすごく似合いそうよ。あなたらしさがもっと引き立つと思うわ」

あるポイント2の女性が、三カ月のヨーロッパ旅行に向かう夫婦から家の留守番を任されました。その家は事務所も兼ねていたのですが、三カ月の間、事務員も休暇をとることになっています。そこで、このポイント2は「お手伝い」することにしました。夫婦が出発して数日後には、コンピューターの操作、電話での受注、商品の出荷、請求書の支払いができるようになっていました。販売する本の在庫がなくなったとき、夫婦はまだヨーロッパ滞在中でしたが、出版社に連絡を取って重版の手配をしました。過去にこのような仕事の経験があったわけではありません。引き継ぎも、報酬の約束も一切ありませんでした。それでもこのすべてをこなしたのです。あったのは役に立ちたいという気持ちだけでした。

ある女性のコメントです。「何もかも私がやっていました。八年間の結婚生活の間、ずっとです。本を書き、宣伝し、事業を切り盛りし、家事もすべて私の担当。毎朝五時半に起きて夫の朝食を用意しました。夫はシリアルを皿に入れさえしなかったんです」

会話スタイル　助言

ポイント2の理想化「私は親切だ」にぴったり合う会話スタイルは**助言**です。ポイント2はいつもいつの間にか、新聞の人生相談欄の相談員のような存在になります。

ポイント2はみんなから次から次へと悩みを打ち明けられ、親身で頼りになる助言を与えます。ポイント2はラポールを築き、相手の世界に入っていく名人です。ラポールが形成されると、ポイント2は助言を与えることによって相手を巧みに操作するのです。

ポイント2は誰とでもラポールを築くことができますが、このことが予想外のまずい結果をもたらすこともあります。結婚生活がうまくいっていない夫婦がいました。一時的に別居して、それぞれ別の州に住んでいましたが、共通の友人であるポイント2の女性に夫も妻も連絡を取っていました。この友人は、夫に対しても妻に対しても親友として助言します。夫婦は別居を解消すると、お互いが友人からどんな助言をもらったかを話し合い、あきれはてます。「あなたにそんなことを言っていたの？　私には真逆のことを言ったのよ！」

映画『ストレート・トーク／こちらハートのラジオ局』で、ドリー・パートンが典型的なポイント2の助言の会話スタイルを見せてくれます。本人もポイント2のパートンが、性的ポイント8の男性に恋をし、素晴らしいアドバイザーとしてキャリアを積んでいく、やさしくて親切なポイント2の女性を演じています。

罠　意志

ポイント２の罠は**意志**です。この罠にはまると、ポイント２は認識システムを動かしているプライドに気づくことができません。自分自身のニーズは抑圧されているため、ポイント２は自由意志であなたのために何かをしていると錯覚します。意志の罠は、自分で選択してやっているという幻想を生み出すのです。

どのような状況でもそうですが、何を意志するのかを自分で選択できなければ、本当の意味で意志を持っているとは言えません。人の役に立ちたいと思うとき、その背景には必ず無価値観と愛の欠乏感があるポイント２の思いは、本物の意志ではないのです。ところがポイント２は自らの意志で人の世話をしているという錯覚を起こし、それが罠となって自分自身のニーズが押し殺されます。

ニーズを抑圧した結果、やがてどこかの時点でポイント２は突然、怒り出します。怒りが爆発したときに初めて罠が明らかになります。人のためにしてきたあらゆることを何年もさかのぼって並べたて、そのせいでどれほど精根が尽き果てたかをわめきちらします。こうして、自由意志において自分で選択して人の世話をしていたのは嘘だったことが暴かれます。

防衛機制　抑圧

ポイント２の防衛機制は**抑圧**です。自分の欲求や要求を、それがあることすら気づかなくなるほど抑圧します。自覚できるのは、人の世話をしたいという思いだけです。

あるとき、私はポイント2の女性と並んで丘の上り坂を急ぎ足で歩いていました。二人の歩調が一歩一歩、完全に揃っています。十五分ほど経ったところで、私はハッとしました。私のほうが、かなり体力が勝っていることに気づいたのです。「歩くペースが速すぎませんか？」と私が尋ねると、息も絶え絶えに「あなたはどう？」という答えが即座に返ってきました。

あるポイント2は、仕事のことも家のこともすべて自分が面倒を見てきたと文句を言い、今後また、そうした人間関係に陥りそうで怖いとこぼし、最後は「人の世話をするのが好きなの。本当に心から好きなんです」と締めくくりました。

回避　ニーズ

ポイント2の回避は**ニーズ**です。自分に必要なものを求めることを差し控えます。ニーズの回避、意志の罠、そして抑圧という防衛機制が一体となって機能するため、ポイント2はお世話ロボットの中に押し込まれたまま、そこから脱出できません。まるで完璧な奴隷としてプログラミングされたロボットのようです。自分のニーズを脇に置き、欲望を抑圧し、自由意志による選択でご主人様の世話をしていると信じ込むようにプログラミングされているのです。

一見、ポイント2はまったく奴隷のようには見えません。実際、ほかのポイントの人たち（特に女性）がポイント2をうらやましがることさえあります。うらやむのは、どんなに頑張っても、自分はポイント2のように無償で他者に手を貸すことも、やさしくて、綺麗で、愛情深い完璧な人になることも、とうていできないからです。実際は、ポイント2は人に尽くすために自分のニーズに触れないようにしているにすぎません。自分の欲求・要求を無視するため、人に心から共感できるスペースが心の中に生まれます。ポイント2は共感し、相手の感情を自分の中に再現することができるのです。

内なる二項対立　闘士／放蕩者

ポイント2の内なる二項対立は**闘士／放蕩者**です。二項対立のどちらの極を表現するかによって、世界との関わり方がまるで異なります。ナンシー・レーガン（元アメリカ大統領ロナルド・レーガンの妻）は、大統領行政府を管理する闘士側のポイント2でした。政権の舵取りをしたのはナンシーで、夫のドナルド・レーガンをまるで操舵倫のように操作しました。ナンシー・レーガンの人物像は、放蕩者側のポイント2のドリー・パートンやエリザベス・テイラーとはかなり違っています。ナンシー・レーガンとドリー・パートンは体形も異なります。この二人の違いに、ポイント2の二項対立の違いがおおむね反映されていると言っていいでしょう。概して、闘士側はやせ型、露出も隙もない服装で、見た目はポイント1寄りです。一方、放蕩者側はメリハリのある体形に官能的な服装が多いでしょう。

有能な社長室長は闘士側のポイント2かもしれません。一方、娼婦やバイク乗りの男が連れているセクシーな女性は放蕩者側のポイント2の可能性があります。ポイント2は、ほとんどの場合、若々しくて愛らしい顔立ちの美人です。人間関係に関して言うと、闘士側のポイント2はしばしば影で権力を握り、一方、放蕩者側のポイント2は虐待を受ける側になることもあります。

国と文化

タイとバリはどちらもポイント2の文化を持つ国です。タイは微笑みの国と呼ばれています。男性も女性も美しく、親切で、フレンドリー。タイでは、はっきりと「ノー」と言うことは許されません。タイの言葉には「イエス」と言いながら「ノー」の意味になる言い回しがたくさんあり、それを駆使してフレンドリーさと親切さを維持します。タイはまた、マッサージ産業とセックス産業が盛んなことや、不倫率が高いことでも知られています。タイの王宮や寺院は小さな鏡や渦巻模様で飾られていますが、これはポイント2の建築スタイルと言えるでしょう。建築物にも長いまつ毛やキラキラした光りものがついているのです。

一方、バリは社会的ポイント2です。赤ん坊はとても神聖な存在であり、足を地面に触れさせてはならないと言われています。そのため、生まれてから百五日もの間、足が地面につかないように抱っこしておかなければなりません。百五日の期間が明け、一度、赤ん坊が地面に足をつけると、それからはどこでも好きなように動き回ることができます。どこへ行っても村人たちが面倒を見てくれます。バリもフレンドリーな性格とマッサージでよく知られていますが、「逆上して暴れる」の意を持つ「Run amok」という英語は、バリを含むインドネシアやマレーシアで見られる精神障害を指すアモックという言葉に由来します。これはまさにストレスがかかったときにポイント2が起こす反応です。

サブタイプ

自己保存的サブタイプ　まず私

自己保存的ポイント2は**「まず私」**と呼ばれます。常に影で権力を握る人たち（社長室長や上司の妻など）の呼び名としては、奇妙に聞こえるかもしれません。自己保存的ポイント2は、絶対に、自分がボスだとは思われたくありません。権力者に助言するポジションにいるほうがはるかに居心地がよいのです。舞台裏からショーを操るのがポイント2のやり方です。

この人たちは度を越すほどの勤勉さで働くことがあります。忠誠心あふれる補佐役として週に七日間、一日十二時間、取り憑かれたように働きます。ある自己保存的ポイント2が「上司が署名した小切手は受理されなかったんだ。私が代筆したものでないと通らないんだよ」と自慢していました。

自己保存的ポイント2はあまりにも自分を人に与えすぎているため、その見返りとして最高のものが自分に与えられるのは当然だと思っています。たとえば、自分はブッフェや映画の列に割り込んでも許されると考えます。もし全員に行きわたるだけの食べ物がないとしたら、自己保存的ポイント2は自分の分だけはしっかりと確保します。だからといって、ポイント2のお皿に盛られたものを食べようとしてはいけません！　そんなことをされたら、その人の指を切り落としかねない、と多くの自己保存的ポイント2が告白しています。ポイント2はこれまで人に与えるだけ与えてきたので、自分には自己中心的なふるまいをする権利があるのだと思っています。ポイント2の女性とつき合った経験が豊富なある男性の持論を紹介します。「彼女たちは与えたがり屋だよ。だけど、何かを欲しがったら、君のクレジットカードを解約しておいたほうがいい」

社会的サブタイプ　野心

自己保存的ポイント2は影の権力者ですが、野心サブタイプのポイント2は自分が権力の座に着きます。社会的ポイント2はスターの定位置です。

社会的ポイント2はスターと言っても、必ずしもハリウッド的なスターではありません（もちろん、エリザベス・テイラーやドリー・パートンなど、ポイント2のハリウッド・スターもいます）。私の知り合いに理学療法士のポイント2の女性がいますが、彼女は病院長が不在の時間を楽しみにしています。というのも、その時間は自分が輝くスターになれるからです。私は膝の手術後にその病院に通っていました。ポイント2の理学療法士は、助手たちに私にマッサージをするよう指示を出し、私の膝にアイシングをし、タオル不足で私が不快に感じていないかどうかを確認します。患者の世話をすることにおけるスターなのです。

かなり前のことですが、747ジャンボ・ジェット機のアッパー・クラスを利用したことがあります。サンフランシスコから日本へのフライトで、私を含めた十六人の乗客を担当した客室乗務員は社会的ポイント2の男性でした。小さなステージのようなスペースがあり、彼はそこから乗客を見渡します。一杯目の飲み物のサービスを終えた時点で乗客たちの注文した飲み物をすべて把握し、グラスの中の飲み物が減るとただちに注いでくれます。しばらくそれが続き、私も私の連れもペリエはもう欲しくなかったのですが、彼の気持ちを傷つけてしまいそうで断ることができませんでした。

美術モデルをやっていたある社会的ポイント2は、裸でポーズをとり、後でさまざまな絵を見て回るのを楽しんでいました。自分が注目を浴びていた証拠を見るのが好きだったのです。

スパンコールを身にまとったピアニスト、リベラーチェは、典型的な男性の社会的ポイント2です。リトル・リチャードや、映画『サタデー・ナイト・フィーバー』で『ステイン・アライブ』に合わせて踊るジョン・トラボルタもこのタイプです。

性的サブタイプ　攻撃／誘惑

自己保存的ポイント2は影の権力者、社会的ポイント2は表の権力者だとすると、性的ポイント2は権力者を誘惑する者です。**攻撃／誘惑**は権力者を誘惑する行為を指します。性的ポイント2は、相手の抵抗を溶かすものとして愛を体験します。抵抗が和らぐと、関係性は急速に退屈なものになっていきます。

私の知り合いの性的ポイント2は、これまでに四人の夫を持ち、五人の男性との間にできた子どもたちがいます。つき合った恋人は数え切れません。

性的ポイント2はエニアグラムの中でもっとも誘惑的な人たちです。ポイント2――特に性的ポイント2――は思わせぶりだったり、男性に気を持たせたりする、と非難されることがよくあります。非難されたポイント2本人はたいてい、自分がどのような影響を人に及ぼしているかにまったく気づいていません。性的ポイント2は初対面の人の体に触れます（多くの場合、初対面以降でも触れます）。腕に軽く触れるぐらいかもしれませんが、それでも確実に肉体的なつながりができます。

性的ポイント2は部屋に入ると、即座に、その部屋の中で誰が権力を持っているのかを察知します。そして権力者に近づいて誘惑します、グルーピーの多くは性的ポイント2です。私の知り合いに、ベッドをともにしたグルの人数を記録している性的ポイント2がいます。

映画『リービング・ラスベガス』は性的ポイント2の物語です。本人も性的ポイント2のエリザベス・シューが、ヒモに捨てられ、すぐに別の男を見つける性的ポイント2の娼婦を演じています。彼女が身を寄せた男は、ニコラス・ケイジ（社会的ポイント9）演じるアルコール中毒のポイント9です。映画の山場は、エリザベス・シューが露わになった自分の胸にウィスキーを注ぎ、男の顔をそこに押しつけるシーンです。その行為は彼女が願っていたことではなく、男のほうの望みでしたが、自分をおとしめてまでも男を喜ばせようとします。

もう何年も前のことですが、自宅でエニアグラムのワークショップを開催したときにこんなことがありました。休憩時間に、ぴったりとしたジャージ素材の服を着た美人の若い女性に部屋の隅に追い込まれたのです。私の胸に手を置くと、とろけるようなまなざしで私の目を見つめて言います。「私の認識システムを見つけるのを手伝ってくださる？」そこに私の妻がやってきて、彼女の認識システムを告げました。

そのほかの例

ナンシー・レーガンは、闘士側の自己保存的ポイント2の好例です。ナンシーが大統領の仕事を取り仕切っていたのは周知のことですが、ホワイト・ハウス勤務の側近たちもその話を裏づけています。ナンシーはレーガン政権の初代の国家安全保障担当補佐官を首にしました。大統領首席補佐官をやめさせるように言い張ったのもナンシーでした。夫のロナルド・レーガンはポイント9です。最初の妻との結婚中は左派でしたが、右派のナンシーを妻にすると右派に転向しました。

ポイント2の妻の助力によって権力の座に導かれたアメリカ大統領が何人もいます。レディ・バードはリンドン・ベインズ・ジョンソンのよきサポート役でしたし、ジミー・カーター元大統領の仕事に人道的な深みが加わったのはロザリン・カーターのサポートがあったからこそです。レディ・バードやロザリン・カーターのやり方はヒラリー・クリントンのやり方とはまったく異なります。道徳主義側のポイント８のヒラリーはチームを積極的に率いる攻めのリーダーです。

ポイント２のエルビス・プレスリーは母親を崇拝し、常に母親を一番に大切にしました。キャデラックを友人たちにプレゼントしたり、つき合いはじめの頃はセックスも控えて、のちに妻となった未成年の女性の面倒を見たりもしました。

サブタイプごとの例

自己保存的サブタイプ〜まず私

ナンシー・レーガン、レディ・バード・ジョンソン、ロザンナ・アークエット、ロザリン・カーター、ローザ・パークス（アメリカの公民権運動活動家。一九五五年に公営バスの運転手の命令に背いて白人に席を譲るのを拒み、逮捕される）

社会的サブタイプ〜野心

ドリー・パートン、エリザベス・テイラー、リトル・リチャード、マジック・ジョンソン、ミア・ファロー、リベラーチェ、ジョン・トラボルタ、ベティ・ブープ、バリ

性的サブタイプ〜攻撃／誘惑

エルビス・プレスリー、ドレイク、ジーナ・デイビス、エリザベス・シュー、シシー・スペイセック、リヴ・ウルマン、サム・クック、ジェシカ・ラビット（映画『ロジャー・ラビット』に登場するセクシーな妻）、タイ王国

エッセンス	喜び
聖なる理念	原点
聖なる道	落ち着き
主機能	憂鬱
囚われ	妬み
理想化	「私は選ばれし者」
会話スタイル	悲嘆
罠	本物
防衛機制	取り込み
回避	迷子
内なる二項対立	分析／方向音痴
サブタイプ	自己保存的～不屈
	社会的～恥
	性的～競争

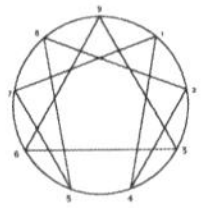

ポイント4　内在化された自己イメージ・ポイント

ポイント4はポイント3の内在化バージョンです。内在化バージョンの場合、ヒステリーを向ける先が自分自身となり、内面で感情が爆発します。ポイント2は一番よいポジションを確保しますが、一方、ポイント4は自分が場違いな存在であることを恥じています。ポイント4は自分の置かれた環境でくつろいだり、場になじんだりすることができません。ポイント2はうぬぼれ、ポイント4は自滅します。自分らしい人生がいつの口か始まるのをじっと待ち続けているように見えるポイント4もいます。

　ポイント4とポイント5はエニアグラム図の一番下に位置します。そこは、内なるブラック・ホールの存在に気づく場所です。そのため、ポイント4は内なるブラック・ホールを心の傷や喪失感として体験し、自分には何かが欠けているような気がするのです。ポイント4は、自分の中にブラック・ホールがあるから、自分の人生には悲劇の刻印が押されている、そして自分は特別な存在なのだ、と考えます。ポイント4は好きな人との関係が親密になってくると、隠された傷に気づかれないように、その人を追い払ってしまう傾向があります。こうした性質が映画『フランス軍中尉の女』の中で見事に描かれています。主人公の女性は、断崖で何年もの間たった一人きりで恋人を待ち続けますが、恋人が近づいてくると自分のほうから逃げるのです。『風と共に去りぬ』のスカーレット・オハラにも、愛せば愛すほど男が離れていくポイント4の認識システムが見られます。

ポイント4はダンサーやアーティストとなる素質を生まれ持っていたり、ワークショップ中毒に陥りやすかったりする傾向もあります。この人たちは絶え間なく、自分を改善しようと取り組みます。ポイント4は美容整形と「パーマ」のホームグラウンドです。自分独自の装いを好みます。何時間もかけて「ナチュラルな」化粧を施し、高価な自然素材の服を重ね着し、自然さを引き立てます。「ご自由にお持ち帰りください」と書いてある箱からもらってきた古着を着ることもありますが、そうした場合でも、必ず何かしら自分らしさを感じさせる着こなしをします。あるいは、世界でも指折りの高級店で洋服を買い、なにげなくはおった普段着に見えるように延々と時間をかけて工夫を凝らすかもしれません。

ポイント2はお父さんの愛を勝ち取りましたが、ポイント4はお父さんの愛を失ったと感じています。男女にかかわらずポイント4はお父さん（母親のほうが父親より強い存在の場合は母親）を失い、その体験を、自分に問題があるからそうなったと意味づけます。そして、お父さんから愛してもらえそうな人物として自分を作り上げようとします。こうして喪失感と取り込みの防衛機制によって、生まれついての「悲

郵便はがき

恐縮ですが切手をお貼りください

101-0051

東京都千代田区神田神保町3-2
高橋ビル2階

株式会社 ナチュラルスピリット

愛読者カード係 行

フリガナ		性別
お名前		男・女
年齢	歳	ご職業	
ご住所	〒	
電話		
FAX		
E-mail		
お買上書店	都道府県 市区郡 書店	

ご愛読者カード

ご購読ありがとうございました。このカードは今後の参考にさせていただきたいと思いますので、アンケートにご記入のうえ、お送りくださいますようお願いいたします。

小社では、メールマガジン「ナチュラルスピリット通信」(無料)を発行しています。
ご登録は、小社ホームページよりお願いします。**https://www.naturalspirit.co.jp/**
最新の情報を配信しておりますので、ぜひご利用下さい。

●お買い上げいただいた本のタイトル

●この本をどこでお知りになりましたか。

1. 書店で見て
2. 知人の紹介
3. 新聞・雑誌広告で見て
4. DM
5. その他（　　　　　　　　　　　　　　　　　　　　）

●ご購読の動機

●この本をお読みになってのご感想をお聞かせください。

●今後どのような本の出版を希望されますか？

購入申込書

本と郵便振替用紙をお送りしますので到着しだいお振込みください（送料をご負担いただきます）

書　籍　名	冊数
	冊
	冊

●弊社からのDMを送らせていただく場合がありますがよろしいでしょうか？

□はい　　□いいえ

劇のヒロイン」が出来上がります。

ポイント4は、喪失の「刻印が押されている」自分はほかの人とは違う、と感じています。そのため、ポイント4は選民意識と「世間のルールは私には当てはまらない」という態度を身につけます。そして憂鬱な気分に浸ることに喜びを覚えます。キャスリーン・スピースはこうしたポイント4の性質を次のように説明しています。「まるでクリスタルの花瓶に生けられた優美な切り花のよう。美しいけれど、根は切り落とされ、その命は消えつつある。その花は庭に戻ることを切に願っているのです」

ポイント4は恋愛中毒です。決して満たされることはありません。毎日、何度も愛を証明してもらわなければ気がすみません。しかも、相手が毎回違った方法で新鮮に証明してくれないと愛されている証拠にはならないのです。ポイント4は「最近、私のために何かしてくれたかしら?」と始終、相手を試します。今までたっぷり苦しんできた私の痛みを埋め合わせられる人などいない、と思っています。あるポイント4はこう表現しました。「埋め合わせようとしてくれないわけじゃないんです。そもそも埋め合わせることと自体、無理なの。最初に捨てられたときの傷だってまだ癒えていないのだから」

「あなたは一度だって本気で愛してくれなかった!」ポイント4はなんの前触れもなく、突然そう叫び、嘆きます。そして再び、感情のジェットコースターが走り出します。感情の嵐の中で生きているようなものです。ポイント4はポイント8に惹かれる傾向がありますが、感情を爆発させる強烈さがこの二つのポイントに共通しているためです。

日本の伝統文化はポイント4の文化です。日本文化の核となる部分に、そのルーツである中国大陸から切り離されている分離感が隠されています。日本の美学の中に、中国との関係における根深い劣等感が浸透しています。日本は、中国文化の最良の部分を取り入れ、さらによいものになるように磨きをかけました。着物、茶道、禅、碁、鍼、建築、園芸など、そのルーツはすべて中国にありますが、完成させたのは日本人です。

日本で好まれる季節は秋です。ポイント4が愛おしむ雅やかな死の季節だからです。日本文化では、報われない愛という感情表現が好まれます。さくらの花を歌った日本の国民的歌曲の調べはどことなく儚く悲しげです。また、ポイント8の侍とポイント4の芸者の報われない愛の悲劇は、日本的な物語の象徴と言えるでしょう。

日本庭園では、自然を題材にして「より自然に」見えるように手を加えます。素晴らしい日本庭園にはまったく不自然さがありません。まるで一度もそこに人間が立ち入ったことがないかのようです。自然さを作り出すために、岩を一つひとつ巧みに配置し、植物の葉も毎日、一枚ずつ丁寧に手入れするのを怠りません。ポイント4は、自然でさりげないものに見えるように、自分の性格や服装の細かい部分を一つひとつ手間ひまかけて作り込みます。

侍と芸者を象徴とする文化における特徴的な感情は恥です。根深い恥の感覚があるため、多くのカップルがお互いに「愛している」という言葉を決して口にしません。

囚われ　妬み

ポイント4は**妬み**の囚われによって動かされているため、非常に自尊心に欠け、常に他人と自分とを比較せずにはいられません。「あの人は私よりもいいものを持っている」という感覚があります。自分があまりにも損なわれているように感じるポイント4にとっては、常に隣の芝生は青々としています。決まってあの人は私より素晴らしくて、もっと幸せで、完璧な恋愛をしているように見えるのです。「ヒステリーの女性」を治療するポイント6の男性（フロイト）からフロイト派心理学が生まれましたが、ペニス羨望はポイント4のおかげで確立された概念に違いありません。次に紹介するのは、ワークショップに参加したポイント4の女性のコメントです。

「妹を妬んでいます。妹はいつだってとてもうまくいっているの。なんでも完璧なんだもの。私も妹と同じくらいうまくやりたいし、同じくらい稼ぎたいし、同じくらい成功したいし、いい仕事に就きたい、そう思ってずっと努力してきたんです。

カップルを見ると、その二人は私と私の彼よりももっと愛し合っているし、うまくいっているようにどうしても思えてしまう。自分にはとうてい手に入らないものをいつも欲しがってしまうんです」

また別のポイント4は次のように言っています。

「私が妬みを感じるのは、私が持っていないものをほかの誰かが持っているときですね。私より足が細い、私より背が高い、私より唇がふっくらしている、私よりも髪の毛につやがある。きりがありません。そんな人を見て『あぁ、私もあんな唇だったらいいのに』と心の中でつぶやいてしまいます」

また、ポイント4には足りないという感覚もあります。他人の家の中を見て、自分の家と比べるのを好みます。衝動的にもの——特に洋服——を次々と買い、浪費することもあります。ポイント4は買い物好きのホームグラウンドですが、万引きのホームグラウンドでもあり、化粧品の万引きなど、軽犯罪に手を染めることもあります。買い物癖が行きすぎて夫を貧困に陥れたボヴァリー夫人は典型的なポイント4です。

遠くにあればあるほど、それがよいものに見え、近づけば近づくほど、どんどん悪いものに見えてきます。手に入れたい人やものへの強い憧れの連続。それがポイント4の人生です。何かを手に入れたとたん、それは手の中で灰となってしまうのです。グルーチョ・マルクス（一八九〇―一九七七。アメリカのコメディアン。コメディアン俳優グループ、マルクス兄弟の三男として活躍）はかつてこう言いました。「俺みたいなやつを会員にするようなクラブには入りたくないね」

静かにしているときのポイント4は、絶壁で一人、恋人を待ちわびている『フランス軍中尉の女』のように、目に深い悲しみをたたえているように見えることがあります。昔は今よりもよかった、あるいは、未来は今よりもよくなるはずだと信じています。過去はよかったと感傷に浸り、一度も会いに来てくれたことのない素敵な騎士がやってくるのを待ち焦がれます。騎士が近づいてくると、彼の欠点や問題が目につくようになります。

ポイント4は何かあるいは誰かを強烈に求める切望感を体験します。自分の感情の感じ方はほかの人たちよりも深い、とも思っています。露わに表現できる感情の幅ということであれば、おそらくほかのポイントよりも広いでしょう。確かにポイント4は強い感受性を持ってはいるものの、感情を誇張する傾向もあります。ポイント4はメロドラマと芝居がかったしぐさの場です。「私ほど苦しんでいる人は、ほかにいやしない」そんなセリフが聞こえてきそうです。

あなたがポイント4と一緒と買い物に出かけてセーターを買ったら、すぐに、ポイント4は自分もセーターが欲しくなります。あなたにポイント4のパートナーがいて、そのほかに愛人が一人いるとしたら、間違いなく、パートナーのポイント4はあなたのほかに二人の愛人を持ちたくなるでしょう。あるポイント4がそのことについて説明してくれました。「十分ということは絶対にないんです。いつももっと欲しくなってしまう。私にとって妬みとは、なんでも個人的にとらえてしまうというか、なんでも自分に結びつけて考えてしまうことなんです」

幼少期

ポイント４の幼少期にタイトルをつけるとすると、失われた楽園の物語です。自己保存的ポイント４の場合は、子宮の中にいるときにすでにつながりを失い、苦しみが始まったと感じることもあるようですが、ほとんどのポイント４は乳幼児期から子どもの頃はとても幸せだったと言います。子どものときには愛情に満ちた楽園の中で可愛がられ、大切にされます。お父さんは輝く太陽のような存在としてポイント４を慈しみます。ところが、あるときポイント４は楽園から追い出されてしまうのです。

ポイント４の物語は、お父さんのことが大好きな女の子と、娘を溺愛する父親が織りなす典型的な物語です。二人は初めのうちはとても仲睦まじく一緒に遊び、抱きしめ合います。あるとき、父親は娘に対して自分が性的なものを感じていることに気づき、恐ろしくなります。そして、娘が父親の膝に飛び乗ると、父親は「ダメだよ。降りなさい」と注意します。そう言われてその子は、私に悪いところがあるから追い払われたんだと思い込みます。

ポイント４はこのようにして、遠ざけられ、愛を失い、自分は重大な傷を負っていると感じるようになります。「私には何かおかしいところがある」から、そうしたことが起こったのだと思うのです。男性でも女性でもポイント４の認識システムは、父親からの愛を失ったことを軸に機能します。子宮の中にいるときにすでに父親からも母親からも望まれていないとわかっていた、と語る自己保存的ポイント４もいます。この人たちは自分は愛されていないし、愛されない理由は自分にあると考えます。父親からの愛を失い、それ以来ずっと、自分のせいでそうなったと思ってしまうことについて、あるポイント4の女性が次のように語っています。

「もの心ついたときから、私は自分にはおかしなところがあるに違いないと感じていました。小さいときは、私は父のお気に入りだったんです。四、五歳までのことですが。その頃、父がお酒を飲みはじめました。それからはずっと、関心を持ってもらえなくて、見捨てられたような気がしています。

特に、男性との関係でその感覚が出てきます。パートナーがいないときは、自分のことが強くて、落ち着いていて、まともだと思えます。でも、男性とつき合いはじめたとたん、意識がベールに覆われて、まともな自分は眠りこけてしまうんです。突然、無価値感に襲われて、誰にも愛されない、愛に飢えた自分に逆戻りです」

母親に大切にしてもらえなかったポイント4も少なくありませんが、それでも、ほとんどの場合、ポイント4が固執するのは父親を失った体験です。例外となるのは、子どもから見て母親のほうが父親より権威のある存在に見えた場合です。ポイント4は楽園を取り戻すために、個性的であろうとします。一般的な習わしやルールからはみ出るくらいに個性を際立たせようとします。思春期の後半になると、ポイント4は両親が想像しうる最悪の行動をし、もっともつき合ってほしくないと思うような人たちと一緒にいるようになります。ポイント4は極めて低い年齢から性的関係を持つことも少なくありません。もし、親が他人種とのつき合いに偏見を持っているのであれば、なおのこと、人種が異なる人とつき合うでしょう。

親が薬物乱用に強く反対しているのであれば、ポイント4は薬物を試し、そのことをひけらかしさえするかもしれません。これは親への反抗ではありません。ポイント4は、一見、もっとも社会に順応しない人たちに見えるかもしれませんが、ポイントの移動が起こるときでさえ、エニアグラムの反対側の非社会順応型に移動することはありません（後述する『ポイントの移動と関係性』の節を参照）。ポイント４のとんでもない服装や言動はすべて家族だけに向けられています。実のところ、ポイント４は両親に中毒になっているのです。「私はとても特別な存在なのだから、楽園に戻す価値がある」と親に証明しようとし続けます。

かつて自分が住んでいた楽園を失ったポイント４は、そこに戻ることを切望します。その喪失感は、ポイント４が恋に落ち、感情を爆発させ、相手から立ち去るというサイクルを繰り返すたびに再現されます。そしてまた、次の恋愛を求めるか、あるいは、自分で台無しにしてしまったことをくよくよと後悔します。いずれにせよ、恋愛を求めては破壊することを永遠に繰り返します。ポイント４は恋人との関係が深まってくると、自分の救いようのない欠陥や欠点を恋人が見つけて去っていく前に、なんとしてでも自分のほうから関係を壊したくなります。子どもの頃は捨てられることを恐れ、捨てられるというテーマで問題を作ります。このテーマがその後の人生でも引き継がれます。

理想化「私は選ばれし者」

ポイント４は、自分は唯一無二の存在で（実際、すべての人が唯一無二の存在ですが）、かつ特別な存在だ、とうぬぼれています。「**私は選ばれし者。**私のような個性的な人はほかにいない」というのがポイント４の理想化です。この理想化の中には、選民意識と、人と自分は違うという分離感が見られます。ところが、その一方で「自分はほかの人に劣る」とも感じていて、これが妬みの囚われに油を注ぎます。

ポイント４はアーティスト・タイプが多く、高い知性を持つ人たちの精鋭集団、自由な生き方をする人たち、そのほかにも主流派ではない個性的な人たちのグループを渡り歩きます。あるポイント４の女性は、黒のタートルネックを着て、たばこを吸い、カフェでボードレールを読むためにグリニッジ・ビレッジに引っ越した、と言っていました。

会話スタイル　悲嘆

ポイント４の会話スタイルは**悲嘆**です。私はエニアグラムのワークショップなどで、折に触れ、参加者にこのような実験をしてもらいます。目を閉じ、言葉そのものは無視して、会話から伝わってくる感情のトーンにだけ耳を傾けます。すると、ふとした瞬間に、ポイント４のめそめそと悲し気な感じをとらえることができます。

ポイント４はうわさ話と苦悩の物語の場所です。ポイント４は友達に電話をかけ、恋愛のことや、人生がどんなにひどいかについて何時間も愚痴をこぼします。

ポイント４は自己イメージ・ポイントなので、一緒にいる人の気分を敏感に察知して、それに合わせて反応できます。面白い人にも、賢い人にもなれます。何気なく気の利いたしゃれを言うこともあります。特に、自分の悲劇のストーリー以外のことを話しているときに、その才能が発揮されます。

ジュディ・ガーランドはポイント４ですが、彼女のどのパフォーマンスを見てもそこに嘆きが感じられます。ポイント４の認識システムがもっともわかりやすく表現されている作品の一つに、小説あるいは映画版の『ボヴァリー夫人』があげられます。

罠　本物

ポイント４の罠は**本物**です。ポイント４にとっては、スタイルこそすべてです。雰囲気、マナー、流儀に背くことは絶対にしません。トイレに行きたくてしょうがなかったけれど、会話の流れを止めるのが嫌で何時間もじっと我慢していた、と話すポイント４が何人もいました。私の知り合いのポイント４は、恋人のアパートでは絶対にトイレに入らないと言います。考えるだけでもゾッとするのだとか。私は、ポイント４がその場のムードに合わせただけという理由で、事実はそっちのけで話の詳細や出来事を完全にでっち上げたのを何度か目撃したことがあります。

ポイント４は、素顔に見えるように何時間もかけて念入りに化粧をします。アメリカのビッグ・サーにあるリトリート・センターのエサレン研究所には化粧をしていない女性がたくさんいます。そうした場所でも、ポイント４のほとんどが必ず化粧をしています。ただし、非常に化粧が上手なため、まるで素顔のように見えます。極控えめに仕上げるという芸術的なはなれ業をやってのけるために、細心の注意を払いつつ時間をかけて化粧をしているのです。ポイント４は正真正銘・本物の自然な女の子／女性になろうとする努力を怠りません。そのスタイルは、どぎつい化粧にハイ・ヒールの女性たちとはまったく違います。

ポイント４は、自分はほかの人とは違い、ユニークで、独創的で、ナチュラルだと思っています。目を整形したことも、化粧をしていることも、パーマをかけたことも人に知られたくありません。「自然なありのままの自分を表現している」ことにしておきたいのです。ポイント４は偽りを忌み嫌います。ポイント４に「あなたって見かけだけよね」と言われたら、最悪の評価をされたと思っていいでしょう。

ポイント4の際立つ特徴の一つは、その個性的な服装です。特に靴にこだわりを持っていることが多いようです。女性のポイント4はたいがい、目立つブーツを履いています。男性のポイント4も、独自性を靴で表現することが少なくありません。私の知り合いにワークショップ・ファシリテーターのポイント4の男性がいます。この男性の認識システムを見極める最初のヒントとなったのは、彼の履いていたサンダルでした。これまで私が見た中でもっとも変わった履物でした。決して派手なわけではなく、人目を引くようなところは一切ないのですが、独特のスタイルで細かいところにさりげないセンスが感じられます。着ていたTシャツも、袖口に個性があり、ほかのどんなTシャツとも違っていました。この男性は、父親にとって自分はいい息子ではなかった、と言っていました。スポーツが得意でフットボール・チームのキャプテンにもなったそうですが、父親に注目してもらうには十分ではなかったのです。自分はたいしたことがない人間だと常に感じていました。

ワークショップに参加した別の性的ポイント4は、毎日、グループの中でずば抜けておしゃれな服装で会場に現れました。持参してきたパウダー・ブルーの瞑想用クッションを別にすれば、この男性の服装はとりたてて目立つものではなかったのですが、ソックスで個性を表現していました。色とスタイルにセンスのよさが感じられました。右足と左足の柄が違う日もありましたが、左右のデザインは完璧に調和しています。カジュアルかつ粋な装いでした。

防衛機制　取り込み

ポイント4の防衛機制は**取り込み**です。他人の感情を自分の感情として取り込みます。自分の周りの人たちからネガティブな感情を感じ取り、咀嚼せずにまるごと飲み込み、その結果、自分は愛されていない、自分は醜い、自分には価値がないなどと感じます。ポイント8はすべてを拒否します。ポイント6は自分の感情を周囲に投影します。ポイント4はネガティブなものを何もかも自分のものとして引き受けます。そのせいで、心に傷を負ったり、うつ状態になったり、心因性の病気になることさえあります。取り込みは、なんの防衛にもならず、むしろ逆の結果をもたらす防衛機制です。この防衛機制が機能しても、人生で遭遇する嫌なことからポイント4が守られることはなく、それどころか、悪いことはすべて自分のせいだと思い込みます。防衛機制についてのポイント4のコメントを紹介します。

「他人の感情をたくさん取り込んでしまっているのは自分でもわかっています。最近になってようやく気づきました。二十一歳のときに胆のうを摘出したんです。後で知ったのですが、胆のうの病気というのは、感情を飲み込む人がかかる典型的な病気だそうです。私は、まさしく家族のあらゆる感情を取り込む子どもだったうえ、家庭環境もかなり強烈でした。二十一歳にして、普通だったら六十代や七十代の人たちのかかるような病気になったのですから、かなりひどかったんだと思います」

感情体が自分の中心となっているポイント4は、周囲の人々の感情に非常に敏感です。複数の人たちが集まっている場所に行くと、たちどころに、どのような感情がそこに流れているかに気づきます。ネガティブな感情を取り込むせいで、健康面での苦労が多かったり、感情のバランスを崩したりすることもあります。

回避　迷子

ポイント4の回避は**迷子**です。ポイント4の性質のうち、ある二つの点が迷子の回避を助長します。一つは、自分のルーツやもともと属していた環境から追い出され、自分の方向性がわからなくなっている点。もう一つは、こちらのほうがより重要ですが、ブラック・ホールの存在に気づいているため、強い空虚感を感じている点です。ポイント4は摂食障害のホームグラウンドです。過食症の人たちが言うには、食べ物でブラック・ホールを埋めようとしているのだそうです。

ポイント4はよく、時間と空間の感覚がわからなくなります。ポイント4はほとんどの場合、他者との関係で時間と空間を把握します。人と関わるのは、迷子になるのを避けるための方策でもあるのです。また、恋愛でブラック・ホールを埋めようともします。

内なる二項対立　分析／方向音痴

ポイント4の内なる二項対立は**分析／方向音痴**です。どの認識システムでもそうですが、一人の人の中に二項対立の両方の極が必ず存在します。ただしどちらか一方が、エゴという名の仮面の表側となり、世界にはそちらの面を見せます。

方向音痴側のポイント4はいわゆる典型的な「頭の弱い女性」です。物理的に方向がわからない（地図が読めない）のであれ、会話の流れについていけないのであれ、方向音痴には二つの根本原因があるようです。一つは、自分のルーツから切り離されていると感じているためで、もう一つは、自分の感情のドラマに完全に巻き込まれていて、外の世界にほとんど注意を払えないためです。

方向音痴側のポイント４とは違い、分析側のポイント４は過度に頭を働かせているように見えることもあります。迷子になるのを避けるために思考の領域に留まろうとします。強い感受性を持っていると「男らしくない」と思われてしまう可能性があり、人からそう思われたくはないので、男性のポイント４は分析側の仮面をつけます。ですが、仮面のすぐ下ではポイント４特有の感情の波が荒立っています。不適切なタイミングで感情がほとばしり、「冷静で分析的」な態度にさざ波が立つこともよくあります。ポイント４の男性が次のように語っています。

「どこにいても、しっくりこないんです。自分が場違いな存在で、何かが足りないような気がするんです。自分でも痛々しいぐらいです。子どもの頃は、何をやってもいつもそんな気分でした。人気者になっても、嫌われ者になっても、おとなしくしていても、積極的に行動しても、場になじめないことには変わりありません。自分がいるべき星とは別の星の間違った場所で、間違った映画を見て、間違った本を読んでいるような気持ちでした。いつだってよそ者でした」

サブタイプ

自己保存的サブタイプ　不屈

自己保存的ポイント４は、自分にはひどい欠陥があるけれど、それでも成功しようと心に決めています。なんとしてでも成功しようと猛烈に努力する人たちです。ベティ・デイビスとオーソン・ウェルズはポイント4の不屈サブタイプです。後ろから圧迫されているかのように眼球が出っ張っています。ポイント4の不屈サブタイプが全員このような顔つきをしているわけではありませんが、このサブタイプの特徴を体現している顔つきと言えます。不屈とは「いつか私は打ち勝つ」という意味です。

このサブタイプの人は、危険と隣り合わせの生き方をするかもしれません。ポイント4はポイント8と同様に、通常の社会のルールは自分には適用されないと思っています。生きるか死ぬかの瀬戸際に立たされるような事態が起こると、自己保存的ポイント4はやる気に満ちあふれます。エネルギーが非常に高く、クリエイティブな人たちです。

ですが、ポイント4は綱渡りをする酔っ払いのようにあぶなっかしいところもあります。その例の一人がフランシス・フォード・コッポラです。映画『ゴッドファーザー』で経済的にも大成功を収めましたが、稼いだ数百万ドルのすべてを、リスクを承知の上で次の映画につぎ込みました。

第一印象では、ポイント4の不屈サブタイプをポイント3と取り違えることがあります。どちらのポイントも成功を求める猛烈かつドライな衝動があるように見えるからです。この衝動は、ポイント3であれば効率への欲求から生まれ、ポイント4であれば自分には欠陥があるという感覚から生まれます。不屈サブタイプの場合、ほんの少しだけ強く感情を刺激されただけで、たいてい悲しみがこみ上げてきます。自分は十分ではなく、悲劇的な欠陥があると感じるのです。

ダンスをしたり、あたふた動き回ったり、ジョークであなたを楽しませてくれるスティーブ・マーティンは、ポイント3に見える自己保存的ポイント4の好例です。活動初期は「孤独な男」をネタにしたコメディーが人気でした。最初の主演映画『天国から落ちた男』で、彼は南部の貧しい黒人家庭で育てられた白人の少年を演じています。少年は自分が養子であることを知りません。ただ、家族の中で自分だけ何かが「違っている」と感じています。『愛しのロクサーヌ』でも同じような役柄を演じました。悲しい目をした愛すべき道化が彼の十八番です。

社会的サブタイプ　恥

社会的ポイント４は、しばしば、世界の中で方向を見失い、二項対立の方向音痴側になります。このサブタイプのポイント４にとっては、生きることは混乱に満ちた不穏な雲の中を移動するようなものです。常に自分が場違いな存在のような気がして、エニアグラムのポイントの中でもっとも自滅的です。社会的ポイント４は人生のあらゆる場面で**恥**の感覚を感じます。

八〇年代のサンフランシスコのゲイ・シーンには社会的ポイント４の雰囲気が満ちあふれていました。だとすれば、ジュディ・ガーランドがゲイ・コミュニティーのアイコンとなっていることもうなずけます。美食、おしゃれ、悲劇的なロマンスがゲイ・シーンの文化的特徴です。

社会的ポイント４はめったに表舞台に立つことがありません。そうした意味ではジュディ・ガーランドは珍しいケースです。ケイト・ウルフ（アメリカのフォーク・シンガー。一部の人にしか知られていないローカルな存在）も嘆きの歌を歌った社会的ポイント４でしたが、痛ましいことに若くして亡くなりました。

私は、オペラ歌手を夢見る社会的ポイント４の男性に、しばらくセラピーをしていたことがあります。初めて会ったとき、すでに四十代で美容整形の効果がなくなる兆候が出はじめていました。新しいキャリアをスタートさせるには手遅れになる瀬戸際です。彼はオーディションの前になると決まって風邪を引いたり、声帯を痛めたりするのです。歌のレッスンで生計を立てつつ、歌手としての新たな人生が始まる日のために、その準備だけをし続けていました。

私の知り合いに、悪くない収入を得ている心理セラピストの社会的ポイント4がいます。ところが、その収入はすべて貯金に回し、古びた服を着て、食事代も節約し、なんとか生き延びているといった暮らしぶり。貯めたお金は、自分の人生がいよいよ「始まったら」使うつもりだそうです。

性的サブタイプ　競争

性的ポイント4が**競争**するのは、おそらくペニス羨望にその根本的原因があると思われます。性的ポイント4はあらゆる人間関係に競争心を持ち込みますが、特にパートナーに対してその傾向が強くなります。競争の状況を常に気にして、パートナーよりも一歩リードしようとします。パートナーが買い物をしようものなら、即刻、自分も何かを買わなければ気が収まりません。

エニアグラムの1から9のポイントと各サブタイプの中で、衣服の着こなしがもっとも洗練されているのは性的ポイント4です。カジュアルで自然な外見を作り上げるために、膨大な時間を費やしてショッピングに励み、身だしなみを整えます。社会的ポイント4であれば古着を着ながら自分の人生が始まるのを待つことができますが、エニアグラムの中で一番の買い物好きの性的ポイント4はそうはいきません。すでにたくさんの服を持っていても、着るものが何もないと言ってまた買うのです。夫や妻が服を買いに行くと、自分のものを買うお金がなくなるかもしれないと思ってパニックを起こすことさえあります。お金がなくなる前に自分のものを買わなければという気持ちに駆られて、いてもたってもいられないのです。

性的ポイント4が、パートナーシップにおいてお互いを独占せずに、ほかの人との恋愛を認めるオープンな関係にあるとき、たいてい、パートナーよりも自分のほうが多くの恋人を持ちたがります。恋人の数争いをより深いレベルで考察すると、ポイント4がこの争いで実際に意識しているのはパートナーではなく、できることなら追い払いたい同性のライバルたちです。

二項対立の分析側の性的ポイント4は頭が切れ、自説を曲げることはありません。性的ポイント4は自分独自のスタイルを持ちます。ジミ・ヘンドリックスやマーロン・ブランドはこのタイプです。

そのほかの例

『ミシマ／ア・ライフ・イン・フォー・チャプターズ』は、小説家、三島由紀夫の生涯を描いた傑作映画です。三島由紀夫は自分の人生そのものを劇場にした自己保存的ポイント4です。女性たちに育てられ、一度も持つことのなかった父親を渇望しながら、不屈の精神を保ち続けました。三島は政治活動家でもあり、独自の民間防衛組織を作ります。組織のために、洗練されたデザインの制服を用意しました。三島は日本の社会をドラマを演じるための巨大な舞台として利用します。陸上自衛隊市ヶ谷駐屯地の総監室を乗っ取り、そこからロマンティックな自説をぶち上げ、神聖な侍文化に立ち帰るよう呼びかけました。武士道の時代に憧れを抱き、武士道こそが純粋な大和魂を呼び起こすのだと考えました。その裏で行っていた倒錯的セックスと自傷行為は、ポイント4の隠された陰惨な傷が現象化したものです。自らの自殺を公共メディアのイベントとして演出し、人生を終えました。

レオナルド・ディカプリオ主演の『ボーイズ・ライフ』はポイント4の少年と、ロバート・デ・ニーロ演じるポイント8の義父、エレン・バーキン演じるポイント2の母親の関係を描いた秀作映画です。

チャーリー・チャップリンは性的ポイント4です。山高帽をかぶった悲しげで愛すべきトランプさんを演じたチャップリンは、若い女性を追い求めて人生に大打撃を受けます。映画『チャーリー』で、同じポイント4の認識システムを持つロバート・ダウニー・Jrがチャップリンを見事に演じています。

次のR・D・レインの詩『好き？　好き？　大好き？』（村上光彦訳　みすず書房）を読んでみてください。ポイント4の愛の渇望感と、自己価値を繰り返し他人に与えてもらおうと堂々巡りする様子がよくわかります。

好き？　好き？　大好き？

彼女　好き？　好き？　大好き？
彼　うん　好き　好き　大好き
彼女　なによりもかによりも？
彼　うん　なによりもかによりも
彼女　世界全体よりもっと？
彼　うん　世界全体よりもっと
彼女　わたしが好き？
彼　うん　きみが好きだ
彼女　わたしのそばにいるの　好き？
彼　うん　きみのそばにいるの　好きだ
彼女　わたしを見つめるの　好き？

彼　うん　きみを見つめるの　好きだ
彼女　わたしのこと　おばかさんだと思う？
彼　いや　きみのこと　おばかさんだなんて思わないよ
彼女　わたしのこと魅力《みりき》あると思う？
彼　うん　きみのこと　魅力《みりき》あると思うよ
彼女　わたしといると退屈になる？
彼　いや　きみといると退屈にならないよ
彼女　わたしの眉毛　好き？
彼　うん　きみの眉毛　好きだ
彼女　とっても？
彼　とっても
彼女　どっちのほうが好き？
彼　一方といったらもう一方がやっかんじゃうよ
彼女　言わなきゃだめ
彼　両方とも言いようなくすてきだなあ
彼女　本気？
彼　本気
彼女　わたしの睫毛　すてき？
彼　うん、すてきなすてきな睫毛だ

彼女　それっきりなの?
彼　言いようもなくみごとだよ
彼女　わたしの匂いをかぐの　好き?
彼　うん　きみの匂いをかぐの　好きだ
彼女　わたしの香水　好き?
彼　うん　きみの香水　好きだ
彼女　わたしのこと　趣味がいいと思う?
彼　うん　きみのこと　趣味がいいと思うよ
彼女　わたしのこと　才能があると思う?
彼　うん　きみのこと　才能があると思うよ
彼女　わたしのこと　怠けん坊だと思わない?
彼　うん　きみのこと　怠けん坊だなんて思わないよ
彼女　わたしにさわるの　好き
彼　うん　きみにさわるの　好きだ
彼女　わたしのこと　おかしいと思う?
彼　だって　そこがいいんだなあ
彼女　わたしのこと　笑いものにしてる?
彼　いや　きみのこと　笑いものになんてしてないよ
彼女　ほんとうに　好き?　好き?　大好き?

彼　うん　ほんとうに　好き　好き　大好き
彼女　言って「好き　好き　大好き」って
彼　好き　好き　大好き
彼女　わたしを抱きしめたいと思う？
彼　うん　きみを抱きしめたい、きみを抱いてなでまわしたいよ、
　　そして鳩どうしみたいにキスしたり甘い声で話しあったりしたいな
彼女　これでいい？
彼　うん　これでいいよ
彼女　誓ってくれる？　けっしてわたしを置きざりにしないって
彼　いつまでだってけっしてきみを置きざりにしないって誓うよ、胸のうえに十字を切るよ、
　　そして嘘をつくくらいなら死ねたらと思うよ
　　（無言）
彼女　ほんとうに、好き　好き　大好き？
　　・・・・・

サブタイプごとの例

自己保存サブタイプ～不屈

ベティ・デイビス、スティーブ・マーティン、ティム・バートン、ポール・サイモン、マイケル・キー

トン、ロバータ・フラック、エディット・ピアフ、スカーレット・オハラ、サミー・デイビス・Jr、ジャック・レモン、三島由紀夫、日本

社会的サブタイプ〜恥

ジュディ・ガーランド、バスター・キートン、ケイト・ウルフ、ニール・ヤング、レナード・コーエン、マリサ・トメイ、マーガレット・D・H・キーンの絵画、サンフランシスコのゲイ・カルチャー

性的サブタイプ〜競争

ジミ・ヘンドリックス、2パック、マーロン・ブランド、エイミー・ワインハウス、イングリッド・バーグマン、チャーリー・チャップリン、ミシェル・ファイファー、ヴァル・キルマー、ウィレム・デフォー、ロバート・ダウニー・Jr、ヴァン・モリソン、マイルス・デイビス、ジョン・コルトレーン、シモーヌ・ド・ボーヴォワール、ボヴァリー夫人、イタリア

妄想型統合失調症　恐れポイント

恐れをそのまま体験するとき、あなたは恐れてはいません。
ほかのすべての恐れが、あなたがいま体験している恐れへと統合されます。
恐れを感じることを恐れると、あなたの中は恐れでいっぱいになります。
勇敢でありなさい、すべての恐れが逃げていきます。

カビール

恐れポイントの場合、認識システムがメンタル体で結晶化します。すると、自分こそが知性だと勘違いしたおしゃべりなマインドが、本性である空の知性を覆い隠します。恐れポイントは恐れることを恐れる人たちです。マインドの中で生きることで、恐れを感じないようにします。世界を危険なものだととらえ、危険な世界から身を守る手段として思考を利用します。恐れポイントは人に対して、離れるというスタンスを取ります。「ドゥーイング（すること）」のグループと呼ばれることもあるこのポイントは、実際に実行することと、何をすべきか判断しようとすること、常にこの二つの間で引き裂かれています。また、内部対話のホームグラウンドでもあります。どの認識システムであれ内部対話を行いますが、恐れポイント

妄想型統合失調症

恐れポイント

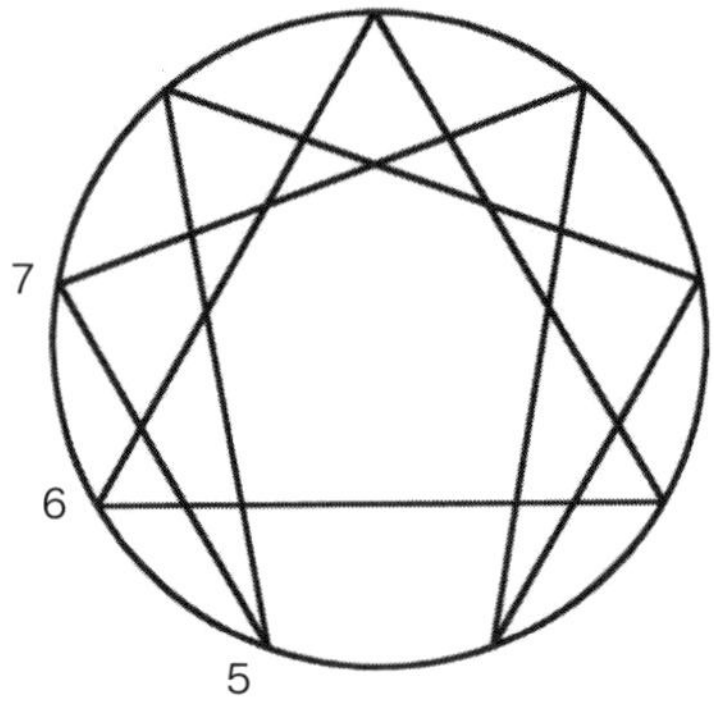

――その中でも特にポイント6――は内部対話の中毒になっています。自分の中にある考えや思考の対象物に強烈に注意を奪われているために、はっきりと態度を決めて行動できない傾向があります。

　ポイント6は自分の観念や信念体系を盾にして原始的な本能を避けようとします。そのため、自分の深いところからくる直観とつながることができません。その結果、疑いが生まれ、行動が滞ります。

　ポイント6は従うべき適切な手本を常に探しています。体は思考が利用する道具である、という感覚があるので、今、行うべき適切なふるまいがなんであるのかを思考レベルで理解できれば、すんなりと行動に移せます。

　ポイント5は外側の世界によって自分が圧倒される脅威や、内なるブラック・ホールに落ちてしまう恐れから自分を守るために、情報と知識を収集します。人とのつき合いの中で何かを強要されたような気分になることがあり、そうなると思考の世界に引きこもります。

　ポイント7は、本当は関係のない事柄を数珠つなぎに関連づけるという、魅力的でトリッキーな妙技を披露します。この妙技に惑わされ、話の聞き手もポイント7自身も深いところにある感情に触れずにすみます。このような方法でポイント7は痛みを避けます。この瞬間にいることが怖いので、怖さを克服するために、次から次へと計画を立て、際限なく選択肢を用意します。この行為は実際には自分の弱点の過補償にすぎませんが、ポイント7本人は「神の意志に心を開いたままでいる」と解釈しています。

エッセンス	空、純粋な知性
聖なる理念	信頼
聖なる道	勇気
主機能	妄想
囚われ	疑い
理想化	「私は忠誠を尽くす」
会話スタイル	制限を定める
罠	安心・安全
防衛機制	投影
回避	逸脱
内なる二項対立	強引／降伏
サブタイプ	自己保存的～温厚
	社会的～義務
	性的～強さ／美しさ

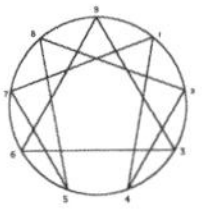

ポイント6　恐れポイントの中核

　ポイント6は恐れポイントの中核です。怒りポイントの中核の9は一見、怒りが欠落しているように見え、ヒステリー・ポイントの中核の3は一見、ヒステリーが欠落しているように見えます。同様に恐れポイントの中核の6は、一見、恐れていないように見えます。ポイント6は、エニアグラムの中でもっとも恐れの感情から自分を切り離しているポイントです。凍りついて未体験のままになっている戦慄を心の奥に抱えているポイント6は、安全のイメージを自分の中に作り出す策を講じずにはいられません。

　ポイント6は恐れを避ける手段として、メンタル体の中にずっとい続けます。このポイントは心理学と冷徹な論理のホームグラウンドです。チェス・プレイヤー、哲学者、内部対話の場所でもあります。デカルトの有名な「我思う、ゆえに我あり」はポイント6を象徴する言葉です。ポイント6は四六時中、世界を理解しようとして、あれこれ考え、頭の中で自分自身と際限なく会話をし、今、体験していることについて頭の中でひっきりなしに解説を加えます。

ポイント6は思考の中に住んでいるため、感情とのつながりも、体とのつながりも失っています。そのせいで、どんなことにも確信が持てず、疑いを挟みます。ポイント6は行動を起こすことに関して問題があります。何か思いついても、たいていは、行動すべきか、すべきではないか延々と頭の中で探り続け、なかなか実行に移せません。

ポイント6がどのような感覚で生きているのかを理解するために、このような想像をしてみてください。ある嵐の日、あなたは人里離れた一軒家で一夜を明かそうとしています。その家にいるのはあなただけ。二階の寝室で眠っていると、突然、目が覚めます。物音がしたような気がする。いや、空耳だったかもしれない。ベッドに横たわったまま、どんな音も聞き漏らさないように息を凝らし、極度に警戒心を張り巡らせます。「本当に物音がしたのだろうか？　いや、気のせいだったかもしれない。落ち着け。そうしないと、音に気づけないじゃないか。あれはなんだったんだろう？　妄想だったのかもしれない。下の階に誰かいるんだろうか？　ああ、もう、頭の中がうるさい。ちゃんと考えたいんだから黙っててくれ！」物音を聞きとろうしても、聞こえてくるのは頭の中に響く自分の叫び声です。

ポイント6の頭の中はおおよそこのような状態になっています。そのうちやってくる（つまり、まだ来ていない）脅威に対して常に神経を張り巡らせ、今度こそ足音が聞こえないかと待ち構えているため、ポイント6は疲れ切り、行動するのが困難になります。次の足音が実際に聞こえて、階下の物音は気のせいではなかったと確信できさえすれば、行動を起こせます。危険が実際に目の前にあることがはっきりすると、ポイント6は英雄に変わります。救急車の運転手、病院の救急治療室のスタッフ、警察官、プロのスポーツ選手にポイント6がいるのは、そうした理由からです。

目の前に危険がせまっていないときや、忠誠心の対象となるなんらかの組織やシステムがないときには、ポイント6はスムーズに行動できません。何かを始める、あるいは終わりにするタイミングを間違ってしまうことに悩み続けるのがポイント6の人生のパターンです。かつてのクライアントにポイント6の男性がいましたが、彼は三つの学部の修士課程で学んだにもかかわらず、結局、論文を提出することはありませんでした。ポイント6は仕事や学業を途中でやめて、何か別のことを始める傾向があります。

ポイント6は組織に忠実に行動することで、スタートとストップのタイミングを誤まってしまうのを防ごうとします。軍隊、警察、チーム・スポーツは、ポイント6が自然に行動できる場です。組織への忠誠心と義務感が、ポイント6を機能させ続けるのです。ある成功した小規模事業経営者の男性はポイント6でしたが、家族に対する義務感と事業への忠誠心から三十年もの間、週に六日間仕事をし続けました。ポイント8の父親がビジネス・パートナーだったことも、彼のこの仕事ぶりに一役買っていました。

組織や従うべきシステムがある場では自分の役目を果たし続けられる一方、ポイント6は概して権力者を無能だとみなす傾向があります。そうした目で見てはいても、権力者を厳しく追及することには恐れを抱きます。組織やシステムに圧力をかけすぎた結果、それらが崩壊し、混乱状態が生じるのが怖いのです。これは実は、フロイトの言うイド――心の奥底に住まう巨大な毛むくじゃらの邪悪なけだもので形をさまざまに変えるものとして象徴される本能的衝動――への恐れから来ています。イドというけだものは、なんとしてでもエゴの力で閉じ込めておかなければなりません。ポイント6は始終、お偉方のあら探しをし、ゴシップや陰口を言いますが、安全だと感じられない限りは本人と直接対決することはまずありません。ポイント6は明確な上下関係を好みます。恐ろしい原始的衝動をコントロールするには自分の内側に秩序が必要ですが、その秩序を求める感覚が外の世界に投影され、序列がはっきりした関係性を好むのです。

ポイント6は体をマインドの道具だと考えます。プロのスポーツ選手にポイント6が多いのはそのためです。運動することで、自分を妄想に駆り立てるエネルギーが体外に放出されます。ランニング中毒のランナーや空手の黒帯にこの種の人がよくいます。武道やそのほかのプロ・スポーツは、はっきりと線で区切られたスペースの中で競技が行われます。そうした環境であれば、集中すべき的《まと》が定まり、ポイント6はスムーズに動くことができます。

フロイトはポイント6でした。フロイト派心理学はすべて、ポイント6の男性がヒステリーの女性を分析する構造になっていると言ってもよいかもしれません。ポイント6は理解することを好みます。特に、精神とその機能に興味を持ちます。思考を超えたものや狂気に惹きつけられることもあります。精神科病棟をよく訪れる、あるいは精神科医として勤務するポイント6も少なくありません。自分の安全は確保しつつ、秩序だったマインドの論理を超えたところに潜む狂気と混沌を観察できるからです。

ポイント6は危険の兆候を絶え間なく見張っています。そのため卓越した観察力が身につきます。本当の意味を探るためにものごとの裏側を見ようとする傾向がありますが、だからと言って、目の前にある情報を無視したり、見過ごしたりすることはありません。明らかなものの背後に隠された本当の意味を知りたいのです。危険を察知しようとして常にアンテナを張り巡らせているため、サイキック能力も発達します。私がこれまで出会ったプロの霊能者は全員がポイント6でした。

ポイント6にとっての最大の悲劇は、一人ぼっちで存在することに対する強烈な恐れです。ただし、通常はこの強烈な恐れを感じることはありません。「自分でやらなければならない」と思い、偽りの自立心に強くこだわることで、自分の内側にある強烈な恐れに蓋をしているのです。この蓋は、自分は無能であり、どうしていいかわからず、そのため見捨てられる、という底知れぬ恐怖を覆い隠します。実に多くのポイント6が、ブラック・ホールに落ちて、なすすべもなく、頼るものもなく、神に完全に見捨てられて無の空間を漂うのが怖い、と言います。こうした根源的な恐怖のせいで、ポイント6が自分をポイント4だと勘違いすることがあります。この二つのポイントの違いは、ポイント6の場合は見捨てられたことが問題なのではなく、見捨てられるかもしれないことへの**恐れ**が問題になっているという点です。

私は、ポイント6が「自分でやらなければならない」という信念のもとに、他者からの真摯なサポートに背を向けたのを何度も目にしました。ポイント6はワークショップやさまざまなスピリチュアルの集まりによく参加します。師やマスターとともに座り、グルの覚醒意識の恩恵によって思考が止まった体験をした後で、立ち上がり、去っていきます。そして二度と戻ってきません。「自分でやらなければならない」のです。

囚われ　疑い

ポイント6の機械を動かす囚われは**疑い**です。あらゆることを疑います。疑いは、まず最初に内部対話の形で生じます。自分自身も外の世界も疑います。エニアグラムを少し学んだポイント6は、自分がポイント6であることに疑念を持ちます。初めのうちは、決まった体系の中に入れられることに反発を感じます。分類されるのは好きではない、と言うのです。エニアグラムが有用なものかどうか証明するチャンスを与えてやろうと決めると、今度はさっそく、自分はポイント6のはずがないと思います。なぜなら、実際、恐れよりも怒りや悲しみに気づいていることのほうが多いのです。

自己保存的ポイント6は怖いという感覚より、人の役に立ちたいという気持ちのほうにより確かな自覚があるかもしれません。そのため、自分はポイント2だと判断する自己保存的ポイント6が数多くいます。ほかにもポイント4、ポイント7、ポイント5、あるいはポイント8だと勘違いするケースもよくあります。より奥にはどんな感情があるかと聞かれると、ポイント6は、往々にして「○○○を感じていると思います」あるいは「混乱しています」と答えます。言うまでもありませんが、混乱は思考の状態であって、感情の状態ではありません。疑い深いマインドにとっては思考と感情の区別は未踏の領域で、これまでそのような区別をしたことがないと言うポイント6も少なくありません。

疑いの囚われは、明白なものごとの背後に隠された意味があるという信念として表面化します。隠されているものを見つけようとするあまりに、ポイント6は明らかなことにさえ疑いを持ちます。ポイント6は一見、誰かに同意しているように見えるときでも、本当の動機はなんなのか、と密かにその人を疑っていることもあります。

また、疑いは、行動を起こせないという形で現象化することもあります。「このまま生きるべきか、死ぬべきか、それが問題だ」有名なハムレットのジレンマです。ここにポイント6の先延ばし癖が現れています。ポイント6は自分の能力を疑い、そして自分の選択が正しいかどうかを疑います。さらに、その疑いさえも疑います。

ポイント6は思考の領域で生きています。思考の中ではどんなことでも可能であり、そこには現実把握の土台となるものがありません。ポイント6は「直観」を感じて、それに基づいて行動するのではなく、逆に、直感に近づかないようにします。そうすることで、恐れと常軌を逸した原初的な衝動の両方を避けます。

幼少期

多くの場合、ポイント6は子どもの頃、両親（たいていは父親）が親として機能していませんでした。父親がアルコール中毒だったり、事業に失敗したり、家にいなかったり、といった経験を持ちます。あるポイント6の女性のケースでは、六歳のときに父親がドーナツの事業に失敗して破産したため、この女性は幼いながらもベビーシッターをして、家計を助けました。このことは家族以外の誰も知らない秘密でした。

四、五歳のときにお母さんの面倒を見なければならなかった、と言うポイント6も少なくありません。こうした人たちは、その準備がまったく整わないうちに大人の役割に投げ込まれてしまったと感じています。ポイント6の疑いの根底には自分は無能だという感覚があります。父親が親として不適格だったことが、のちに、権力者の能力への疑いという形で現象化します。こうしたことすべてが、自分自身と世界の両方を疑い、ものごとは見かけどおりではないと信じることにつながります。また、英雄を探し求めては、その化けの皮をはがそうとすることに人生を費やします。父親に裏切られたという思いが原因となって、ポイント6は常習的に自分自身を裏切り続けます。そして自分自身に対する裏切りを他者に投影し、人から裏切られたと思い込みます。自分はもうすでに人から裏切られているのだから、秘密や仲間を守るためであれば、そして真実と良心のためであれば、こちらも人を裏切って当然だ、と自分を正当化します。

ポイント6はしばしば幼少期に、母親がアルコール中毒だ、兄弟の誰かが養子だ、など家族の中でなんらかの秘密を共有します。家族のほかには知られてはいけないことがあるのです。

先ほど登場したドーナツの事業に失敗し破産したポイント6の家族は、その後、別の町に引っ越しましたが、この町に引っ越してくるために父親が事業を売却した、と人には話していたそうです。家族に秘密があると、まるで戦場にいるような精神状態になります。家族とは忠誠心の固い絆で結ばれます。秘密が一切漏れてはいけないため、絆で結ばれていない人たちに対する警戒心を解くことはありません。こうしてポイント6の理想化の忠誠心が結晶化します。忠誠を尽くすために嘘をつくことで自分を裏切り、それを父親に投影して、父親から裏切られたという思いを抱くこともよくあります。

自己保存的ポイント6の中には、幼年期に実際に命が脅かされる体験をしている人も少なくありません。ある自己保存的ポイント6の女性は、幼年期に喘息で命が危ぶまれたことがありました。また、同じサブタイプのポイント6の男性は赤ん坊の頃、ベビー・ベッドの中で窒息死しそうになったそうです。そのときの体験に退行してみると、助けてくれる人がそばに誰もおらず、生き残るために泣き叫んで助けを求めなければならなかったことを思い出しました。

また別の自己保存的ポイント6の男性は子供の頃、ポイント8でアルコール中毒の父親の機嫌が悪くなると、身の危険を感じたと言っています。

「父のお仕置きは行き当たりばったりだった。僕が何かをやらかしたかどうかはあまり関係がなくて、父の気分次第で折檻された。怒った父は本当に怖かった。どうやったら『災難』に巻き込まれずにすむのか、さっぱりわからなかったんだ。でも、だんだん父の気分を敏感に察知できるようになった。何か欲しいものがあったら父がどんなときに頼んだらいいのか、どんなときには透明人間になっておいたほうがいいのか、そうしたことがわかるようになった。僕がまだ小さい頃、父は仕事場にいないときには飲み屋に入り浸っていた。たまに家にいるときには、やさしくて、愛情深くて、楽しい父親のこともあれば、爆発寸前の時限爆弾のようなときもあった。機嫌が悪いと、家族みんなが息を潜めて、父に近寄らないようにしていた。僕らが遊んでいようと、喧嘩しようと、笑おうと、それで怒りを爆発させてしまうからね。父に逆らおうものなら殺されそうで本気で怖かったんだ。そのことを後になって母に話したら、確かにそうなったかもしれないね、と同意してくれたよ」

性的ポイント6は出産の過程で深いトラウマを受けていることがあります。生まれるときに危険な目にあった、あるいは分娩時出血が多かった、と言うポイント6もいます。血、セックス、誕生、死が絡み合って恐ろしげな塊となり、こうしたことに対する根深い恐怖心をポイント6に植えつけます。

ポイント6の子どもはたいてい、子どもをさらうブギーマンがクローゼットに隠れていると信じています。また、怖いことを考えたり、悪夢を見たりして、自分自身を怖がらせます。そうした体験をする自分自身について、そして自分の頭の中にある考えで誰かを傷つけてしまえることについて、その是非を判断しようとします。是非について考えている間は、心の中から恐ろしい考えを追い払っておけますが、行動をさらに妨げるような潜在意識下の思考に苦しめられます。

理想化　「私は忠誠を尽くす」

ポイント6の理想化は**「私は忠誠を尽くす」**です。かなり幼いうちから家族に対して忠誠心を持ちはじめます。生涯、家族に忠誠を尽くそうとするポイント6も多くいます。また、忠誠心の矛先が家族以外のグループや組織に向くこともあります。ポイント6はチーム・プレイヤーで、「みんなが力を合わせれば、生き残れる」と考えます。戦場の塹壕でともに過ごしたような気持ちになると、ポイント6の心にはその人たちに対する忠誠心の強い絆が生まれます。

オリバー・ノース元中佐は、レーガン元大統領に仕えた忠実なポイント6です。イランに武器を売り、ニカラグアのテロリストに資金援助した責任はすべて自分にあると主張し、大統領を違法行為から救います。最高司令官を守るために喜んで「胸に槍を受けて」英雄になりました。

忠誠心の裏返しは裏切りです。自分の属するグループの人々に誠意があると感じられる限り、ポイント6はその人たちに対して忠誠を尽くします。自分がグループから裏切られたと思うと、同じように裏切り、自分の裏切り行為を正当化します。オリバー・ノース元中佐が虚偽の証言をしたことを告白したのは、そうした理由からです。

会話スタイル　制限を定める

ポイント6の会話スタイルは**制限を定める**です。ものごとを管理可能な範囲に収める、という意味です。ものごとを自分が管理できる程度の大きさにしておきたいポイント6は、壮大な考え方をするポイント8と意見がぶつかります。

ウディ・アレンは、映画のプロジェクトを低予算に抑えておく話をよくします。マンションの一室のみのセットで映画を撮るのを好みます。プロジェクトの規模をコンパクトにしておけば、もし興行的に失敗したとしても、映画会社が次の企画をやらせてくれるはずだと考えての策なのです。

間違いを犯さないように正しいことを探すのも、制限を定める会話スタイルの一つです。ポイント6は、間違ったことを言うと批判されたり、攻撃されたりしかねないと考えます。制限を定める会話スタイルを使って、どのようなルールにのっとって会話を進めるべきか探り、会話の相手が期待しているであろうことから外れる危険を冒さないようにします。実際にどのように制限を定めるのかを、あるポイント6が説明してくれました。

「誰かとコミュニケーションをとるときは必ず、『明確』に伝えなければなりません。私はいつもそう心掛けています。明確というのは、つまり、相手が私に何を求めているか、あるいは何を期待しているかを理解し、その上でこちらの気持ちと意向を相手に伝えるということです。必要なことが全員にきちんと伝わったかどうかを確かめるようにしています。後で、ややこしいことになるのは、ごめんこうむりたいですからね。怒りや批判をこちらに向けられたり、がっかりされたりしても困りますから。

適切な行動がなんなのかがわからないときは、そこでのルールを知ろうとします。その中に収まっていれば安全だという閾値《しきいち》を知りたいんです。だから、明確なコミュニケーションをしなければならないんです。自分がどんな風であればいいのか、何をしたらいいのか、あるいは何をするのはまずいのかを知らないといけません。わからなかったら、困ったことになりますから」

ポイント6が持っている権力者に対する不信感（通常、子どもの世話をする能力がない親に育てられたという思いから生じます）は、権威ある立場にいる人を試すような発言となって表現されます。「Question Authority（権威を疑え）」というバンパー・ステッカーを貼ってある車を見かけますが、これはポイント6のスローガンです。

あるポイント6は次のように言っています。

「権力に対して強く出ることもありますが、極端なことはしません。私は仲間の過激派の人たちにも疑問を感じますから。その人たちに忠誠心があって、かつ、安全でいられるような範囲内であれば、私もやってみることができるとは思いますが。でも、のめり込みすぎるのは嫌ですね。自分がどこに向かっているか把握していたいですから」

別のポイント6の女性は、自分から進んで権威に盾突いたり、非難を浴びせたりすることはないけれど、自分に同意してくれそうな人たちに権威への批判を話す、と言っていました。間接的なやり方で権威を攻撃するそうです。陰に隠れてではあっても歯に衣を着せずに権威にひとこと言うことで、本当の権力者は自分だという気になれるというわけです。直接、本人に面と向かって楯突くのは怖いのです。ポイント6の中には、挑戦的な態度をとる人たちもいますが、その場合も含め、ポイント6は全員、自分にとって安全と感じられる範囲内から出ようとはしません。

罠　安心・安全

ポイント6の罠は**安心・安全**です。ポイント6は、現行の構造内に収まっていることで安全を保とうとし、未知への冒険には手を出しません。危険かもしれないという考えが頭に浮かぶと、行動すべきかすべきでないかの判断基準を安全かどうかに置くようになります。そうすると、今度は自分の中に疑いや迷いが生じます。

ポイント6にとっての安心・安全とは、リスクの範囲や、実行を検討している行動にともなうさまざまな要素について知っている状態を指します。どのような選択肢があるのかや、起こりうる結果を前もって知っておくのも、安心感をもたらします。ですが、それには、未来がどうなるかを知っていなければなりません。まだ起こっていないことを知ろうとするので、疑いが生じるのは避けられません。「安全だと思えないことには、まったく行動できません」あるポイント6はそう言いました。ポイント6の安心・安全のベースとなるのは、本能から切り離された思考が予測する未来のイメージです。思考はありとあらゆる起こりうる状況を予測し、調べ、疑い、そして再検討します。そうすると、実際の行動は麻痺状態に陥ります。

安全ではなさそうであれば恐れが生じ、その恐れを追い払うために思考を働かせるというメカニズムになっています。安心・安全の問題が持ち上がると（しかも、四六時中持ち上がるでしょう）、思考が高速で回転しはじめます。これが未知に対する恐怖を感じないようにするポイント6の戦略です。

あるポイント6は、生まれてからずっと、あらゆることについて恐れを基準に判断してきた、と言っていました。

ポイント6は「興味深い・面白そう」という言葉をよく使います。本当の気持ちからは距離を置いた当たり障りのない発言です。自分の身の安全を守りながら、相手と気持ちを通じさせる手段としてポイント6はこの言葉を多用します。

防衛機制　投影

ポイント6の防衛機制は**投影**です。映画『黄金』を見ると、投影がどのようなものかがよくわかります。ハンフリー・ボガード演じるメキシコに住む落ちぶれた男が、シェラ・マドレ山脈で金がとれるという情報を得ます。男は欲に目がくらみますが、自分の欲望を仲間に投影して被害妄想を持つようになります。そして仲間を裏切ります。裏切りという考えもそもそも彼自身の中にあったものですが、それも仲間に投影し、裏切られる前にこちらが裏切るのは仕方がないことだと正当化します。ボガードが妄想を独り言ちながら山を下るシーンでは、ポイント6の投影が行きすぎるとどうなるのかが端的に描かれています。

ポイント6は自分の中にある恐怖心と不信感をなんとか中和しようとして投影を起こし、周りの人たちが自分に敵意を持っていると思い込みます。常に疑いを持ち、隠された意味を見つけ出そうとしますが、そうした自分の性質も他者に投影し、人の言動には隠された意図があると考える傾向があります。上司の秘書に好意を持っているポイント6はおそらく頭の中でこうつぶやくでしょう。「上司が僕を昇進させた本当の理由はなんだと思う？　秘書に熱をあげていて、僕が邪魔だから追い出したいんだろうな、きっと」

ポイント6は、上の立場にいる人に父親を投影することもよくあります。上司を裏切ることが、潜在意識下では父親への反抗になっているのです。

回避　逸脱

ポイント6の回避は**逸脱**です。ポイント6は、多様な形状を持つ邪悪なイドに対する底知れない恐怖心を持っています。原初的な性エネルギーは予測不能なものであり、狂暴な力を持ちます。このエネルギーが表に出てくるのを許そうものなら、自分は異常者となって世の中から逸脱してしまう。そのようにポイント6は考えます。あるポイント6の女性が自分の見た夢について話してくれました。原初的な性エネルギーを恐れ、恐れが引き金となって思考の中に入っていく様子が夢に表れています。

「とても大きな家にやってきました。中も広々として、モダンな内装が施されています。家の中に入ると、そこには私の知っている人も、知らない人もいました。母屋の横に古びたサイドルームがあります。私はその部屋で寝ることになっていました。サイドルームには地下室につながる階段がありました。階段の横を通り過ぎるとき、怖くなりました。地下に何かがいます。陰惨な何か気味の悪いものに違いありません。次の場面では、私はその古びたサイドルームで寝ていましたが、恐怖に襲われて目を覚まします。地下室にいる気味の悪いやつが私の体の中に入って、取り憑いているようなのです。怖くて体が凍りついてしまって、助けを呼ぼうにも動くことができません。私の体は異質で気味の悪い存在に支配されています。『やめて』私は、取り憑いている何かに向かって強い口調で繰り返しました。どこかからやってきた陰湿で邪悪なものに、私の体を乗っ取らせるわけにはいきません。妙なんですが、『やめて』と言ったときに、私の体が凍りつき、顔が歪んでまるで怪物のようになったんです。そんなことが何度かありました。

その後、古びた部屋から出て、一晩、安全に過ごせる場所や、私を怖がらせる存在がいったいなんなのかを解明するのを手伝ってくれそうな人を探しに行きました。その人たちと一緒にあの部屋に戻って、正体を突き止めたかたったんです。恐ろしすぎて一人では戻れませんから。

母屋に入っていくと、中は仕切りのないだだっぴろい部屋で、壁に照明のスイッチが何百個もついていました。どのスイッチを押せばいいのかわかりません。いくつか試しているうちに、照明がつきました。二階に上がっていくと、分厚いドアがあります。中に入ると、そこは音楽室でした。機材やコンピューターがずらっと並んで、まるで何かの中枢司令部のようです。機材に囲まれた中に私の友人がいます。この部屋は安全だと思いました。窓があって、そこから階下の広い部屋の様子を見下ろすことができます。

突然、私の体が『それ』につかまれました。『それ』は私を力づくで窓から突き落とそうとしています」

ポイント6は恐怖に抵抗するために、ときとして虚勢を張って男っぽさを誇示することもあります。ミラーのビールのコマーシャル・シリーズ（バーで男たちが下品なジョークを飛ばし、ビールの空き缶を手で握りつぶし、床に唾を吐く）がその例です。ポイント6は自分の男らしさを証明しなければなりません。オートバイ警官や鬼軍曹となって証明してみせるポイント6も多くいます。闘牛士にフラメンコ、ハイ・ヒールやナイフに彩られたスペイン文化は、危険でセクシャルなムードが漂う性的ポイント6のマッチョさを感じさせます。

小学校の美術の先生をしているポイント6の女性は、自分の性欲を本気で解放したら売春婦になってしまいそうだという恐れを抱いていました。その恐れから、既婚男性としかつき合わないことにしていたそうです。そのほうが彼女にとってはよほど安全に思えたのです。

恐怖感と逸脱を避けるにあたっては、心の奥にある原始的な情動も避けなければならず、それが原因で、勃起障害やオーガズム不全に悩むポイント6もいます。こうした現象が起こるのも、内部対話による意識の解離が影響しています。観察者であるマインドがセックスをパフォーマンスとみなし、パフォーマンスに対していちいちコメントを差し挟むのです。特に性的ポイント6はその傾向が強くなります。性的ポイント6にとってセックスはパフォーマンスであり、裏切りでもあります。マドンナが出演したカトリック・スクールの女学生ポルノは、性的ポイント6のパフォーマンスが極端な形で表れた例です。

内なる二項対立　強引／降伏

ポイント6の内なる二項対立は**強引／降伏**です。どちらも、危険の兆候に対処するための戦略です。強引側のポイント6は、対決を辞さない態度やけんか腰のふるまいで脅威を追い払おうとします。表面的には、よそ者に対して非友好的で好戦的、睨みがきいた態度をとるように見えます。ところが、権威を前にすると、あっけなく屈して降伏側に変わります。

ドイツの文化は強引側のポイント6です。軍隊と警察も同じタイプに属します。危険が潜んでいると妄想し、男らしさを誇示することでその妄想に対処します。治安の悪い場所をぶらつく黒帯の空手チャンピオンもおそらく強引側のポイント6でしょう。

一方、降伏側のポイント6は、脅威を追い払うのではなく、同盟関係を結ぶことで脅威をかわそうとします。自己保存的ポイント6の多くが降伏側です。この人たちは無害で、誠意があって、協調的だという印象を人に与えます。攻撃されないようにするための策です。内なる二項対立のいずれかの側が際立ちますが、反対側は背景に控えていて、そうすべきタイミングがくれば、ただちに切り替わります。あるポイント6が、内なる二項対立の動きについて次のように語っています。

「あるときは強引で高圧的になり、あるときは受動的で従順になることに気づきました。どっちのほうが安全そうかで、どちらの態度になるかが決まります。自分が十分に安全で、相手のほうが弱そうだと判断すると、私は強引側になります。相手のほうが強そうだったら、私は降伏側になります。考えなくても自動的に切り替わるんです。ある特定のグループの中では、とりわけ強引さが出ますね。私のパートナーもポイント6ですが、二人のうちのどちらが強引側で、どちらが降伏側になるかが、しょっちゅう入れ替わります。怖くなって、なんとか自分を守らないといけないと思うと、入れ替わりが起こります。どちらに切り替わろうと、それはコントロールを失わないようにするためのコントロールなんです」

サブタイプ

自己保存的サブタイプ　温厚

自己保存的ポイント6は**温厚**です。面倒見がよく、人の役に立つことで脅威や危険をかわそうとします。無邪気なうさぎにたとえられることもある、無害で親切な人たちです。ウディ・アレンはこのサブタイプの象徴のような存在です。彼の作る映画にも温かさや思いやりの雰囲気が感じられます。

エニアグラムのリトリートに参加したある自己保存的ポイント6の男性が、このサブタイプが人間関係においてどのような現象をもたらすかを説明してくれました。

「影響力を持つことを避けて、自分の環境を安全にしておくのが私にとっての生き残りの戦略です。危険な要素がなく、自分と同程度の影響力を持つと私が推測する人たちと同盟関係を結びます。自分よりも影響力のある人たちと仲間になるのは安全な感じがしません。影響力のない人たちと仲間になるというのもまた、安全にして不信感を抱いているからです。自分よりも影響力のない人たちと仲間になるというのもまた、安全には思えません。その中で私が権威的な立場になってしまったら、攻撃されたり、反発されたりしかねません。自主性と自立性を尊重します。ほかの誰かが私よりも力を持つことも、自分がほかの誰かよりも力を持つことも、どちらも嫌ですね」

ホロコースト前のヨーロッパのユダヤ人は温厚サブタイプのポイント6の文化を持っていました。彼らは生命の危険の恐怖にさらされていましたが、無害な様子を見せ、頭の中で延々と考察したり、議論したりすることで恐怖心をコントロールしました。抽象的な概念について一日中、熟考するのが学問と知性を愛する伝統的なヨーロッパのユダヤ人のスタイルです。（おおむね正当な）偏執的こだわりを持つこのスタイルは、二項対立の降伏側であり、無害で危険がないように見えるので、他者からの攻撃をかわすのに役立ちます。家族という安全な人間関係の中では強引さが表に出ます。パートナーなど自分にとって大切な人に自分の抱える不安を投影しがちです。

ヨーロッパのユダヤ人の大部分が、まだ見ぬ約束の地に向かうことはなく、オーブンで焼かれ非業の死を遂げました。これと対照的なのが現代のイスラエルです。イスラエルはパイオニアたちによって建国され、反イギリスのテロリストたちが主導権を握っていたポイント8の文化の国です。

女性セラピストの自己保存的ポイント6をよく見かけます。セラピーは感情をさらけ出しても安全な場です。彼女たちは助ける人となり、安全な場の中で人のマインドの持つ魅力に浸ることができます。

温厚サブタイプのポイント6は、最初は自分のことをポイント2だと間違えてしまうことがあります。概して、温厚サブタイプのポイント6はポイント2より神経質です。また、行為の動機となっているのは誘惑ではなく、安全の確保です。自分のことは後回しで家族の世話をするユダヤ人のお母さんタイプの人は、自分のことをポイント2だと思うことが多いようですが、実際は、ポイント2を装った温厚サブタイプのポイント6かもしれません。

また、争いや怒りを避ける傾向があるため、自分のことをポイント9だと考える温厚サブタイプのポイント6もいます。ポイント9が怒りを避ける動機は、誰かを殺してしまうかもしれないという恐怖であり、一方、ポイント6の動機は自分が殺されるかもしれないという恐怖です。

社会的サブタイプ　義務

義務サブタイプのポイント６は、オートバイ警官のホームグラウンドです。刈り込んだ口ひげに、こざっぱりしたヘアスタイルといったドライな外見をしています。ポイント１のヘルメット・スタイルのように見える人もいます。このサブタイプの人生を動かす主たる力は義務感です。常に家族に対する強い義務感があり、表面的には家族に反抗している場合でも、潜在意識下では義務感に突き動かされています。

ある社会的ポイント６の女性は、これまでにつき合った恋人は全員が既婚者だった、と言っていました。結婚して子どもができてしまったら、家族に対する義務感で自分のキャリアを台無しにしてしまうのを恐れてのことでした。

義務サブタイプのポイント６は、ほとんどいつも親と関わっています。親や親のような存在との確執が人生の後半まで続きます。いい大人になっても、クリスマスに「家」に帰るかどうかで親とけんかをするかもしれません。自分が望もうと、望むまいと、このサブタイプはたいがい「義務」を果たします。

「クリスマスに家に帰りましたか？」という質問で、社会的ポイント６を見分けることができます。「帰りました」、「今年は、やめました」、「家には帰りたくないなぁ」、「クリスマスには必ず帰るようにしています」など、さまざまな答えが返ってきますが、社会的ポイント６は「家」という言葉と聞くと、なんの疑問も持たずに親が住んでいる家のことだと考えます。

ハムレットは社会的ポイント６です。戯曲『ハムレット』は、父親を殺し、今は母親と寝ている男に対して、疑念に身動きが取れず、しかるべきアクションを起こせないでいるハムレットを軸にストーリーが展開します。

私の知り合いのある社会的ポイント６は七十代で、すでに仕事から引退していますが、在職中は几帳面な働きぶりで、休みをとることもめったにありませんでした。そうしていたのは、家族に対する義務感からです。彼は九十歳を超える父親と始終、口げんかをしています。従順な息子を演じ続け、ポイント8の父親は彼を口汚くののしり続けます。それでも息子は、毎日、父親に電話をかけ、週に数回は父親に会いに行くのをやめません。

ある男性のポイント6が、自分の認識システムが6だと確信が持てない、と言いました。確信が持てないのは、十八歳のときに家出をし、それ以来、家に戻ることはなかったからです。よく話を聞いてみると、グリーン・ベレー（アメリカ陸軍特殊部隊）に入り、三十年もの間、それが彼にとっての家族だったことがわかりました。

性的サブタイプ　強さ／美しさ

性的ポイント6のサブタイプには**強さ**と**美しさ**の二種類があります（ただし、強さサブタイプの中には美しさサブタイプの要素も表現している人もいます）。性的ポイント6は、強さサブタイプまたは美しさサブタイプのポイント6のパートナーと同盟を結びます。性的ポイント6の中には、人に対して常に強引側の態度を示す人たちもいます。こうした人たちには対抗恐怖（自分が怖いと感じる非常に危険なものに惹かれる性質）の傾向があります。性的ポイント6の全員が対抗恐怖型というわけではありませんが、対抗恐怖型のポイント6の多くは性的サブタイプの人たちです。スカイダイバー、クライマー、スタントマンの多くがこのカテゴリーに入ります。

スタント・パフォーマーのエヴェル・クニヴェルはおそらくアメリカでもっとも知られた対抗恐怖型のポイント6でしょう。正気とは思えぬ命がけのスタントで有名になり、それを生業にしていました。オートバイで渓谷を飛び越えようとして失敗し、命を落としかけましたが、そうした体験ももののともせず、もう一度、同じスタントに挑みます。人間大砲でも、首の骨やら背骨やら数えきれないほどあちこちを骨折し、大変な目にあっています。それでもスタントの魅力に引き込まれ続けました。

スペインの文化は性的ポイント6です。ぴったりとしたパンツに身を包んだ美しい男性がケープと剣をさばきつつ死と向き合う闘牛は、性的ポイント6の典型的な行為と言えます。ポイント8であれば、銃で雄牛を打ち殺すでしょう。

スペインではよく知られた女性闘牛士（性的ポイント6）が、インタビューでこう語っています。「子どもの頃は、闘牛士になれなかったら消防士か警察官になりたいと思っていました」

袖が大きく膨らんだドレスにハイ・ヒール姿でカスタネットを鳴らしながら踊るフラメンコにも性的ポイント6の香りがします。ブラック・レザーを身につけ、飛び出しナイフを持つマッチョな人たちも同じサブタイプに属します。

スキーのインストラクターをしている性的ポイント6の男性が私のワークショップに参加しました。命がけのスキーの技もやってのける自分は会場にいるどの男性よりもタフだ、と自慢していました。ところが、女性をデートに誘うのには怖気づいてしまうそうです。

シルヴェスタ・スタローンとブリジット・ニールセンは強さ／美しさカップルの代表でした。性的ポイント6は自分のことをポイント8と間違えることがあります。確かにスタローンは映画の中ではポイント8の人物を演じていますが、体を鍛えたり、ウェイトリフティングに励んだりするボディビルダー・タイプの人たちはたいていポイント6です。ポイント8のジャック・ニコルソンの太鼓腹やロバート・デ・ニーロの体躯と、性的ポイント6のアーノルド・シュワルツネッガーの美しい筋肉はまったくの別物です。

エニアグラムのポイントの中では、強さ／美しさサブタイプのポイント6の判定がもっとも困難を極めます。確かに、さまざまな認識システムのスタイルが混在しているケースも多々あり、最初は、いったいどれが自分のポイントなのかわからない、と思う人も少なくありません。たとえば、暴走族に入っているポイント9も、すぐには自分がポイント9だとはわからないでしょう。

とはいうものの、自分を偽装する度合いがもっとも高いのが性的ポイント6です。偽装はセックスと死にまつわる恐れに向き合うのを避けるための方策です。ある性的ポイント6は、いつも人を助けているので、自分のことをポイント2だと確信していました。ポイント6ではないか、と人から指摘され、激怒しました。別の性的ポイント6の女性はセラピーを受けはじめたときは、自分がポイント4だと思っていました。芸術家、感受性が豊か、メランコリック、気分が変わりやすい、そのすべてに当てはまっているからポイント6のはずがない、と明言していました。この女性と同じように考えるポイント6が大勢います。あまりに多いので、「自分がポイント4だと思っているポイント6」という特別なカテゴリーを設けたほどです。

しばしば男性の性的ポイント6は、自分はマッチョなポイント8だと考えます。また、合気道の師範で性的ポイント6のある男性は、自分はポイント7だと確信していました。もっともわかりにくい認識システムは、美しさサブタイプのポイント6の男性です。降伏側の性的ポイント6の男性の場合、その多くが美しさサブタイプです。彼らはポイント4のような服装をし、ポイント7のようにウィンドサーフィンを楽しみ、ポイント4とポイント7の混合のように見えるかもしれません。マウイ島のスピリチュアル・コミュニティーはポイント7と美しさサブタイプの性的ポイント6の人たちであふれています。美しさサブタイプのオショー（バグワン・シュリ・ラジニーシ）は、ポイント4的な服を着て、エロティシズム、セックス、ダンス、そして集団生活が覚醒へと導くというポイント7的な教えを説きました。

そのほかの例

興味深いことに、ドイツとユダヤのどちらの文化も同じポイント6です。ドイツは強引側の義務サブタイプです。家族への義務と「祖国」への義務を受け入れるのがゲルマン的な姿勢なのです。ドイツ人は外を歩くときに人と目を合わせません。人前ではいかつい、しかめ面の仮面をつけます。ドイツのビア・ホールは社会的ポイント6の雰囲気が漂う場所です。そもそもドイツ語自体が科学言語であり、論理的です。ヒトラーは「外」に脅威があり、「他者」が祖国を脅かしているという妄想に基づいて、民衆の心をつかみます。また、性的な投影も甚だしく、邪悪なユダヤ人によってドイツ人の処女たちが凌辱されるのではないかとひどく懸念していました。邪悪なユダヤ人とは、地下室（潜在意識）に押し込まれたヒトラー自身のイドの投影です。

現在、文化においても精神面においても、指導的立場にある人たちが男性から女性に変わりつつあります。現ドイツ首相アンゲラ・メルケルがその好例です。社会的ポイント6のメルケルは、かつては東ドイツの教会と関わっていたことからもわかるように、コミュニティーを大切にする家庭人です。社会的サブタイプの典型的なヘアスタイルに、無表情で、合理的、ブルドッグのようなたたずまいをしています。協調性を特徴とするその指導力で脱原発を段階的に進め、環境にやさしい未来へと自国を移行させています。アメリカがドナルド・トランプの下でふらついている一方、メルケルは欧米諸国の中ではベストと言える指導力を発揮しています。

元サンフランシスコ市議会議員ダン・ホワイトは、おそらく、ポイント6に起こりうる精神異常の典型例と言えるでしょう。一九七八年十一月にホワイトは、市長ジョージ・モスコーニと大都市の公職者としては初めてゲイであることを公表した市議のハーヴェイ・ミルクの二人をサンフランシスコ市庁舎で射殺しました。ホワイトは軍隊を除隊後、警察官を務め、次に消防士になります。義務サブタイプのホワイトはサンフランシスコの市会議員選に出馬して当選を果たしますが、家族を養うには十分な収入にならないという理由で辞任します。ところがその直後、支持者の助言により辞表を取り下げ、市議の席を取り戻そうとします。モスコーニは、当初は再任の検討を約束したものの、ミルクから強く反対され、再任の約束を撤回します。ホワイトの弁護人は、トウィンキーズという菓子の糖分で興奮し、正気を失っていたための犯行だと主張しました。

社会的ポイント6のジム・ジョーンズは、人民寺院という教会を設立し、労働者階級の社会運動を主導しました。教会は順調に活動を続け、数年後、ジョーンズは信者の一部を引き連れて中央アメリカ、ガイアナ共和国のジャングルに移住します。そこで、ジョーンズはどんどん妄想的になっていき、ガイアナ政府とアメリカ政府がジョーンズを逮捕しようとしているという被害妄想に取り憑かれるようになります。人民寺院を査察するためにアメリカから下院議員のレオ・ライアンがガイアナに送られましたが、信者に銃撃され、命を落とします。ジョーンズはガイアナにいる信者のほぼ全員を巻き込んで、儀式的な集団自殺を決行しました。

デビッド・コレシュは彼の信者にとっては救世主でしたが、壮大で変質的な妄想に取り憑かれたポイント6でした。コレシュを中心にカルト化した教団は来るべきハルマゲドンに備え武装化します。テキサス州ウェーコの本部で連邦捜査官と銃撃戦を繰り広げ、その後、ほとんどの信者がそこで焼死しました。

マルボロ・マンは男らしさを演出して虚勢を張る典型的なポイント６です。スティーブ・マックイーンはこのタイプのポイント6です。成功を収めた社会的ポイント６の代表にはスター・ウォーズの監督ジョージ・ルーカスがいます。最近のインタビューでルーカスが話していたことですが、感情的なフランシス・フォード・コッポラの「手綱を握り」、スケジュールなどの制限を設定しているのはルーカスだそうです。スター・ウォーズはポイント６のヒーロー物語の典型例でしょう。父親のいない少年が冒険の旅に出ます。父親代わりとなる人物から教えを受け、「フォース」を信頼するようになり、ダーク・サイドと戦います。そして、実の父親は裏切り者の悪人で、宇宙の平和を取り戻すために父親を殺さなければならないと知ることになるのです。

上半身裸のウラジーミル・プーチンは柔道の黒帯を持つ元ＫＧＢエージェントです。彼は性的ポイント６です。フルシチョフや、ブレジネフ、ボリス・エリツィンなど、威張り散らすポイント８たちとは性質を異にします。まるでドーベルマンのようなプーチンは吠えることなくスマートに相手に攻撃を加える恐ろしい存在です。

私がかつて関わっていた性的ポイント６のクライアントが、この認識システムのことがよくわかる話をしてくれました。彼女は五歳のときにポイント８の父親に夢中になります。父親のほうも娘に惹かれていました。カメラマンの父親は暗室に長時間こもることがありました。彼女は暗室に入ることを許されていませんでしたが、ある日、親の目を盗んで暗室に入ると、雑誌『PLAYBOY』がありました。父親の「暗室」に忍び込んで、裸の女性の写真を見つけるという象徴的で濃厚な体験が、彼女の心に深く刻み込まれます。その写真にひどく惹きつけられるのと同時に嫌悪感を催しました。そして、これ以上ないほど怖い気持ちにもなったのです。

それからほどなくして夢を見ます。夢の中で、彼女は夜遅くに食卓の椅子に座っています（五歳のときには絶対にしなかったことだそうです）。すると、「ブギーマン」がナイフを振りかざしながら暗室から出てきました。ブギーマンはこちらを見ると、こう告げたのです。「二階に行ってパパとママを殺す。それがすんだら次はお前の番だ」

ブギーマンが階段に向かうと、彼女は新聞を読むふりをして隠れようとします。ところが、幼い彼女は新聞を読むことができません。叫んで両親に危険を知らせようにも、恐怖に凍りついています。体が凍りつき、動けなくなった瞬間に認識システムが結晶化します。そのときから、この女性は自分が行動できないこと、そして顕在意識のすぐ下に潜んでいるであろう何かに深い罪悪感を抱くようになります。

サブタイプごとの例

自己保存的サブタイプ〜温厚

ウディ・アレン、スパイク・リー、ジュリア・ルイス＝ドレイファス、ビリー・クリスタル、心配、自転車、ヨーロッパのユダヤ人文化

社会的サブタイプ〜義務

ルーク・スカイウォーカー、アドルフ・ヒトラー、ジョージ・ルーカス、孔子、ハムレット、オリバー・ノース、ダン・ホワイト、アンゲラ・メルケル、消防士、オートバイ警官、フットボールのラインマン、ＰＴＡ、ドイツ

性的サブタイプ～強さ／美しさ

シェール、マドンナ、レディ・ガガ、アンジェリーナ・ジョリー、シルヴェスター・スタローン、ブルース・ウィリス、ケイティ・ペリー、ビヨンセ、キム・カーダシアン、メル・ギブソン、ブリトニー・スピアーズ、デミ・ムーア、ジュリアン・ムーア、アーノルド・シュワルツェネッガー、エヴェル・クニヴェル、スティーブ・マックイーン、カーク・ダグラス、シガニー・ウィーバー、デニス・ロッドマン、ジークムント・フロイト、オショー・ラジニーシ、ウラジーミル・プーチン、闘牛、スカイダイバー、バンジージャンプをする人、スペイン

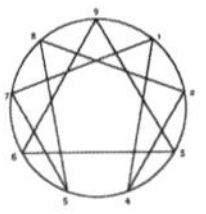

ポイント7　外在化された恐れポイント

エッセンス	没頭
聖なる理念	聖なる仕事
聖なる道	節制
主機能	計画
囚われ	暴飲暴食
理想化	「私は大丈夫」
会話スタイル	物語
罠	理想主義者
防衛機制	合理化
回避	痛み
内なる二項対立	下位／上位
サブタイプ	自己保存的～拡大家族
	社会的～殉教者
	性的～暗示

ポイント7は外在化された恐れポイントです。エニアグラムの中でポイント7は魔術師、詐欺師、宇宙の旅人の場所です。何か新しいものや一風変わったものがないかと外の世界を探し回ります。こうして、内なる没頭というエッセンスがベールに覆い隠されるのです。

ポイント7はマジカル・シンキングのホームグラウンドです。みんながポジティブに考えれば、どんなことでもやがてはうまくいくと信じています。「私をがっかりさせないで」がポイント7の掟。これはどのようなことなのでしょうか？　あるポイント7がわかりやすく説明してくれました。

「自分がそうしたいと思えばなんでもできるんだ、とずっと信じていました。六つか七つの頃だったかな、空を飛びたかったんです。車庫の屋根の上に登って、そこから飛ぼうとしました。ちょっと待てよ、松の枝を少しばかり下に積んでおこうかな。初めてのトライだし、今回だけは念のためにそうしよう。

下に降りて、枝をごっそり積み上げてから、屋根の上に戻りました。本気でできると信じたら、不可能はありません。ハンググライダーにでも乗っているような感じで飛び降りました。落っこちました。本当にショックでした。落っこちた理由を考えてみたんです。松の枝を積んでおいたのがまずかった。あれをやらなかったら落ちなかったのに」

ピーター・パンは究極のポイント7のキャラクターです。素敵なことを考えると空を飛べる、とダーリング家の子どもたちに教えます。「キャンディーを思い浮かべてごらん。そうそう、その調子。今度はクリスマスだ。ほら、体が浮くよ！」

ポイント7はあなたの人生にやってきて、あなたを元気づけてくれます。ポイント7を食事に誘うと、面白い話をして楽しませてくれます。食事をごちそうになったお返しです。あなたを目覚めさせるために愛を交わし、そして去っていくかもしれません。

ポイント7は、新奇なアイデアやニュー・エイジ思想の場です。LSDやコミューン生活、髪の毛に花を挿して裸足で町をうろつくヒッピーたち、そのどれもにポイント7的な雰囲気があります。ほかの人たちよりもいち早く健康食品に夢中になったのもポイント7たちでした。ケーリー・グラントは一九五〇年代にはすでにLSDを使用し、人参ジュースを愛飲していました。一九五〇年代に独自の健康食品を開発したジプシー・ブーツ（アメリカのフィットネス界のパイオニア。ヨガや健康食品がアメリカで受け入れられる基盤を築いた）は、放浪者のようなライフスタイルのポイント7です。

ポイント7は次々にものごとをつなぎ合わせて新しい何かを思いつくのが大好きです。何かと何かを組み合わせて別のものにする、つまりものごとを関連づけていくという形式で思考します。新奇なコンビネーションを編み出すことも好みます。ただし、昨晩、思いついたアイデアについてみんなで話し合う、あるいは一つのアイデアを熟考するなど「気持ちをくじかれる」ようなことは嫌います。

ポイント7は未来志向の人たちです。ポイント7にとっては、今という瞬間に耐えられるのは未来があればこそ。私たちはみな素晴らしい時代に向かっている、と常に頭の中で思い描いています。ものごとは右肩上がりによくなっていくのです。

囚われ　暴飲暴食

ポイント7の機械を動かす囚われは**暴飲暴食**です。必ずしも度を超して食べたり飲んだりするわけではなく、体験の暴飲暴食に囚われています。一晩中パーティーを楽しんだ後でやっと眠ろうとしたときに、いや、こうして寝ている間に何か面白いことを逃しているかもしれない、と少し気になってしまうのがポイント7です。

レストランでの食事ではバイキングを好みます。メニューの中からどれかを選ばなければならないのは、ポイント7にとっては試練です。これにすると決めて注文した後に、選ばなかったメニューが気になり、がっかりした気持ちになることがあるからです。

煎じ詰めれば、どのポイントの認識システムであろうと、真の選択はたった一つしかありません。唯一の真の選択とは、肉体と特定の認識システムを自分だと思い込み、その間違った自己同一視に束縛され続ける人生から自分を解放しようと決断することです。五感によって知覚される現象、つまり、感覚によってとらえられる体験に幸せを見いだそうとするのをやめると、自由はすでにここにあることに気づけます。自由は結果ではなく、もともと用意されている前提条件だったとわかるのです。この決定的な真の選択は、言い換えると、エゴを明け渡して委ねるということなのですが、ポイント7の囚われにとっては、この選択はとりわけ難しいものになりえます。なぜなら、ポイント7は、自分の認識システムを超越したいという思いを、ワクワクする「スピリチュアルな冒険」に変えてしまう傾向があるためです。そうなると、ポイント7のエゴの構造を崩すことはできません。それどころか、逆にしっかり支えることになってしまいます。あるポイント7が次のように言っていました。

「『覚醒』っていうものがあるって聞いたとき、わぉ！　いいねぇ！　って興奮したよ。でも言わせてもらうなら、いまいちかっこよさに欠けるんだよ。それが、音楽、ダンス、セクシャリティーを語るOSHOの本を読んだら、すべてがピタッとはまったね。吸い寄せられるようにインドに行って、OSHOのコミューンで七年間暮らすことになった。OSHOが僕に授けてくれた名前はスーフィーの言葉で、『神こそは運命』っていう意味だったんだ。神の九十九個の御姿の一つさ。『じゃあ、何も心配することなんてないな！』そう思ったよ」

ポイント7は計画を立てるときにジレンマに陥ります。ある特定の事柄や行動を選択すると、ほかのすべての可能性を諦めなければなりません。これはポイント7にとっては耐え難いことです。計画や方向性をいつでもすぐに変えられる状態だと、ポイント7は聖なるガイダンスを受け入れる準備ができているような気分になれます。

ポイント7は、自分は神の計画の一部だと思っています。その計画を台無しにしないために、常にあらゆる選択肢を自由に選べるようにしておかなければなりません。

ポイント7は、六カ月間だけやってみる、というようなことをよく言います。暴飲暴食の囚われを持つため、一つの恋愛から次の恋愛、この仕事からあの仕事、と移ろい続けます。常に新しい体験をもたらしてくれる旅は、ポイント7の世界の非常に重要な要素の一つです。私の知り合いのポイント7は全員、長旅の経験がありますが、ヒッチハイクなどで節約し、たいていあまりお金をかけずに旅をします。パーティーとヒッピーの聖地、インドのゴアのビーチを最初に見つけたのはポイント7たちです。一時期、ネパールでのトレッキングが流行りましたが、流行する前にポイント7はすでに体験ずみでした。インドへの度重なる巡礼や野生のイルカとのドルフィン・スイミングを体験したポイント7もたくさんいます。

私の知り合いのポイント7は、あるときサンフランシスコからボストンに引っ越す計画を立てました。まず、ワークショップに参加するためにハワイを訪れ、次にバリに向かいました。それから一度、サンフランシスコに戻ると、今度はニューヨークに小旅行をし、その後でやっとボストンに引っ越しました。引っ越すまでに一年かかっています。言うまでもありませんが、ボストンに引っ越すと、その足でヨーロッパ巡りの旅に出かけました。

こうしたポイント7たちは、必ずしも裕福な人たちというわけではありません。少額の信託基金を使って質素に生活するのがポイント7の典型的な暮らし方です。東ロサンゼルスのヒスパニック地区で育ったメキシコ系アメリカ人のポイント7の知り合いがいます。彼は大人になった今でもあまりお金を持っていませんが、一年の半分は太極拳を教えながらヨーロッパを旅します。

幼少期

ポイント7の成育環境についてはこれといった傾向はなく、バラエティーに富んでいます。当初、私は、ポイント7には裕福な家庭で育った人が多いのではないか、と予想しました。実際、そうしたケースも多々ありますが、先ほどあげたメキシコ系アメリカ人の太極拳講師のような例もあります。彼は七人兄弟の五番目で、子どもの頃は二人の兄弟と一緒に一つのベッドで寝ていました。父親は家具の運送人で、週末は息子たちもその仕事を手伝わなければなりません。ポイント7の彼は冗談を言って、明るい雰囲気を作り、家族を励ましました。今、彼は旅をしながら、ヒスパニック地区育ちをネタにしてスタンダップ・コメディーの舞台に出たり、ワークショップを開催したりしています。

あるポイント7の黒人の女性が子どもの頃の体験を話してくれました。家が貧乏で、近所のいじめっこたちに追い回されたことや、食べるのもままならないこともあったそうです。まるでそれが愉快な出来事だったかのような話しぶりに、聞いていた人たちはすっかり魅了されました。実際、彼女自身も当時、自分の体験を楽しんでいたそうです。

また別のポイント7は、子どものときに両親の関係が険悪で、二人の張り詰めた雰囲気がつらかったそうです。外に出かけて、友達と遊んで、つらいことなど何もないふりをする。それが彼の選んだ解決策でした。

父親との関係に問題があっても、母親とは仲がよいと言うポイント7がよくいます。この人たちはたいてい、男性優位主義に反対し、女性を尊重します。ポイント7の人生そのものが、自分の母親への「きっとうまくいく。大丈夫だよ」というメッセージになっていることがあります。

理想化　「私は大丈夫」

ポイント7の理想化は**「私は大丈夫」**です。エニアグラムのポイントの中でもっとも自己陶酔しているのがこのポイントです。ポイント7がセラピーに通い続けることは稀です。不測の苦境に陥り、一時的にセラピーを受けるかもしれませんが、長く続けることはまずありません。

何年も前のことですが、私がＮＬＰ（神経言語プログラミング）を提供していると知って、あるポイント7の男性がセラピーを受けに来ました。この男性は父親から「いいかげんに大人になれ」とプレッシャーをかけられ、セラピー代も父親が支払っていました。本当に求めているものは何か彼に尋ねると、こう言います。「いかさまが通用しなくなったんだ。帝国が滅びつつあるのは自分でもわかっている。崩壊の日が来るまで、なんとかしのげればいいんだ。ＮＬＰを使って、もっとうまく嘘がつけるようにしてもらいたい」

ほかのポイントと比べて、ポイント7はもっとも心の奥に触れるのが難しいポイントと言えるかもしれません。なぜなら、自分が悟った状態にあると自分自身に思わせてしまうようなエゴの構造になっているためです。これが「私は大丈夫」の意味です。何かスピリチュアルなことに関して助言を受け取ったときに、ポイント7は「私は知っている」という反応を起こします。「私は知っている」という思考が「私は大丈夫」よりさらに深いところにあるのです。こうしたエゴの構造を持つ人たちは往々にして、悟りについて耳にすると、それをまったく隙のない信念構造の中に組み込み、悟っている気になります。ですが、それは概念の中だけの悟りにすぎません。「空？　ああ、あれね。すべては一つってことだよね」知っていることを超えて、より深く入っていくチャレンジを前にしたときに、ポイント7はこのような反応をする傾向があります。

会話スタイル　物語

ポイント7の会話スタイルは**物語**です。エニアグラムの中で詐欺師のポイントは7です。ポイント7は、どのような出来事が起きても、それを楽しい物語にしてしまう魅力的な人たちなのです。ブロードウェイ・ミュージカル『ザ・ミュージックマン』はポイント7の物語です。町から町へ旅をしながら楽器を売るセールスマンの主人公は、楽団を作る夢物語を語って町の人たちをとりこにし、楽器を売りつけます。子どもたちが小銭を貯めて買っているのは、ミュージック・マンが売る夢なのです。

ティモシー・リアリーはポイント7です。ハーバード大学の教授だった彼は、知的で、楽しい物語でみんなを笑わせる才能の持ち主でもあり、後にナイトクラブのスタンダップ・コメディアンになりました。かなり前のことですが、サンフランシスコでLSDのアート・ショーが開催されました。リアリーはショーのオープニングを務め、自分は癌に冒されていて、最後にして最大のトリップとして自分の死にゆく様をインターネットでライブ配信すると発表しました。

ロビン・ウィリアムズは典型的なポイント7です。入り組んだストーリーを即興で展開していくのが彼の才気あふれるスタンダップ・コメディーの見どころです。『ライブ・アット・カーネギー・ホール』の公演収録でその真骨頂を見ることができます。

罠　理想主義者

ポイント7の罠は**理想主義者**です。私は悟っているというエゴの自己正当化の一部となっています。ポイント7は「自由、平等、友愛」をモットーとする正真正銘の理想主義者です。

ハイ（上のもの）とロー（下のもの）を混在させるのをポイント7は好みます。私の知り合いのポイント7は銀行でエアロビクスを教えていました。その仕事をやめるつもりでいたのですが、銀行の頭取と清掃員が一緒に汗を流しているのを見るのが大好きで、後ろ髪を引かれていました。

ピース・コープ（アメリカ連邦政府が運営するボランティア計画）の創設者の一人、サージェント・シュライバーはポイント7です。親善大使として第三世界を援助するピース・コープは、ポイント7の理想主義によって誕生した活動です。

ポイント7の理想主義者の罠は、ストレスにさらされてポイント1に移動したときに現象化しがちです。ポイント7が怒りにまかせて行動することはまずありません。そうする代わりに、ポイント1に移動して皮肉っぽくなり、自分の理想の正しさにこだわるようになります。たとえば、オーガニック食品を食べるように友達に説教し出したり、辛辣な嫌味を言ったりするというやり方で人道主義的な理想を正当化するのが、ポイント7の怒りの表現方法です。

防衛機制　合理化

ポイント7の防衛機制は**合理化**です。理由づけをして行為を正当化します。あらゆることが神の計画の一部なので、どんなことでも合理化できます。

ポイント7は「流れに任せる」というコンセプトを好みます（最近は、スピリチュアルな人たちの間では「手放して、宇宙に任せる」という表現が用いられています）。それにもかかわらず、ポイント7は、自分であれこれ計画を立てて、流れをコントロールしようとし続けます。こうして、ポイント7は硬くて非常に割れにくい殻の中に自分を封じ込めます。すべてが神の意志の一部なんだから、どんなことでも最終的にはうまくいくように導かれているんだ。だから焦らず、リラックスして、流れを楽しもうではないか！

回避　痛み

ポイント7は**痛み**を避けます。痛みを避けるために、あっさりとした人づき合いを好み、関係性に縛られないようにします。そうすれば、スケートリンクを滑るようにスムーズに生きていけます。痛みを避ける別の方法としては、「マジカル・シンキング」を使って未来の楽しいことで頭をいっぱいにしておく、という手もあります。痛みに対する恐怖は、ポイント7にとっては身のすくむほど恐ろしいもので、痛みそのものよりもたちが悪いのです。ただし、多くのポイント7は、そもそも痛みを非常に上手に避けることができるため、痛みを感じるのを恐れていることに気づきません。

痛みを避けるためにポイント7は動き続け、常に新しい体験を求めます。痛みを避ける性質のおかげで話し上手になり、素晴らしい思想家になることもあります。ポイント7が水平思考を駆使して、ものごとを関連づけて新しい着想を得るのは、感情の奥にある痛みを避けてこの瞬間を楽しもうとする試みなのです。次のコメントを読むと、ポイント7の回避についてより明確に理解できるでしょう。

「私のポイント7の友人は友達と昼食に出かけるチャンスがあったら、絶対に逃しません。ご主人の癌が見つかったときでさえ、家にご主人一人を残して友人たちとの昼食会に参加していました。その席で友人はユーモアたっぷりにこう言ったんです。『夫と結婚するとき、健やかなるときと病めるときに支え合うとは誓ったけれど、誓いの言葉にランチは入っていなかったのよ』そして、とっておきの話や涙が出るほどおかしい話の合間にご主人の病気や予後のことを話してくれました。ご主人の癌にも友人たちの気づかいにも、楽しい昼食会の邪魔をさせるつもりはなかったようです」

あるポイント7が、回避がどのように機能するのかを説明してくれました。まさにその話をしているときでさえ、明るい口調で聞いている人たちを笑いに巻き込み、楽しませようとしているように見えました。

「テレビをつけたり、１０１個のことをやるのは、痛みと恐れを避けるためなんだ。そうすれば、今ここにいないですむからね。学校を卒業したばかりなんだけれど、学校に行っていたときはいつだってやることがあって、退屈している暇はほとんどなかった。卒業してから三カ月立つけれど、時間が両手にあまるほどあるんだよ。これが、正直言ってあまり心地いいものじゃない。でも、僕には、自分を退屈させないようにする責任がある。退屈しているとしたら、ワクワクを生み出す我が才能を無駄にしているってことだ。ワクワク感が欲しいんだ。くそっ。ワクワクするぞ！　退屈退散！（笑）」

内なる二項対立　下位／上位

ポイント7の内なる二項対立は**下位／上位**です。ポイント7は新たに何かのグループに入ると、まず、グループ内の人たちの地位や力関係がどのようになっているかを静観します。ヒエラルキーのどこに自分が収まるのかを見極めてから行動に移ります。

内なる二項対立の下位側を表現しているポイント7は、人間関係において常に自分を下に置きます。この人たちは、決断するのに役立つ情報がもっとないかと探し求める傾向があります。自分を引っ張ってくれる指導者を求めてワークショップ・マニアになる人もいます。下位側の場合、人前では自分を押し殺すため、親しい人との間でのみマジカル・シンキングが表に出てくるでしょう。

内なる二項対立の上位側は、詐欺師や人を魅了する存在になります。二項対立の下位側を表現している性的ポイント7には私はこれまで出会ったことがありませんが、自己保存的ポイント7と社会的ポイント7に関しては、下位側と上位側のどちらのケースもあります。

サブタイプ

自己保存的サブタイプ　拡大家族

暴飲暴食の囚われが自己保存的本能を利用すると、**拡大家族**と呼ばれるサブタイプになります。自己保存的ポイント7は自分が拡大家族の一員だと思っています。コミューンは自己保存的ポイント7らしいライフスタイルです。自己保存的ポイント7全員が共同生活をするわけではありませんが、このタイプにとっては、血のつながった家族よりも拡大家族のほうが近い存在に感じられます。

ブダペスト在住の自己保存的ポイント7の私の友人は、ハンガリーがまだ社会主義国だった時代にニュー・エイジ・カルチャーをハンガリーに持ち込んだ草分けの一人です。彼には世界に広がる拡大家族の基盤があったので、世界中を飛び回ることができました。ほんのわずかな資金しか持っていなかったにもかかわらず、カリフォルニアやハワイとブダペストを何度も行き来していました（当時、ハンガリー通貨は国外ではほとんど価値がありませんでした）。

社会的サブタイプ　殉教者

社会的ポイント7は**殉教者**です。多くの場合、この人たちは完璧な夫あるいは妻に見えるでしょう。生涯、ずっと同じ仕事を続けながら一つの場所で暮らすかもしれません。家族のためであれば、自分自身や新しいことへの興味を犠牲にするのも厭わない人たちです。社会的ポイント7は、社会的ポイント6の義務サブタイプのバリエーションにあたります。家族への義務感から殉教者が生まれます。

サンフランシスコで精神科の看護師をしている社会的ポイント7の男性は、家族とヨーロッパを巡るバックパッキングをするのが長年の夢でした。彼自身がバックパッカーとして旅をしたときの素晴らしい経験を、子どもたちにも体験させたいと思っています。何年もこの夢を温めていますが、子どもによい教育を受けさせたい気持ちもあり、現実的な生活から一歩踏み出せません。こうして家族のために自分を犠牲にし続けています。

性的サブタイプ　暗示

性的ポイント7は**暗示**と呼ばれます。暗示にかかったように新しいものや珍しいものへ次々と関心の対象が移り、心がさまよって落ち着かない状態を作ります。ほんのわずかな時間しか一つのことに注意していられません。まさに「宇宙の旅人」です。

性的ポイント7が一人の人と長くつき合うことはほぼありません。私の知っている範囲では、最長で2年です。ヒッチハイクのエキスパートで、世界中のあちこちに出かけていってはその文化に触れることを愛します。

性的ポイント7は、にわとり並みの集中力と蛇並みの誠実さを持ち合わせていると揶揄されることもありますが、信頼のおける友人になるのが無理なわけではありません。周期的にあなたのところにやってきては、励ましたり、問題解決の手助けをしたりするのは大いに好みます。ヒマラヤでトレッキング中やタイのビーチで日光浴中のポイント7に友情を求めない限り、長いつき合いができます。性的ポイント7なりに誠実なのです。あなたの痛みにしっかり寄り添ってくれることを期待してはいけません。ポイント7が自分自身の痛みに寄り添うのを期待するのはもちろん論外ですが。

そのほかの例

私の親しい友人でもある性的ポイント7の話です。彼は歴史の教授でしたが、二十代後半に既成社会からドロップ・アウトし、ヒッピーのスピリチュアル・ムーブメントに関わります。さまざまなコミューンを渡り歩きました。五十歳になる頃、そろそろ落ち着くのも悪くないと思うようになります。そこで、彼はコネチカットかサンフランシスコでジュエリーの店を開くことにしました。毎年、東海岸からインドやネパールへの巡礼の旅をし、その道すがらいつも決まって私の家に二、三泊していきます。

ある年、彼はアジアへの巡礼の前に、ジュエリー店の候補地をあちこち調べて回りました。その翌年、東海岸からアジアへ向かう途中で私の家に立ち寄った際には、サンタ・バーバラとサンフランシスコにある三つの候補地のいずれかにすると言っていました。

その一年後、まさにその候補地に空き店舗が出ます。いよいよ本気で決めないといけません。そのとき彼は、はたと気づきます。店を持ってそこに縛られるのは嫌だ。それから数年たった今、彼はいまだに投資信託金で何不自由なく暮らし、大人になって落ち着いたら何をしようかとあれこれ考えを巡らせています。

ケーリー・グラントは性的ポイント7です。ロンドンのスラム街で育ちましたが、名前を変え、新しいアクセントを身につけました。もともと人を夢中にさせる魅力を持っていた彼はやがて名声を馳せます。あるとき成功の秘訣を聞かれて、こう答えています。「いつもいい感じに日焼けしておくことだね」「私のライターはほかの誰のよりも素早く着火するんだよ」五〇年代に活躍したアルゼンチンのプレイボーイ、ポルフィリオ・ルビロサが女性をとりこにする秘訣について聞かれたときの答えです。

ニュー・エイジのグル、ラム・ダスは講演ツアー中の生活について、かつてこう言っていました。「講演する街に着いたら、マリファナを吸って、出かけていって、みんなの気分を盛り上げるんだ」

ティモシー・リアリーはおそらく究極のポイント7でしょう。ＬＳＤのスピリチュアルな可能性を探求するために、ハーバード大学の心理学教授を辞職します。同時代の人々のグルとなり、有名なスローガン「ターン・オン、チューン・イン、ドロップ・アウト！（ドラッグで目を覚まし、高次に調和し、社会から距離を置け！）」を掲げ、ＬＳＤの摂取を奨励しました。

リアリーは『PLAYBOY』誌のインタビューに答えて、ＬＳＤを使うことで「男性でも複数回のオーガズムに達することができる。人生で最高のセックスを楽しんでいる最中に自分の遺伝情報を知覚することさえ可能だ」と言っています。数年後、その発言が事実なのか質問されたときには、インパクトを与えるためのでっち上げだったと告白しています。

彼はマリファナ所持で逮捕された後、民主主義社会を求める学生連合（ＳＤＳ）の分派ウェザーマン（一九七〇年代に活動したアメリカの極左テロ組織）の助けで脱獄します。アルジェリアに亡命し、同じく亡命中だったエルドリッジ・クリーヴァーらのブラック・パンサー党員たちと合流します。

ところが、リアリーは重苦しい革命的政治運動に興味を持ち続けることができませんでした。ヨーロッパに逃亡しますが、アフガニスタンで再逮捕されアメリカに戻されます。彼は、おそらく、フォルサム州立刑務所の受刑者でドキュメンタリー映画の主演を許可された唯一の人物です。うまいことを言って刑務所長を味方につけたのでしょう。

何度か結婚し、たくさんの恋人とつき合い、リアリーは名誉ある大学教授からナイトクラブを回るスタンダップ・コメディアンに転身しました。数多くの著書を残し、才気あふれる素晴らしい作品も少なくありません。とにかくどの著作も目新しいアイデアに満ちていて、面白く読めます。また、宇宙移住計画を支持し、銀河系の高次の知性よって人類の種が地球に撒かれたという説を唱えました。シリウス星と銀河の指令官からのメッセージをでっち上げたこともあります。彼自身の言いたいことを人々に信じ込ませるための策でした。

彼を詐欺師と呼ぶのは少々乱暴です。ただちょっと人をたぶらかすのが上手だったのです。

サブタイプごとの例

自己保存的サブタイプ～拡大家族

ロジャー・ラビット、ピーター・パン、ディズニー・ワールド

社会的サブタイプ～殉教者

ジョージ・W・ブッシュ、ロビン・ウィリアムズ、スティーヴン・スピルバーグ、マイケル・ケイン、ウォルト・ディズニー

性的サブタイプ～暗示

ティモシー・リアリー、ラム・ダス、ボブ・マーリー、ゲーリー・グラント、ピーター・オトゥール、ブラジル

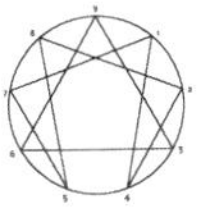

ポイント5　内在化された恐れポイント

エッセンス	平穏
聖なる理念	全知
聖なる道	無執着
主機能	引きこもり
囚われ	強欲
理想化	「私は知っている」
会話スタイル	論文
罠	観察者
防衛機制	隔離
回避	空
内なる二項対立	社会／反社会
サブタイプ	自己保存的～家
	社会的～トーテム
	性的～自信

ポイント5はポイント6の内在化バージョンです。ポイント5は外側の世界を排除して、平穏な状態を作り出そうとしますが、そのことでかえって平穏というポイント5のエッセンスがベールに覆われます。ポイント5は、人生を自分で管理可能な部分だけに限定することで、恐れに対処しようとします。極端な例をあげると、所持品のすべてを小さな袋に入れて洞窟に住む仏教僧はポイント5です。

ポイント5は建築のホームグラウンドです。居住空間について大いに気にかけます。きちっと区切られたコンパクトな場所で生活するのを好みます。ポイント5には自分専用の居住空間が必要です。誰かほかの人と一緒に暮らす場合には、自分専用の仕事部屋などの逃げ場を必要とします。これまで私が出会ったポイント5の中には、裏庭にトレイラー・ハウスを置いている人が何人かいました。誰かが家にやってきたら、ちょうど一人分のスペースしかないトレイラー・ハウスに引っ込みます。

ポイント5は「お抱えの魔法使い」になるのが好きです。実に多岐にわたるテーマについて秘密の情報を山ほど知っていて、それを披露して注目を浴びるのを楽しみます。秘密を誰かに分かち合うのは、ポイント5にとっては親しさの表れです。

ポイント5には自立心が猛烈に強いという性質があります。ポイント8とは違い、態度で示すことはありませんが、ポイント5は非妥協的な反逆者なのです。自分で自分の面倒を見ていることにプライドを持っています。ほとんどお金を持たずに外国でヒッチハイクをした経験があるポイント5もたくさんいます。そうした経験がなくてもたいていは、いつかは体験してみたいと思っています。わずかな所持金で生きていけることに深い満足感を見いだす人たちです。見知らぬ土地で自分が誰にとっても見知らぬ人でいられることもポイント5にとっての大きな喜びです。

ポイント5はこっそり他人を観察することを好みます。人の集まる場所にいるときには、背景に溶け込んで姿を消す傾向があります。まるで止まり木の上のフクロウのように、一歩引いたところから人を観察します。

ポイント5は一見、情緒が平板な印象を与えます。集団の中にいると、目立たないかもしれません。あごひげ、眼鏡、小さなあごは、実はポイント5の隠れ蓑なのです。また、鼻にかかった声色で自分を隠す人もいます。おかしな声色のレパートリーを持ち、たとえば外国語のアクセントやコンピューターの音声で話すことができるポイント5もいます。

ポイント5はエニアグラムの中でもっとも繊細な人たちがいるポイントの一つです。繊細な人たちにとっては、外界に対する防御が薄いことが問題になります。同じ部屋の中で人と一緒にいるときでも、幽霊さながらほとんど透けてしまいそうな存在感だけをその場に残し、幻灯のようにさまざまなイメージが移りゆく豊かな内的世界に引きこもります。

肌が日焼けに弱かったり、湿疹が出やすかったりするポイント5も少なくありません。このことは、荒々しい世界から身を守らなければならない鋭敏な感受性の持ち主だということを象徴しています。あるポイント5は自分の繊細さについて、皮膚をはがされた状態でサボテンだらけの土地を歩いているような感じ、と言っていました。

囚われ　強欲

ポイント5の囚われは**強欲**（avarice）です。ほとんどの辞書では、この言葉を金銭欲だと説明しています。確かにお金にけちけちしたところもありますが、概して、ポイント5が渇望しているのは莫大な富ではありません。実際はまったく逆で、この世界の中で自分自身のものだと言えるほんの少数のものにしがみつく、という意味の強欲です。ポイント5のレンズから世界を見ると、必要なものはごくわずかしかありません。ポイント5は真のミニマリストなのです。持っているものが少なければ、世間から放っておいてもらえると思っています。また、プライバシーに関しても非常に強欲です。世界が自分に侵入してくるのを防がないといけません。そのためポイント5は自分を隔離します。

ポイント5の強欲の囚われがかなり神経症的に表現された例として、アメリカの実業家ジャン・ポール・

ゲティがあげられます。ゲティはポーカー・ゲームに勝って油田を手に入れたことをきっかけに財を成します。世界でもっとも裕福な人物でしたが、仕事に行くときには、茶色い紙袋に昼食を入れて持参しました。イギリスに所有する城に公衆電話を設置したのは、訪問者に電話をただで使わせるのが嫌だったからです。一緒に昼食をとるために城を訪れた自分の子どもたちや来客から、一人につき二十ポンド徴収することにしていました。自分の孫が誘拐されたときでさえ、身代金の支払いを拒否します。誘拐犯から孫の耳が届けられてもなお、お金を出し渋りました。ゲティが財産のすべてを管理していたため、息子には身代金を払うだけのお金がありません。結局、息子がゲティから利息つきで借金をして身代金を支払いました。

「私がベッドで死ぬのをろくでなしどもが待ちかまえている」そう言って、死ぬまでの数カ月、ベッドで寝ることを拒否します。ゲティは椅子に座ったまま亡くなりました。

ポイント5の強欲は情報欲という形で現れることもよくあります。ポイント5の聖なる理念は全知ですが、ポイント5のエゴにとって、情報は虚無のブラック・ホールに対する防御です。ポイント5はポイント4と同じように、エゴの根底にあるブラック・ホールの存在にはっきりと気づいています。十分な情報を持っていれば、ブラック・ホールの中で消滅してしまわないように身を守れると信じることで、そこに落ちて二度と戻れなくなる恐怖に抵抗します。

ポイント5の強欲はまた、自分を表に出さないという形でも表現されます。ポイント5は世界の中で自分を見失うことを極度に怖がっています。あるポイント5の女性はこう言っていました。「もし自分をさらけ出してしまったら、誰かが手を伸ばしてきて、私の心臓をつかみ、引き裂いてしまうんじゃないかって気がするんです」ポイント5は、まるで内側にあるブラック・ホールと外側にある危険で侵略的な世界のはざまに立たされているかのようです。強欲は、このはざまにしがみつこうとする試みとも言えます。ワークショップ中にあるポイント５が、自制と強欲がどのように機能しているかについて話してくれました。

「僕にとって、ブラック・ホールはただの概念じゃないんだ。完全な抹消、消滅と言ったらいいかな。ブラック・ホールを感じると、頭を働かせる余裕なんかないことだってある。感覚で伝わってくるものが大きすぎるから、体中の細胞を縮めて、自分を守ろうとしてしまう。今、こうやってみんなの前で話していても、それを感じている。ここにはなんの危険もないし、みんないい人たちだっていうことは頭ではわかっているんだ。でも、こっちに意識を向けられただけで、暴力を振るわれて、攻撃されているような気がして、こちらも喧嘩腰になってしまう。生き残るためには仕方がないんだ。他人に意見を押しつけられるのは絶対に許せない。だから、必死に努力しないと、自分としてただここにいることさえできないんだよ。

今日、海辺を歩いていたら、太陽や、砂や、海に圧倒されて、泣き出してしまった。これほどたくさんのものが存在し、そのすべてがこの体を通り過ぎていく。そんなことに耐えられるわけがない。２インチのパイプに10インチのパイプをつなごうとしているようなものだから。どうしようもなくイライラするし、怖くもなる。ありとあらゆるものがこんなに豊かに存在していて、それがこちらにやってくるんだから、今にも爆発して粉々になってしまいそうなんだよ。そうなったらもう自分を見つけることはできない。いつもそんな風に感じているんだ。だから、自分を抑えて、隠れて、動かないでいる。そうすると、冷たいとか、よそよそしいとか、頑固だと思われてしまう。そう思われると、正直、心底つらいよ。本当は、すべてとつながって、全体と一つになりたいと心から願っているから。でも、僕のこの体ではそれは難しいことなんだ」

ポイント5は素晴らしい蒐集家でもあります。いつか使うかもしれないと言ってついついものをため込んでしまうポイント9とは違い、ポイント5は希少で価値があるものを集め、一つひとつ分類して整理します。私のポイント5の知り合いに、かつては売れないミュージシャンだった男性がいます。彼は、ひょんなことからワインに興味を持つようになり、それから数カ月でワインの専門家になりました。素晴らしいヴィンテージのみならず、ヴィンテージごとに選ぶべきシャトーにも精通し、さらに、どこで買うのが一番得なのかも知っています。一九六二年の上等なサン・テステフがたった三十ドルで手に入るよ、とニューヨークから電話をくれます。ニューヨークのワンルーム・マンションで質素な暮らしをしながら、五年間で集めた五十ケースのワインのコレクションを保有しています。

また別のポイント5の男性はレコード蒐集家です。レコードはすべてアルファベット順に整理してあります。カセットテープやCDには見向きもしません。音楽そのものでさえ、彼にとってはレコード盤自体ほどには重要性を持ちません。かつて、カリフォルニア州ミル・ヴァレーにあったアメリカでもトップ・クラスのレコード店の経営者もポイント5でした。一つの部屋がまるごと七十八回転のレコード盤だけに捧げられていました。おそらく、レコードに収められたジャズとブルースの傑作のアルバムを一つ残らず所有していたのではないでしょうか。六〇年代から九〇年代まで商売をしていましたが、家賃が高騰し、店を畳みました。また、アマゾンのシャーマンの横笛と十六世紀のリュートを蒐集しているポイント5もいました。

ジョン・バースは才能豊かなアメリカの小説家です。後期の作品の一つでは、大学入学時の一九四七年に購入してからずっと愛用しているルーズ・リーフ・バインダーについて十二ページを割いて書き綴っています。また、大切にしている聖なるパーカー万年筆についても同様に語っています。バインダーと同時期に購入されたこの万年筆は、そのときから途切れることなく文芸の女神の歌声を響かせ続けています。

あるポイント5が、より世俗的なレベルでの強欲の囚われについて話してくれました。彼が仕事でカリフォルニアに向かってメキシコ国境沿いに車を走らせていたときのことです。国境を超えるとウィスキー一瓶がたった二、三ドルで買えることに気づき、大喜びします。一度、メキシコに入ってウィスキーを買ってからアメリカに戻ると、国境警備員が交代する夜まで待ちました。そうすれば、またメキシコに入って、最大許容量のウィスキーをアメリカに持ち込む作業をもう一度繰り返すことができます。やがて、配送してもらわなければならないほど大量のウィスキーを購入するようになりました。当時買ったウィスキーは二十年以上底をつくことがなかったよ、と彼は笑って言います。すでに引退していますが、当時は成功した銀行家でした。彼が私にこの話をしてくれたときに書き留めるのを失念しましたが、三十年前の話だというのにウィスキー一瓶につきいくら支払ったのかを正確に覚えていました。

幼少期

ポイント5の親は出しゃばりなタイプが多いようです。過保護な母親を持つケースもよくあります。「私のかわいい子ども」が何をしているのか知ろうとした母親に、引き出しの中をくまなく調べられた経験を持つポイント5も少なくありません。母親の愛情に息が詰まる、あるいは、自分のスペースがなくて窮屈だ、と感じているポイント5もいます。

あるポイント5の男性が七歳のときの出来事を話してくれました。彼はバニーガールの折り込みピンナップを数センチ角の小さな四角形に折りたたみ、箱に入れて、寝室の秘密の場所に隠しました。学校から戻ってみると、ベッドの上に広げられたバニーガールが彼を待っていたそうです。

隠れる場所がない場合、ポイント5の子どもは、往々にして自分のマインドの中に引きこもります。自分の好きにできる時間はずっと木に登って一人で過ごしていた、と言うポイント5もいました。引きこもって本を読んだり、勉強したりするのも、ポイント5にとっては自分の自由にできるスペースを作る手段の一つです。

理想化　「私は知っている」

ポイント5の理想化は**「私は知っている」**です。この理想化は知識に対する強欲を強化します。ポイント5が求める知識は、ほかの誰もが知っているような知識ではなく、なんらかの特殊性のあるものでなければなりません。こうしたことから、「ストーリー」の背後にあるストーリー」を見つけ出す報道記者になるポイント5もいます。

あるポイント5の男性は三十代になっても、高校時代の野球チームの打率を覚えています。彼にとっては、試合の勝ち負けよりも、打率という統計のほうが重要なのだそうです。

オルダス・ハクスリーは自分の小説の文章をすべて暗記していました。そればかりか、催眠状態に入ると、ある一節が違う版ではどのページに出てくるかを言い当てることさえできました。

ポイント5がスピリチュアルな道を歩むのであれば、グルの中のグルを見つけるに違いありません。私はクラウディオ・ナランホを講師に迎えてワークショップを開催したことがあります。クラウディオは社会的ポイント5のエニアグラムの専門家です。彼は会場に入り、床に座ると、自分の周りを取り囲むようにして本を半円形に並べました。講義をしながらときどきその半円を見回し、一冊手に取ると、本に没頭し、ワークショップのことは忘れてしまうのです。

会話スタイル　論文

ポイント5の会話スタイルは**論文**です。論文というのは、あるテーマに関して、事実、用いた手法、主張、そして結論を体系的に書き記したものです。こうした論文スタイルの会話もまた、他者に対して距離をとるための手立てになっています。ポイント5はパーソナル・コンピューターが大好きです。コンピューターの画面の前で何時間も過ごし、夜を徹してハッキングにいそしむハッカーたちにはポイント5が多くいます。コンピューターおたくの仲間に出会うと、素人にはさっぱりわからないテクニカルな話を何時間もし続けます。これも親密さを避ける方法の一つです。Eメールはポイント5にとって理想的なコミュニケーション・ツールです。

友人がテレビを修理に出したときのことです。修理屋の奥の部屋から眼鏡にあごひげの禿げかかった男性が出てきました。奥の作業部屋を覗いてみると、マグカップ用の特殊なスペースがあり、レバーを押すとマグカップが部屋に運び込まれる仕掛けになっていました。その部屋には実に多くの時間と思い入れが注ぎ込まれてきたに違いありません。修理屋の男性は顔を上げ、にやりと笑って言いました。「ああ、これね。シルバニア２３２が焼き切れたんだよ」シルバニア２３２が通じない人間を見下すような空気がかすかながら漂いました。

グループの中では、ポイント5は沈黙の会話スタイルを採用することもあります。ワークショップが始まってから一週間が過ぎ、参加者全員が少なくとも一度は自分のことを話した頃合いになっても、ポイント5だけは会場の後ろのほうに静かに座ったまま、まだ話をしていないことが何度もありました。一週間にもなるというのに誰も彼の名前を知りません。それどころか、参加者の多くが彼の存在にさえ気づいていません。ポイント5がグループの中で発言するときには、声が小さくて、よほど集中しないと何を言っているのか聞き取れないことがあります。ところが、自分の安心できる場所や気の置けない友人たちと一緒にいるときのポイント5は、驚くような話でみんなを楽しませる、賢く、愉快な人物に変わります。

罠　観察者

ポイント5の罠は**観察者**でいることです。観察者であれば、世間に積極的に関わらずにすみます。仏教の瞑想を実践しているポイント5の知り合いが何人かいますが、無執着という仏陀の言葉に従っている自分は世俗に執着していないと信じています。ところが、そうしたポイント5も、エニアグラムの視点から自分に向き合ってみると、無執着に執着していたと認めざるをえないことがよくあります。

真の無執着は、純粋意識としての自己に目覚めたときに、その副産物として生じます。自己＝純粋意識だと悟ると、この気づきの中では、必要なものは何もないこと、そしてそれだけでなく、何かを避けたり、何かから退いたりする必要もないことがわかります。すべてがそこで生じる広大な気づきとして生き、先入観に囚われることなく、その瞬間に起こることに出会います。観察者の罠はそれとは逆で、覚醒の名のもとにポイント5のエゴの構造を存続させるのです。

防衛機制　隔離

ポイント5の防衛機制は**隔離**です。言うまでもないことですが、隔離は観察者の罠と緊密に連携して機能します。ポイント5が闘争モードに入ると、ドアをバタンと閉め、その場から立ち去ります。ポイント5は世界と接触しすぎて疲れ果てることもよくあり、自分の境界線内に引きこもってエネルギーを補充しなければならないと感じます。

何日間も図書館にこもる（図書館はポイント5の施設です）、言葉も通じなければ、知り合いもいない場所へ数カ月間の旅行をする、あるいは何年も隠者として生活するなど、隔離の方法はさまざまです。あるポイント5の男性は、エサレンで行われる一カ月間のワークショップに参加するために、ピックアップ・トラックにキャンピングカーをつないでやってきました。そこで一カ月間生活したのですが、大変満足していました。別のポイント5は自宅の仕事場で何時間もコンピューターに向かっています。家族の誰かが彼に伝えたいことがあるときには、ドアの下からメモを滑り込ませることになっています。

第一回国際エニアグラム会議では、二名のポイント5がゲスト・スピーカーとして招待されました。そのうちの一人は結局、会議に姿を見せず、もう一人は会場に来る代わりにビデオ・テープを送って寄こしました。

ポイント5は自殺の場でもあります。隔離の孤独の中に深く入り込みすぎると、外の世界との滋養に満ちた接触を完全に失ってしまう危険性があります。自分を隔離することで安全と快適さを手に入れようとする衝動について、あるポイント5が次のように語っています。

「小さい頃、真っ暗なクローゼットの中で空想の友達と空想のおもちゃで一人遊びをしたことがあります。これまでの人生で一番安全だと感じたのはそのときだと思います。ずっと空想の世界にいたいけれど、その誘惑に負けてしまったら、まともな暮らしはできないとわかっていました。どんなに居心地がよくてもです。それ以来、ずっと誘惑と戦ってきました。空想に逃げたくても、その衝動に屈するわけにはいかないんです。自分の弱さを感じるよりも、もっとまずいことになりますから」

回避　空

回避が空《くう》というのは、一見、ポイント5の防衛機制の隔離と相容れないように思うかもしれません。ポイント5が避けようとする空は、内的な空です。ポイント5はポイント4と同様に、心の中にある底知れぬ深い穴の縁で生きています。ポイント5にとっては、サルトルの言う虚無のブラック・ホールは非常にリアルなものなのです。

ブラック・ホールの崖っぷちに立たされているように感じるポイント5は、強欲に知識を獲得することで、どうにかしてブラック・ホールの虚無から逃れようとします。十分な知識があれば、ブラック・ホールを埋められるかもしれない、あるいは知識や自分の蒐集したものや執着している何かが障壁となってブラック・ホールから激しく吹きつけてくるハリケーンを防ぎ、自分を守ってくれるかもしれない。そのような感覚を抱いています。

記憶を捨てることができないから、僕が覚醒することはありえないだろうね。優秀なドイツ人の医師で白血病の研究をしているポイント5が私にそう言いました。同じことが二度と繰り返されないように決してホロコーストを忘れてはならないのです。彼はめったに休暇をとりませんが、貴重な休みの日には気乗りのしない恋人を連れてダッハウ強制収容所を訪れます。

この医師がワークショップに参加したとき、一週間ずっと「隠れて」いました。ワークショップが終わると、やっと、私に話しかけても大丈夫だと感じたようです。他の参加者たちは誰も、彼が白血病の治療法を見つけるために血液の研究をしていることを知りません。彼の患者の多くは子どもで、助からずに命を失う子もたくさんいる、命を救うための秘密を見つけ出そうとしている、と私に教えてくれました。話を聞きながら彼の中にあるやさしさと心の痛みが伝わってきます。私の目にも彼の目にも涙が浮かびました。

内なる二項対立　社会／反社会

ポイント5の内なる二項対立は社会／反社会です。どちらが表に出ているかで世の中との関わり方が異なります。

社会側のポイント5は、ヘンリー・キッシンジャー（アメリカの国際政治学者。ニクソン政権およびフォード政権期の国家安全保障担当補佐官、国務長官）がそうですが、人前に出るタイプの人に見えることがあります。スポーツ・ジャーナリストのハワード・コーセルも社会側のポイント5でした。内部情報に基づいた特ダネ、つまりストーリーの裏側にあるストーリーを発掘するのがコーセルの強み。ボクサーのモハメド・アリと親しくなり、試合の前に友人として話してくれた内容をニュースにしました。ポイント5は声に特徴があり、後頭部から鼻腔をとおして発声しているような鼻にかかった声で話しますが、コーセルもそうした声の持ち主でした。

億万長者の発明家ハワード・ヒューズは典型的な反社会側のポイント5です。ヒューズは水上飛行機からグラマー女優のジェーン・ラッセルのブラジャーまで、ありとあらゆるものを発明しました。一時は世界でも指折りの資産家でしたが、細菌恐怖症のために何年にもわたって隠遁生活を送りました。彼の部屋に入った人は、何かに触れるときにティッシュ・ペーパー越しに触れなければなりません。触れたものから細菌が広がるのを防ぐためです。

サブタイプ

自己保存的サブタイプ　家

強欲が自己保存的本能によって動かされるこのサブタイプは**家**と呼ばれます。「家は男の城である」はまさにポイント5のための言葉です。ポイント5は建築の場でもありますが、自己保存的ポイント5は全員、自分だけのスペースを必要とします。実際は建築家ではなくても、完璧な家を作る夢を持つ人も多いようです。ログハウスを建てるのが夢だと言うあるポイント5は、デザイン画を描き、見取り図やカタログを取り寄せ、住宅展示場に足を運び、インターネットで情報を集め、ログハウス用に土地を整備し、ログハウスの建て方の調査・研究に二十六年もの年月を費やしていました。

また別の自己保存的ポイント5の男性は、妻と別居してキャンピングカーに住んでいます。子どもが二人いて、父親に会いにキャンピングカーにやってきます。子どもたちを愛しているし、顔を見るのを楽しみにしている気持ちに嘘偽りはありません。それでもやはり、子どもたちが帰り、自分だけの空間が戻ってくると、どうしてもほっとしてしまうのです。

映画『モスキート・コースト』は、文明社会を嫌悪する自己保存的ポイント5の発明家が家族とともにジャングルに移住する物語です。

社会的サブタイプ　トーテム

強欲が社会的本能と結びつくと、**トーテム**と呼ばれます。あるものが通常の機能を超えて目に見えない力を持つ、という意味です。蔵書家にとっての本の持つ力や、レコード蒐集家にとってのレコードの持つ力がトーテムです。ジョン・バースにとっては万年筆がトーテムでした。情報には目に見えない力が授けられている、それがことの真相であればなおさらだ、と考える社会的ポイント5もいます。独自に取材や調査を重ねるジャーナリストの素質を持つのが、このタイプです。ポイント5は常に何かの秘密を握っています。誰かと秘密を共有することは社会的ポイント5にとっての親密さの証です。

性的サブタイプ 自信

性的ポイント5は、性的な魅力に**自信**があることを表に出します。自分が人に愛される存在だと知っています。おそらく、子どもの頃に心からの愛情を向けられたのでしょう。また性的ポイント5には、与えられた役をうまく演じられる確信があります。実のところ、ほとんどの時間、たとえプライベートな時間であっても、性的ポイント5は演技をしているのです。役を演じることによって、漠然とした不安や、傷つきやすさ、内気さだけでなく、人に何かを強要されることや人目にさらされることを恐れる気持ちを隠します。性的ポイント5はたくさんの素晴らしい役者を輩出しています。メリル・ストリープ、ウィリアム・ハート、ジェレミー・アイアンズ、ジェフ・ブリッジズ、ベン・キングズレーは性的ポイント5です。

そのほかの例

バラク・オバマは性的ポイント5です。頭が切れてユーモアのある好人物。激しい怒りを持っていれば政策を押し通せたかもしれませんが、彼にはそれが欠けていました。彼の採用した協調路線は成功せず、妥協によって政策が骨抜きになりました。オバマの父親は性的ポイント8でしたが、父親譲りの度胸が欲しいところでした。

中国の伝統文化はポイント5です。この文化では学識が崇拝されました。功績に基づいて昇進する公務員制度を世界で最初に導入したのは中国であり、かつては、公務員になることが最高の目標とされていました。公務員試験に合格するには、詩作の才能を持ち、絵画と書道にも長けていなければなりません。学者と役人の両方の能力が求められたのです。退職した役人は、田舎に戻り、詩、絵画、書道をたしなみながら簡素な暮らしをします。ほとんど隠遁者のような生き方をする人もいました。

中国人は芸術作品の蒐集に熱心です。少なくとも二千年間、自国の作品を蒐集してきた歴史があります。中国人はいったい何を蒐集しているのでしょうか？　書です！　玄人にもっとも好まれ、尊ばれるアイテムの一つが、優れた書家の作品です。現代では、古い書体を解読できる中国人がほとんどいません。書の価値を判断できること自体が非常に特別な才能です。中国人は書に表現された書家の気質を鑑賞します。書の過去数世紀に登場した偉大な書家の作品を集めることで、筆舌に尽くし難い本質の芳香を蒐集しているのです。

また、中国絵画もポイント5の美的価値観を反映しています。その中でも最上級の芸術は水墨画です。ある景観を目にしたときに芸術家の中に湧き起こる内部感覚をできるだけ少ない筆の動きでとらえたものが、特に優れた作品とされます。水墨画特有の枯れた美を理解できるのは、限られた少数の人たちだけです。

サンフランシスコでアニメーターの功績を称えるアニメーション・フェスティバルが開催されました。表彰されたアニメーターたちは全員がポイント5でした。今にも消え入りそうな様子でステージに立っている姿が痛々しく見えました。じりじりと後ずさりし、司会者からの質問に答えることもできません。自己紹介で自分の名前を言い間違ってしまった人もいました。アニメーターたちは絵コンテに向き合って何年も自宅のスタジオで一人きりで過ごします。それほどまでに手をかけて完成させた作品でも、その長さはたったの5分。しかも芸術作品であって、利益を得るための商業作品ではないことは最初からわかっています。

フェスティバルで賞をとった作品の一つは、コルク・ボードとピンを用いたアニメーションでした。コルク・ボードにピンを刺したり外したりを繰り返して、少しずつピンを動かしながら、ピンの影とその質感を撮影した十分間のショート・フィルムです。三年半もの間、家に閉じこもって完成させた作品ですが、アニメーション・フェスティバルでときおり上映される以外には人目に触れることはありません。それでも、自室にこもり続けていられるよい口実になりました。

『ライ麦畑でつかまえて』で知られる小説家、J・D・サリンジャーは、プライバシーの侵害で伝記作家を告訴し、出版の差し止めを請求しました。サリンジャーは傑出した小説家ですが、出版された作品はごく少数です。自分だけのための執筆を密かに続けていました。四十年もの間、自分の写真を公表せず、インタビューも受けませんでした。最後に新聞社のインタビューを受けたのは一九五三年です。次は、サリンジャーの自宅があった地域に住んでいた学生がサリンジャーについて語ったコメントです。

「サリンジャーさんは、年に一度、町の靴屋にやってきて、靴を注文するんです。必ず二足。靴が仕上がると引き取りにきます。それが数年間続きました。地元の人で、サリンジャーさんが有名人だと知っている人はそれほどいませんでした。そもそも彼の存在自体に気づいていなかった人も多かったと思います。靴屋の店主もそうした人たちの一人だったんですが、ある年、サリンジャーさんが大変尊敬されている小説家だと知って、作品を読んでみることにしたんです。その後、毎年の習わしでサリンジャーさんが靴屋にやってくると、ある作品がとても気に入った、と伝えたそうです。サリンジャーさんは靴を注文し、店を出ると、それから二度と靴屋に現れることはなかったそうです。注文した靴を受け取りにさえ来なかったらしいですよ」

ヨーロッパが革命によって揺るがされている最中に、カール・マルクスは革命の論文や本の執筆にいそしんでいました。パリ・コミューンには参加せず（ポイント8であれば、参加したでしょう）、ヨーロッパで勃発していたどの革命にも加わらず、イギリスにとどまって大英博物館の図書室で毎日、執筆活動を続けました。

天才コメディアンのW・C・フィールズの才能は、本人亡き後も輝き続けています。亡くなってからかなりの年月が経ちますが、今でもその独特な声の印象が耳に残っています。フィールズはパントマイムのジャグラーとしてショー・ビジネスの世界に入りました。映画に出演するようになると、見知らぬ土地にいるよそ者の役をコメディー仕立てで演じます。フィールズは非常に独立心の強い人物でした。子どもや、小鳥、ペット、そして態度の大きい妻がうるさい音をたてるのをひどく嫌い、そのことをコメディーのネタにしました。

サブタイプごとの例

自己保存的サブタイプ〜家

ジャン・ポール・ゲティ、ディック・チェイニー、ダスティン・ホフマン、ジーン・ワイルダー、セオドア・カジンスキー（郵便を利用した爆弾事件犯、通称ユナボマー）、アルベール・カミュ、J・D・サリンジャー、W・C・フィールズ、フランツ・カフカ、オルダス・ハクスリー、老子、建築、隠者

社会的サブタイプ〜トーテム

トーマス・ジェファーソン、ヘンリー・キッシンジャー、ルース・ベイダー・ギンズバーグ、カート・ヴォネガット、マーク・トウェイン、カール・マルクス、ボブ・ディラン、ハリー・ポッター、ジョン・バース、アルベルト・アインシュタイン、稀覯本の蒐集家、発明家、調査報道記者、データ（スター・トレックに登場するアンドロイド）

性的サブタイプ〜自信

メリル・ストリープ、バラク・オバマ、イライジャ・ウッド、ウィリアム・ハート、ベン・キングズレー、ジェイク・ギレンホール、ジェレミー・アイアンズ、イングマール・ベルイマン、ゲーリー・スナイダー、マレーネ・ディートリヒ、ジェームズ・スチュアート、ハワード・ヒューズ

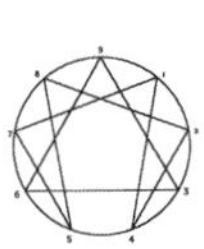

ポイントの移動と関係性

副次的な教え

それぞれの認識システムの間には多様な関係性があります。エニアグラムを学び、自分のものにしていくにつれ、隣り合わせになっているポイント同士の関係性がどのようなものなのかが見えてきます。たとえば、ポイント8には、ポイント9とポイント7のどちらの性質も影響します。ポイント8は、ポイント7の暴飲暴食に、あるいはポイント9の怠惰に囚われることがあります。エニアグラム研究所共同創設者のドン・リチャード・リソとラス・ハドソンは、隣接ポイントのどちらに偏っているかでパーソナリティーがどのように変わるかを説明する「ウィング」の研究に貢献しました。彼らのウィングの分析は非常に的確です。とはいえ、ウィング以上に興味深いテーマがあります。それは、パーソナリティー形成の土台となる、より深いレベルでの各ポイントの関係性です。

エニアグラムを見ると、一つのポイントが別の二つのポイントと線でつながれています。この線は、つながれたポイントの間に関連があることを示しています。線でつながったポイントがある方向に移動するのが好ましく、それとは反対方向に移動するのは破滅的である、という法則を提唱する人たちもいますが、実際は、どちらの方向に移動しても、そこでの学びがあります。

ポイントの移動が起こるのは、その人がリラックス状態にあるときか、あるいはストレス状態にあるときです。リラックス状態で起こる移動のことを「ハートに入る（heart space）」と表現する人もいますが、この表現は誤解を招きかねません。なぜなら、自己の本質である真のハートに目覚めるとき、認識システムは完全に超越されるものだからです。認識システムの関係性について語るのであれば、リフックス方向への移動を「コアへの落下」と呼ぶほうがより適切で、かつ実用的でしょう。

認識システムは入れ子構造になっています。まず、その人のベースとなる認識システムがあり、その内側に包み込まれるようにして「コアへの落下」にあたる認識システムがあります。さらに、ベースとなる認識システムの外側をまた別の認識システムが包み込んでいます。このことを知っておくと、二つの点で有益です。一つは、認識システムの診断に役立つという点。もう一つのほうがさらに重要ですが、エゴの根本にあるパターンで、いまだ無意識のままになっているものを浮き彫りにできる、という点です。

中核ポイントの移動パターン　3、6、9

ポイント3、6、9は中核ポイントと呼ばれます。エニアグラムの中核ポイントの三つの頂点を線で結ぶと円の内側にある三角形になります。「コアへの落下」では、この三角形のそれぞれのポイントが時計回りに移動します。ストレス下では反時計回りに移動します。

ポイント3（ストレス下での移動）

ストレスにさらされたポイント3はポイント9のようにふるまいます。行動して成果を上げるのではなく、成果を上げることについて空想に耽り、行動せずに考えてばかりいるようになります。あるメキシコ系アメリカ人のポイント3の女性は、労働者階級の家に生まれ、女性は世の中に出ても成功できないと言われて育ちました。ところが、一九八〇年代にカリフォルニアに住んでいたときに離婚をしてからは、なんとしてでも仕事で成功せねば、と必死になります。成功についての相反する二つの思いが心の中で葛藤を起こし、ストレスとなります。その結果、仕事についてあれこれ考えてばかりで、実際の行動は起こさないという状態に陥りました。

戯曲『セールスマンの死』の主人公ウイリー・ローマンは、ストレスにさらされたポイント3が陥る状況をまざまざと見せてくれます。ポイント9は怒りを制御できなくなることに恐怖を感じますが、ストレス下のポイント3もそれと同じ状態になり、怒りを避けるようになります。このとき、恐れをともなったまま怒りを受け入れ、その感情をダイレクトに体験できれば、真の愛の至福を実感できるでしょう。

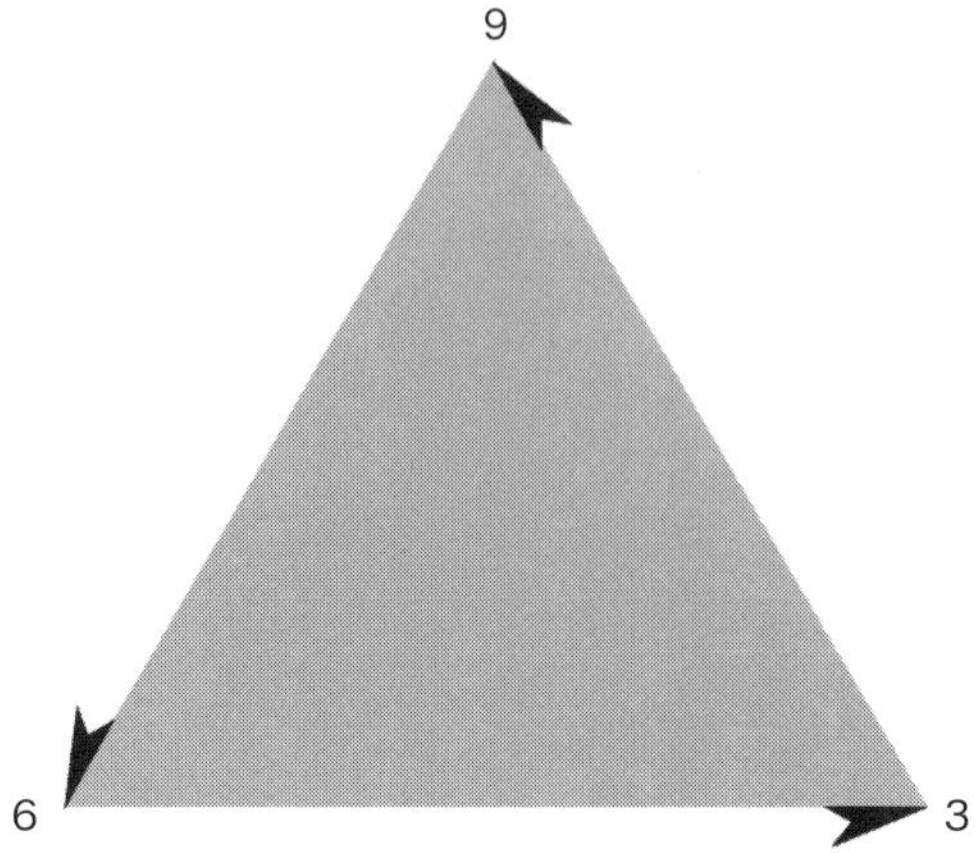

ストレス下での移動

ポイント6（ストレス下での移動）

ストレスにさらされたポイント6はポイント3のようにふるまい、成果を上げようとしはじめます。多くのポイント6がポイント3のようになるべきだと考え、ポイント3と同様に生産的になろうと努力します。残念ながら、これはストレス反応であり、ポイント6は疲弊し、燃え尽きてしまいます。ところが、ストレスの方向であるポイント3への移動は、ポイント6にとって有意義な側面もあります。いつも考えてばかりいるポイント6が自分の頭の中にとどまるのをやめて、実際に行動を起こすことができるという点です。ポイント3への移動が起こったときは、認識システムの機械反応を引き起こす凍りつくような恐怖や無価値観を体験するチャンスです。恐れと無価値観をただそのまま体験すると、その奥にある真の愛に出会えます。

ポイント9（ストレス下での移動）

ストレスにさらされたポイント9はポイント6のようにふるまいます。自己不信と妄想のループから抜け出せなくなります。何が現実なのかよくわからなくなったり、ものごとが見かけどおりではないかもしれないと疑ったりします。そして、頭の中で自分自身と会話をし続け、思考が渦巻き、決断できなくなります。このとき、疑いの奥にある恐れをただそのまま感じていると、意識の深まりが起こり、真の空へと入っていくことができます。

ポイント3（コアへの落下）

ポイント3が恋に落ちると、コアへの落下が起こり、ポイント6に移動します。ポイント6に移動したポイント3は、思考が優位になって愛や感情を感じられなくなります。引きこもって、恋の相手に備わっている性質を一つひとつ並べて、頭の中で目録を作ります。

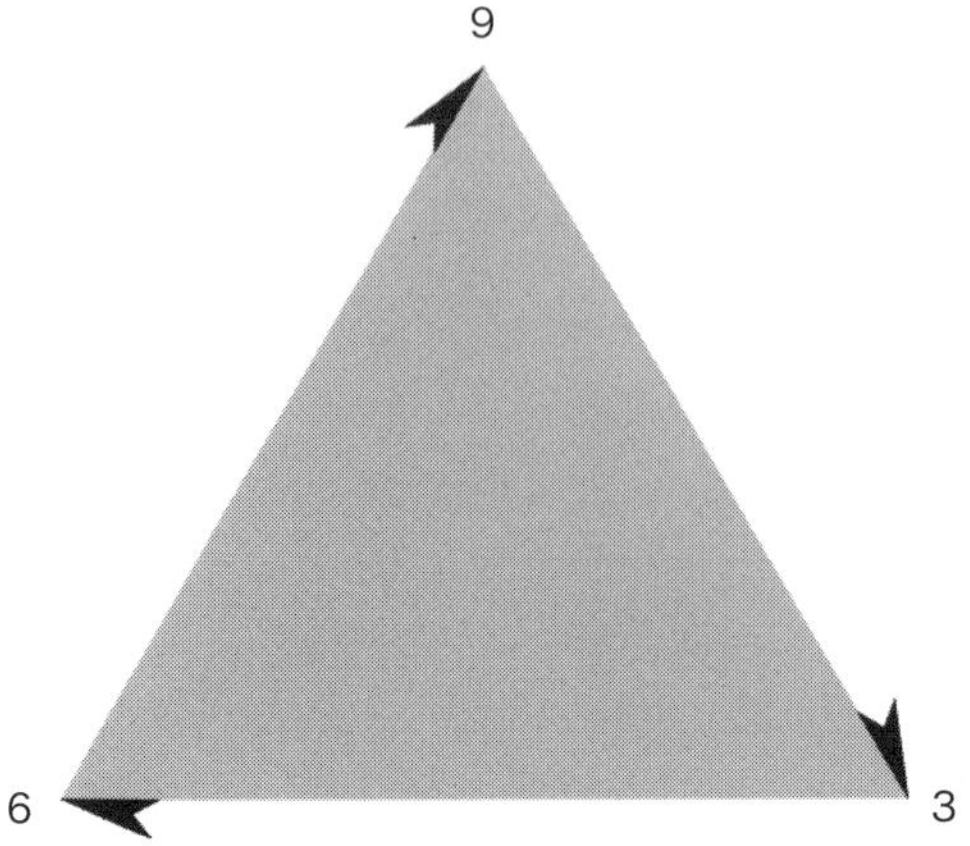

コアへの落下

ポイント6に移動したポイント3は、好かれたい相手が自分との関係をどう思っているのかを分析します。本当は何が起こっているのか知りたくて、あれこれ裏を探ろうとします。こうして、思考の活動が忙しくなり、愛のフィーリングから離れていきます。

疑いの気持ちが起こると、それをはねのけることはできません。疑っていることについて、ああでもないこうでもないと頭の中で議論を始め、思考が止まらなくなります。このようにポイント6の囚われである疑いが生じるとしたら、それは、恐れの回避が起こっているサインです。このケースでは、恋愛感情のせいでコントロールを失ってしまうのではないかと恐れています。疑いを頭の中に巣食う敵と見るのではなく、愛への恐れを教えてくれるサインとして受け止めることができれば、認識システムは、それ自体がずっと回避してきたものに近づくための乗り物に変わります。

ポイント6（コアへの落下）

ポイント6にコアへの落下が起こると、ポイント9になります。ポイント6はリラックスし、偏執傾向が緩んで、怠惰になります。ついに警戒心を解き、気持ちがゆったりすると、今度は、ただぼんやりとテレビを見続けたり、虚脱状態のままビーチで寝そべって、まるまる一週間何もしないこともある、と言うポイント6もいます。この状態のポイント6は、真に存在することを避けています。恐怖心が過ぎ去ると、いつも何かしていた状態が何もしない状態――真の存在のまがいものである怠惰――に切り替わります。このときポイント6は、ある可能性に開かれています。激怒と絶望を避けるために眠りこけるポイント9の傾向が内側にあるのを感じつつ、それでもなお、目覚めて、気づきを保ちつつ、何がやってきても動かずにただそこに存在するチャンスです。

ポイント9（コアへの落下）

ポイント9にコアへの落下が起こると、ポイント3になります。大切な人のために、手の込んだ贈り物をする、プレゼントを買う、新たになんらかの責任を背負う、といったようにものごとを成し遂げはじめます。愛する人のためであれば、生産的に行動するためのエネルギーをどうにかして作り出します。これでは真の愛を伝えるものであるはずの行動が、真の愛を感じることからの回避になっています。この状態になったとき、ポイント9にとっては、ポイント3の無価値観と自己嫌悪、そして人から愛されるために何かを生み出さなければならないという思いに直面する絶好の機会です。根深い自己嫌悪感を自ら進んでただそのまま体験すると、真の愛がおのずと姿を現します。

隣接ポイントの移動パターン　1、2、4、5、7、8

エニアグラムは数学的なシステムであり、その中には無限に繰り返される数列が含まれています。1を7で割ると、小数点以下は142857の繰り返しになり、割り切れません。この数列は、エニアグラムの中核ポイントの三角形に隣接するポイントの数字と一致します。隣接ポイントの場合、ストレスがかか

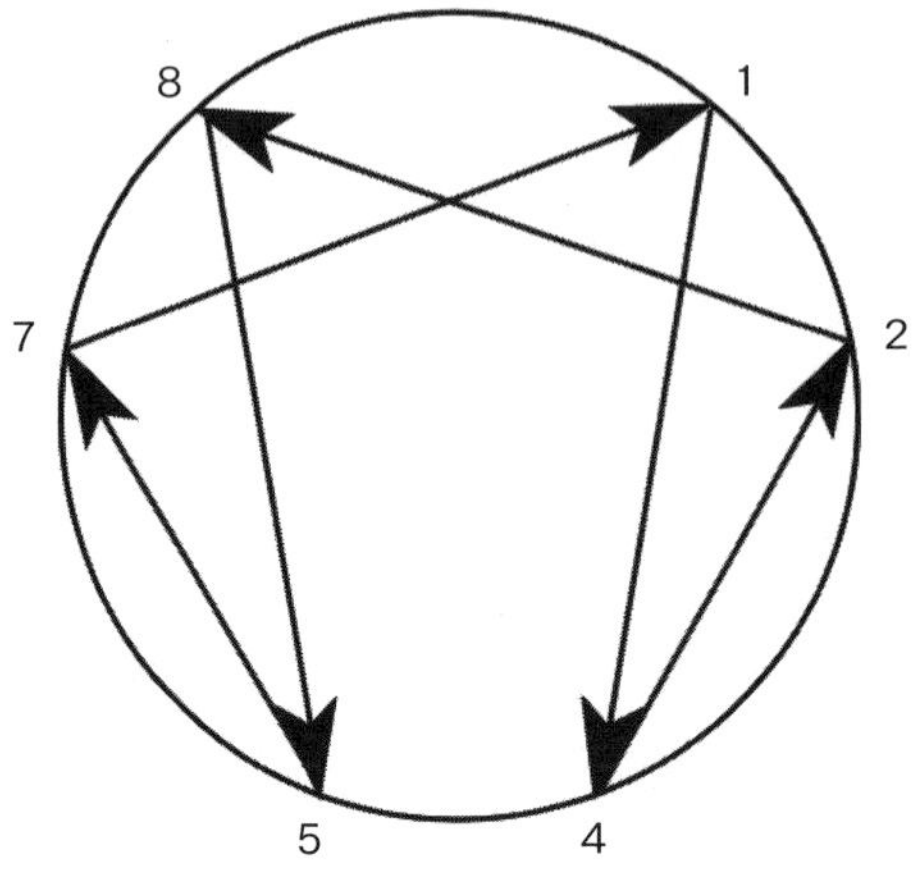

ストレス下での移動

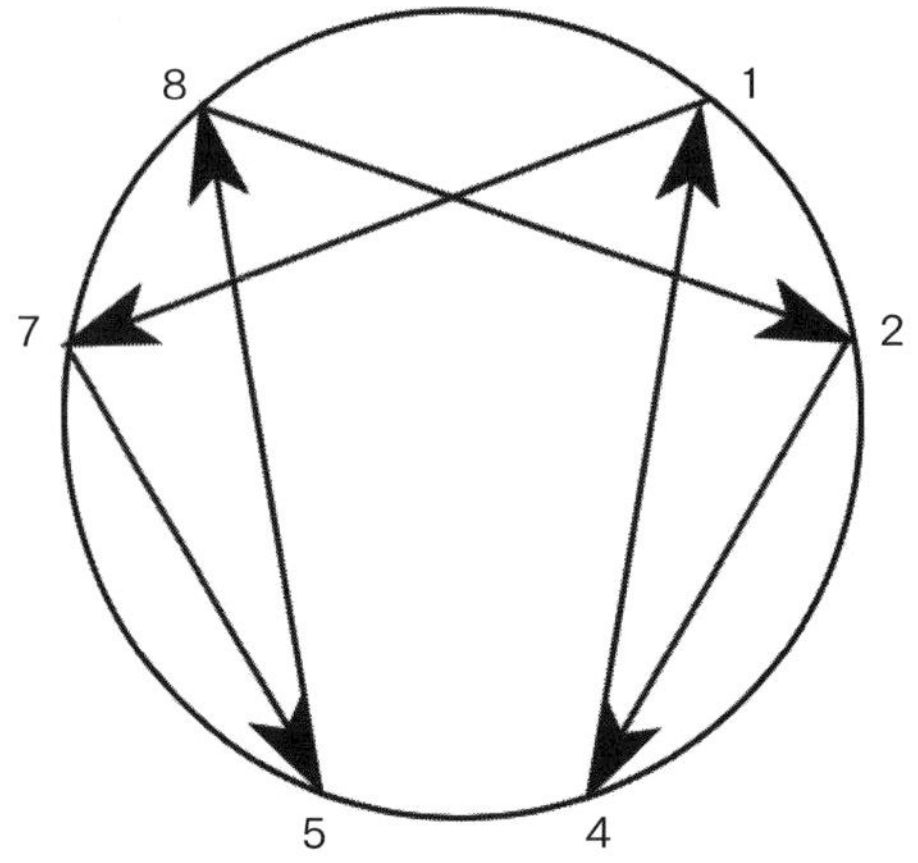

コアへの落下

ると、この数列の並び――1→4→2→8→5→7→1――に従ってポイントの移動が起こります。コアへの落下が起こると、数列を逆にした並び――1→7→5→8→2→4→1――に従って移動します。

では、この数列の順番に、それぞれのポイントがストレスの方向およびコアへの落下の方向に移動したときにどうなるかを見ていきましょう。

ポイント1

ストレス下のポイント1はポイント4のエゴの戦略の一部を採用して感傷的になり、不機嫌になります。過去を思い返して、柔らかな輝きに包まれた完璧さの余韻に浸り、あの頃に戻りたいと切望します。周りを見回して、自分よりも人生がうまくいっているように見える人たちを見つけては、その人たちを妬むこともあります。こうした状態のポイント1は、ポイント4特有の自己嫌悪感を避けているのです。自己嫌悪感に向き合い、その感情をただそのまま味わうと、自己嫌悪の下で燦然と輝き続けている豊かな喜びに出会えます。

ポイント1にコアへの落下が起こると、ポイント7の性質が出てきます。緊張のほぐれたポイント1は地図を眺め、嬉々として旅行の計画を立てるかもしれません。あるいは、ポイント1の実用性とポイント7の遊び心を同時に満たす便利グッズを使うのを楽しむでしょう。アーミー・ナイフ、電動缶切り、リンゴ皮むき器、食洗器はおそらくポイント1による発明品です。コアに移動したポイント1は旅に出かけ、休暇を満喫するかもしれませんが、旅行中もアクティビティーやオプション・ツアーの予定がびっしり詰まっているはずです。この状態のポイント1は、ポイント7特有の知らないままでいること（not knowing）に対する恐れに向き合うのを避けています。あらゆる知識、あらゆる考え、そして概念化の能力を一切放棄すると、マインドは存在そのものの持つ無限の至福に入っていくでしょう。

ポイント4

ポイント4がストレスにさらされると、ポイント2のようにふるまいます。権力者のお世話を始めるのです。ポイント4はストレス下にあるときに新しい恋人との関係をスタートさせることがあります。つき合いはじめの頃は、ポイント2のように行動し、パートナーに素直に従い、かいがいしく世話を焼きます。自分自身の苦しみからは距離を置き、初々しくて、よく気のつくパートナーとなるのです。ポイント4がこうした状態にあるとき、新しい可能性を開くチャンスです。心の奥に潜むポイント2特有のプライドと自己嫌悪感まで降りていき、その感覚をそのまま体験することで、ポイント2のエッセンスのやさしさを自分の内側に発見できます。

コアに落下したポイント4はポイント1のようにふるまいます。リラックスして心を開き、気が緩むと、ポイント4はイライラした完璧主義者となり、パートナーのほんのちょっとした欠点でも目につくようになる傾向があります。

こうしたポイント4の移動パターンは、「捨てられた私と自尊心の欠如」というタイトルのメロドラマを延々と生み出し続けます。ポイント4の女性の人生に、魅力的で非の打ちどころのない王子様が現れます。この女性がストレスにさらされていれば、現れた男性を王様のように扱うでしょう。親しくなって関係が深まると、意地悪で批判的になります。そうして、またこの恋も自分から壊し、予測どおり悲劇の人生が繰り返されるのです。

コアにいる状態のポイント4は、ポイント1特有の怒りと内側でくすぶる自己嫌悪を感じる可能性に開かれています。逃げも対処もせずに、ただそのまま怒りと自己嫌悪感の奥に降りていくと、純粋さという本来の完全性が姿を現します。ポイント4の認識システムを超える深まりが起きたそのとき、純粋性が光り輝いていることに気づくでしょう。その光は、周りの人をもホームへと導きます。

ポイント2

ポイント2がストレスにさらされると、ポイント8のようにふるまいます。激怒し、かんしゃくを起してものを投げつけさえしかねません。

私の知り合いの自己保存的ポイント2の女性は会計士の秘書をしています。ある日、大口の預金をするために銀行に行くと、すでに閉店していました。ドアを叩いて中に入れてもらおうとします。「私です！」自分は優位な立場にあるのだからそれを尊重せよと要求したのです。要求に応じなかった銀行に対して猛烈に腹を立て、復讐心に燃えた彼女は、翌日、その銀行に口座を持つ自分の顧客の全員に電話をかけ、口座を解約させました。小さな町にあったその銀行は、それから一年も経たずに移転する破目に追い込まれました。

ポイント2がストレス下にあるときは、ポイント8の荒れ狂う復讐心を、そこから逃げずにただそのまま感じ切るチャンスです。復讐心の下には権力への欲望が隠され、さらにその奥には力の源泉があります。復讐心を感じ切ることで、何かを生み出す創造のパワーであるシャクティそのものを体験できるのです。

コアに移動したポイント2は、ポイント4のようにロマンティックになります。ポイント2は完璧な母親やパートナーであることを追求する一方、ロマンスをあきらめてしまう傾向があります。本当は、表に見えている部分のほんの少し奥に入ると、そこにはいつでもロマンスがあるのです。ポイント2はロマンスも、新しい恋に心をときめかせるのも大好きです。ポイント2がポイント4特有の感情の奔出におぼれるとしたら、そのときは自己嫌悪感の回避が起こっています。自己嫌悪に向き合い、嫌悪感をただそのまま体験し切ってみると、真の喜びに向かい入れられるでしょう。

ポイント8

ポイント8がストレスにさらされると、ポイント5のようにふるまいます。私の知り合いのポイント8の中には、たとえば高校時代など、絶えずストレスがかかっていた時期があったという人たちもいます。そうした時期には人づき合いをしなくなり、自室にこもって本を読んでいたそうです。ポイント8がポイント5のように自分のスペースを必要とする状態になった場合、自分の内面のより深いところに入っていくチャンスです。また、心が痛む真実から目を背けたいがために、ポイント5への移動が起こることもあります。ある習慣を変えるように妻に言われたことがプレッシャーとなり、雑誌を読み耽けようになったポイント8がいました。そのようなやり方で現実から目を背けるのです。ストレス下にあるときのポイント8は、ポイント5特有の恐れと隔離の孤独を感じ切り、知識欲を手放して、内なる真の平穏を発見する可能性に開かれています。

アウトローのポイント8のコアには、実はポイント2の母性が隠されています。ただし、ポイント8はやはりポイント8らしいやり方で人の面倒を見ます。つまり過剰に世話を焼くのです。ポイント8が夕食を準備すると、前菜の種類は多すぎで、飲みきれないほど大量のワインを用意します。多いに越したことはない、というポイント8的な方針で何事もなされます。過剰に世話を焼く行動の原動力となっているのは無自覚のプライドです。ポイント2特有のプライドを直視すると、自分は愛されない存在だという根深い信念や、それにともなう感情も表面化します。その感情から逃げずにただそのまま体験していくと、その下にあるやさしさを発見できます。それは、承認も見返りも必要としない真のやさしさです。

私自身の例をお話ししましょう。私の認識システムは性的ポイント8です。誰かに恋愛感情を抱くと、自分でも尻軽と呼ばざるをえないような人間になるのです。明晰な思考力は消え、突如として世界は私の愛する人を中心に回り出します。その女性の世話をする以外は何も必要としません。ミュージカル『オクラホマ』の歌よろしく、ノーと言えない女の子（『I'm Just A Girl Who Can't Say No』）のようになってしまうのです。

ポイント5

ポイント5がストレスにさらされると、ポイント7への移動が起こります。すると、ポイント5はあれこれと未来の計画をしはじめたり、旅行に出かけたりするかもしれません。そうした行動をとることで、ポイント7特有の知らないままでいること（not knowing）への恐れと、恐れの下に隠れている感情的な痛みを感じないようにしています。このときポイント5にとっては、知っているという思いをすべて手放して、自己の内側に深く飛び込み、没頭の至福を見いだすチャンスです。

ポイント5にコアへの落下が起こると、アウトローのポイント8になります。ポイント5はエニアグラムの中でももっとも非社会順応型のポイントですが、リラックスしてコアに移動すると、自慢気になったり、尊大になったりします。怒鳴って、ドアを乱暴に閉めることすらあるかもしれません。とはいえ、ポイント8とは異なり、実際に反社会的行動を起こすことはまずないでしょう。もし行動に移すことがあっても、郵便を利用して爆弾を仕掛けたユナボマーのように直接的な接触は避けるはずです。マフィアの参謀だったマイヤー・ランスキー（アメリカのユダヤ系ロシア人のギャング。マフィアの財政顧問）はポイント5です。ランスキーは参謀だったため、暴力行為に手を染めることはありませんでした。

ポイント5は反社会的な見解を持ち、弱者の側につきます。一度、何かに忠誠を誓う、あるいは何かを決断すると、心変わりをすることがありません。コアへの落下はポイント5にとって、ポイント8特有の欲望から逃げず、だからといって欲望のままに行動するのでもなく、欲望の衝動をただそのまま感じる絶好の機会です。そのようにして欲望の奥へと入っていくと、真の存在のシャクティ（パワー）と、求めていた真の滋養が与えられるでしょう。

ポイント7

ストレス下にあるポイント7は、ポイント1のようにイライラして非難がましくなります。ポイント7のチャーミングな仮面が剥がれ落ち、意固地で気難しそうに見えるかもしれません。その奥には不完全さに対するポイント1の激怒が隠されています。自分の内側でこの激怒を感じるのは耐えがたいことなので、投影を起こして外側の何かを非難します。このような状態にあるとき、ポイント7にとっては、知らないままでいること（not knowing）に対する恐れの中に分け入り、思考を手放して、純粋さという完全性に自分を委ねるチャンスです。

ポイント7のコアはポイント5です。ポイント5特有の質素な生活や倹約を愛する資質をポイント7も持っています。ポイント7は責任と親密さをひらりとかわし続けますが、これは、実はポイント5の親密な触れ合いからの引きこもりが形を変えたものです。ポイント5の心を持つポイント7は非常に繊細で無防備なため、人が自分に近づきすぎるのを受け止めることができません。ポイント5とポイント7はどちらも、見知らぬ土地でよそ者として過ごす冒険を好みます。そうした状況であれば、匿名の存在として安全な範囲で人と触れ合えるからです。ポイント5とポイント7にとっては、演劇、パフォーマンス、音楽も同様の働きをします。コアにいる状態のポイント7は、さまざまなアイデアや五感を刺激する体験への執着を完全に手放すと、静寂の深い平穏の中に入っていくことができるでしょう。

第三部　目覚め——エッセンス、超越、そして静寂

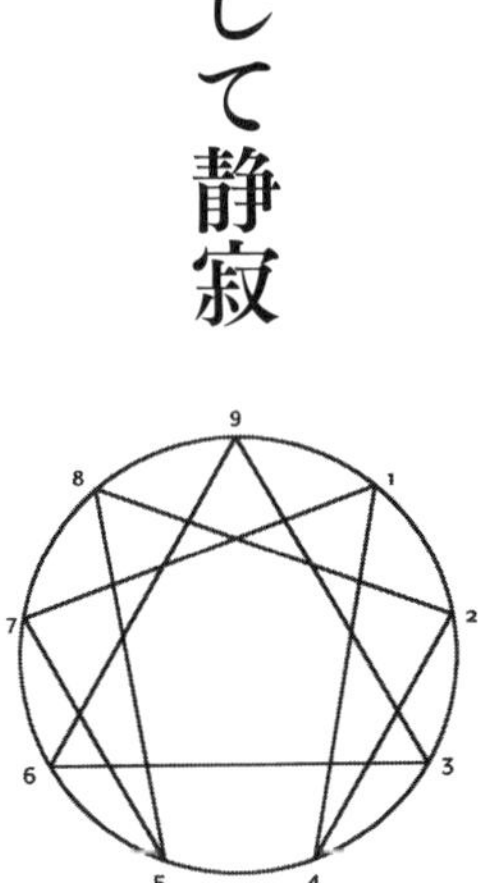

目覚め――エッセンス、超越、そして静寂

分離などない全一についていったいどのように語ったらよいのだろう？　二元性をも含む全一についていったいどのように語ったらよいのだろう？　永遠であり、かつ永遠ではない全一についていったいどのように語ったらよいのだろう？　我は叡智の霊酒、大空とたがわぬ一様で均一の存在である。

アヴァドゥータ・ギーター

認識システムという制限されたものとして自分をとらえるのではなく、**「混じりけのない一様の存在」**が自分であるという真の認識へと変わること。それは、何よりも稀有な出来事です。だからこそ、真実のアイデンティティーに目覚めたごく少数の人たちは、いつの時代でも祝福を受けてきたのです。

二つの伝統を統合する

かつて私は、自己探求の発祥の地はインドとばかり思っていました。ところが、あるとき、地中海のギリシャとイオニアの文化において二千五百年前に自分自身に問うこと、つまり自己探求が行われていたこ

とを知ったのです。自己探求が地中海で生まれ、アテネで盛んになったのはなぜか？　私はしばらくそのことについて考察しました。

理由の一つとして考えられるのは、現在のトルコ沖に位置するイオニアの島々の文化的な特徴です。イオニアはヨーロッパとアジアの境目に位置するため、双方から伝えられるさまざまな文化の影響を受けました。それに加えて、ティルス（現在のレバノン共和国にある遺跡都市）を中心とし、北アフリカに植民地カルタゴを建設するほどの広がりを見せたフェニキアの貿易文化も影響を及ぼします。また、イオニア人はペルシャおよびバビロニアとも直接的な文化交流があり、さらに文化面での兄にあたるのはエジプト人だと考えていました。このようにして、文化の潮流が混じり合い、コスモポリタン的な世界観が確立されたのです。

フェニキアからこの地に音素文字（基本的に一音素を一文字で表す表音文字）がもたらされたのが重大な転機になったのではないか、と私は見ています。ヘブライ人は、バビロン捕囚の影響でアラム文字から派生したヘブライ文字を使っていました。アラム語は当時、バニロニア人とフェニキア人が貿易で使っていた言語です。ヘブライ人とギリシャ人は口頭伝承を書き記すために文字を使いはじめます。石器時代からそう遠くない頃に起こったトロイア戦争は何世紀もの間、詩歌として歌われ、語り継がれていましたが、そうした口頭伝承を書き起こしたものがイーリアスやオデュッセイアです。現代では神話と呼ばれています。ヘブライ人はのちに旧約聖書となるモーセ五書を書き残しました。古代から連綿と語り継がれてきた伝承と、バビロン捕囚の間にヘブライ人が耳にしたさまざまな物語が混ざり合ってできたのがモーセ五書です。世界で最初の歴史小説と言ってもいいかもしれません。

脳の主たる学習方法が「耳で聞いて学ぶ」から「読んで学ぶ」に席を譲ると、象形文字に代わって使われるようになった、言葉がどの音で構成されているかが目で見てわかる表音文字（phonetic alpha-bet／Alpha はギリシャ語、Bet はヘブライ語に由来します）の影響で、人の思考プロセスも、直線的思考へと変化します。ヘブライ人は聖書の土台となる文書を作った後、タルムードとその注釈に取り掛かりました。こうした書物にヘブライ人の宗教における直線的思考が表れているように思います。

ギリシャ人つまりイオニア人の間では、表音文字がもたらした直線的思考の影響がこれとはまた違った形で表れます。真実とは何か、人間とは何か、幸福な人生を送るにはどうしたらいいのか？　彼らは、そうした本質的な問いについて考察するようになったのです。

本書は、いうなれば、古代ギリシャの哲学者ピタゴラスから伝わるエニアグラムと、ラマナ・マハルシの静寂の伝達（禅の頓悟に相当するもの）を統合する方法を示そうという試みです。エニアグラムと静寂の伝達が一つになると一体何が起こるのでしょうか？　解放へのダイレクト・パス（直接通じる道）が開かれるのです。

今は、誰もが目覚めることができる時代です。目覚めるためにヨガの行者や聖者になる必要はありません。「実在の真実を見つけるために必要なものはただ一つ。実在すると信じているものをすべて脇に置くという意欲だけだ」これは私の師であるパパジの教えです。この意欲に完全に自分を委ねなければ、どれほど修行しても、どのような手法を持ってしても、真実を手にすることはできません。真実を知りたいという思いがそこにあれば、宇宙のすべてがあなたの目覚めをサポートしてくれます。そのとき、エニアグラムは非常にパワフルな薬となって、認識システムに囚われたマインドという幻想の病を癒してくれるのです。

あなたはすでに無限の愛の意識そのものです。究極の発見とはそれを知ることです。ですから、自分を探そうとすると、いかなる方法であれ、間違った方向に進んでしまいます。探せば探すほど、あなたは実在の真実から遠ざかります。すでにここにあるものを目隠しする覆いを外したいと切に願うとき、すべてが発見されるでしょう。

有限の個人が存在するという観念を脱ぎ捨てるためのもっとも手早い方法は、動かないことです。動かないというのは、体をじっと固定するという意味ではありません。もちろん、自己探求の最初の段階では、体を静かな状態にしておくことも大いに役立ちますが、ここで言っているのは、メンタル体や感情体の動／不動です。「動く」とは、認識システム特有の反応パターンによって生じる思考と感情の波に流されることを指します。

行為も努力も超えた根源的な覚醒。これが非二元の叡智の隠された目的である。

金剛薩埵から帰依者金剛手菩薩へ

聖なる理念（Holy Idea）

聖なる理念

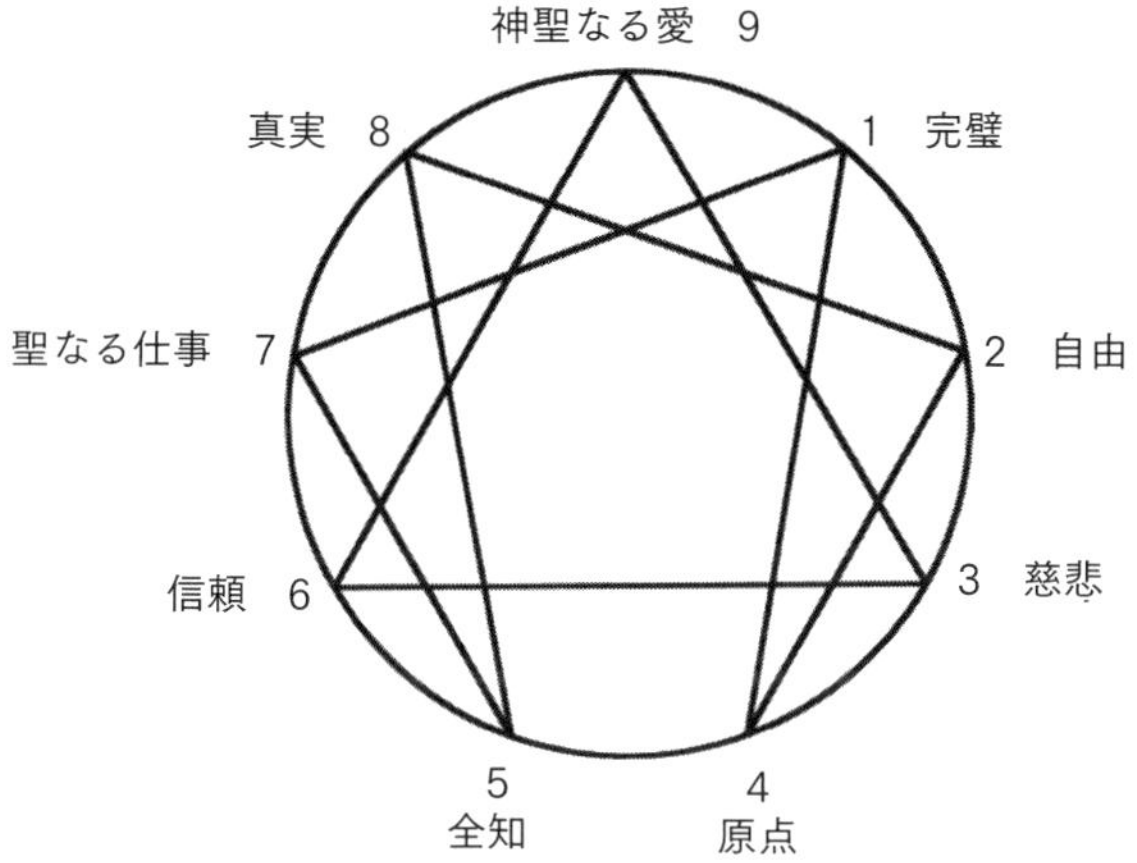

実のところ、どのような理念も聖なるものではありませんし、真実に至る道も存在しません。聖なるものはいかなる理念・観念をも超越しています。どの道を歩もうとも、その先に自己の真実があるわけではないのです。

　とすると、エニアグラムの聖なる理念はいったいなんのためにあるのでしょうか？　自分を超えたい、分離したエゴを実体だと思う観念と訣別したい。そうした思いを奮い立たせるものが聖なる理念です。マインドを超え、マインドを超えた何かを発見することにエゴのマインドを集中させる力となります。つまり聖なる理念とはエゴを超越するための理念です。エゴの意識の注意をとらえ、エゴの消滅の方向に視線を向けさせます。聖なる理念の真価は、全存在——思考、肉体、感情のすべてを含む――をかけて自由を求めてこそ発揮されるのです。

一方、認識システムも聖なる理念を利用します。ほとんどの場合、認識システムをより強固に正当化する目的でスーパーエゴが聖なる理念を巧みに利用します。エゴのマインドは二元性の中でのみ存在します。このことがわかれば、スーパーエゴの正体についても簡単に理解できるでしょう。人と神という二元性がまず初めに起こり、その二つは行為者と行為者を裁く者という概念として取り込まれます。行為者はある種の固定化したアイデンティティーを持つ自分と呼ばれる者となり、神はスーパーエゴと呼ばれる内なる裁判官になります。行為者である自分とスーパーエゴが内部対話することによってエゴの構造が維持されます。スーパーエゴは制限を課し、劣等感や恥の意識を植えつけ、自分や他人を裁き、非難します。こうして、行為者と行為を裁く者との戦いが設定されます。このように心の中が戦闘状態になっているのが、ごく普通の生き方です。

スーパーエゴは行為者を裁くために聖なる理念を利用し、行為者は欲望の奴隷となっていることを正当化するために聖なる理念を利用します。

ポイント9

ポイント9の聖なる理念は**神聖なる愛**です。ポイント9の認識システムは、自分に正直でいたら怒りが生じるであろう状況になると、真実から目を背け、目を背けたことを神聖なる愛という名目で正当化します。ポイント9のスーパーエゴは怒りを恐れ、よくないものだと裁き、怒りの反応が適切な場合ですら怒りを抑圧します。自然な反応が抑圧されると、それに代わって認識システムが自動反応します。愛ゆえに怒りを出さないのだとスーパーエゴが正当化したところで、実際は、ただ単に習慣で機械的に反応しているにすぎません。ポイント9の場合は通常、自分を麻痺させます。怒りに火をつけられる、あるいは危険が差し迫るといった状況でも自分の態度をはっきりさせません。こうして、ポイント9は明らかに妥当な場合でも自分を主張せず、後になって相手に腹を立てたり、恨んだりすることが多々あります。ポイント9はなすすべのない被害者となり、心の中で相手を責め、自己嫌悪に陥ります。ポイント9の神聖なる愛の「物語」は、自分の感じていることを表現しない、あるいは自分の気持ちを感じさえしないという物語です。人は愛を感じるべきであり、愛ではなく怒りを感じたら、愛情のない人間だということになる、そうなるよりは自分を麻痺させて、ぼーっとしたほうがいい。ポイント9はそのような物語を心の奥で語っています。

神聖なる愛そのものとして自己をリアルに体験するとき、愛がどのような行動として表現されるのかにはなんの決まりもありません。愛は自然発生的で、いかなる条件にも縛られません。愛は自由です。愛が愛を愛すのは自然の道理。愛は愛を支え、愛は愛を映し出します。これがいったい何を意味するのか、どのような形で現象化し、どのような行動になるのかは、認識システムに囚われたマインドには決してわからないことなのです。

ポイント8

ポイント8の聖なる理念は**真実**です。ポイント8の認識システムはこの理念をこん棒として利用します。みんなを殴って服従させ、優位な立場から支配し続けます。真実が武器として利用されるとき、その真実の意味するところは、例外なく「自分の真実」です。真実を主観的で個人的なものとして扱うのは、嘘をつくこととなんら変わりありません。

不変の真実を実現しているのであれば、分離した個人は存在せず、ものごとを個人的に受け取ることなど起こりえないのです。真実とは、あらゆる理念・概念を超えていながらも、すべての理念・概念をあらしめているものです。真実は形のないものであり、形あるものはすべて真実の表れです。すべての現象の源として自己を理解すること。それが真実なのです。

ポイント1

ポイント1の聖なる理念は**完璧**です。ポイント1のスーパーエゴが聖なる完璧さの**概念**を取り込むと、不完全なものを裁く傾向が強化されます。スーパーエゴに取り込まれた完璧さは、頭の中にある概念であり、不完全という対立概念と対になった形でしか確認できません。完璧という聖なる理念を維持するには、不完全なものを見つけて、指摘してやらないといけないのです。

真の完璧さは概念ではありません。ものごとをただありのまま見ることです。真の完璧さから除外されるものは何一つとしてありません。完璧から外れるものが何もないのであれば、いったいどこに不完全さが存在できるのでしょうか？

ポイント3

ポイント3の聖なる理念は**慈悲**です。ポイント3の認識システムが慈悲の理念を持つと、その理念は、正しいことをしようという思考に形を変えます。ある行為を「慈悲の気持ちで行った」と言って正当化する場合、突き詰めて考えると、その行為は自分への裏切りになります。なぜなら、それは行為者のモラルを基準にして画策された、真の慈悲の真似事にすぎないためです。本物ではない慈悲から行われたものは、どのような行為であれ、やがては苦しみをもたらします。自分の価値を認められていないという思い、あるいは満たされない気持ちが誰かの心の中に残るでしょう。

真の慈悲とは、真の自己であるハートが自然にあふれ出ることです。心の壁が壊れハートが開け放たれると、愛はあらゆる存在に降り注がれます。これが菩薩の慈悲の道、いかなる認識システムをも超越した状態です。真の慈悲には、与える人も受け取る人もいません。そこには与える行為さえ存在しません。愛が自然発生的に生じているだけなのです。

ポイント2

ポイント2の聖なる理念は**自由**です。ポイント2の認識システムは、欲しいものを得るために自分を売り渡していることを、自由意志による行為だとして正当化します。聖なる理念が正当化に利用されています。ポイント2にとっては、世話をする相手が誰もいない無人島で囚われの身になっている自分を、そこから逃がしてやることが自由なのです。ということは、ポイント2の認識システムが人の世話をする義務から自由になることはありません。他人の世話をしたいという思いへの執着が、自分自身の欲望から目をそらす手段になっています。他人の世話をしたい気持ちの奥に、実は、自分への愛を他者から得たいという利己的な思いが潜んでいるわけですが、そのことに気づきたくないのです。

どの認識システムであれ、認識システムが真の自由を手にすることはありません。真の自由を求めると、魂の解放と認識システムに囚われた生き方の終焉へと導かれます。それが、認識システムを知るためのエニアグラムの終着点です。自由を選ぶこと。これが一生涯で起こりえる唯一の真の選択です。認識システムの影響下でなされる選択はすべて、機械的な反応であり、何が選択されるのかもあらかじめ予測できます。機械的な反応によってなされた選択には影響力がありません。また、そこには自由意志の余地もありません。命の流れの中で起こる唯一の、かつ最終的な選択は、自由を選ぶことなのです。

一度、自由を選択すると、パターン化された人生を手放すことになります。つまり認識システムの影響による選択に従うのをやめるのです。そうすると、選択のない人生――選択から解放された人生――が始まります。自由が人生の主導権を握ると、選択する主体もいなければ、選択される対象もありません。人生をコントロールしようとするエゴは自由に道を譲り、個人的な選択は実質的な意味を持たなくなります。そして、選択という行為なしに、愛の聖なる表現としての人生が自然に流れていきます。

エゴが何よりも最後に望むもの。それが真の自由です。自由への欲望が起こるまでは、認識システムに囚われたエゴは数限りない欲望と恐れの中で途方にくれ続けます。スピリチュアルな成熟とは、あらゆる欲望を、たった一つの究極の欲望――自由への欲望に差し向けると心に決めることなのです。この究極の欲望に導かれたとき、エゴは、とても大きくて、未知の何かを前にして、それに自らを委ねることができます。エゴが自由に道を譲ると、やがてエゴは自らの死に直面し、機能を停止します。それでもなお残されるものがあります。そこに残されるのは、不滅の意識としての自覚が起こった不死の魂です。死さえも手出しできません。こうして、探求は終わりを告げ、真の愛が始まるのです。

ポイント4

ポイント４の聖なる理念は**原点**です。ポイント４の認識システムは原点をどこか既存の場所としてとらえ、「自分が今いる場所とは別のところに原点があるに違いない」と考えます。こうした思い込みが、充足感を求めて感情の中をいつまでもさまよい続けることを正当化します。

真の原点とはすべての人の中にある仏性です。存在の土台である真の空の知性のことなのです。自分自身こそあらゆるものの源だと気づいているとき、自己が実現されています。源から分離した思考も、形も、動きも存在しません。どのような思考であれ、形であれ、動きであれ、空から生じ、空でできていて、空に戻ります。このことを悟った覚者は、思考、形、動きに煩わされることも、あるいはそれらがないことに悩むこともありません。

ポイント6

ポイント６の聖なる理念は**信頼**です。信頼がマインドの防衛システムの中に組み込まれると、狂信的宗教への妄信といったような現象が起きます。どのようなカルト集団であれ、その教えは恐れに基づき、スーパーエゴにとっての信頼の概念に沿って組織が動かされます。そうしたものを信頼するのは妄信でしかありません。思想や道徳観を判断基準にすると、その人に生まれつき備わっている本質的な善良さを裏切ることになりかねません。あらゆる原理主義宗教は、未知なるものの自然な現れを、エゴのマインドによる信頼を武器にして押さえつけます。何かを盲信すると、どの人の中にもあるハートの知性・叡智から切り離され、すべてを裁く偉大な神のふりをしたスーパーエゴが植えつけられます。

自分を信じるというのは、スーパーエゴの考える信頼とはまったくの別物です。そもそも認識システムは自分を信じることができません。本物の信頼とは、底知れぬ深い淵の入り口に立ち、未知の中に飛び込むときに必要な何かです。淵に飛び込もうとすると、恐怖に身がすくみます。恐れに対して処方される解毒剤が信頼なのです。自分への信頼があれば、恐怖を感じながら、そのまま未知に飛び込んでいけるのです。

ポイント7

ポイント7の聖なる理念は**聖なる仕事**です。ポイント7の認識システムは、聖なる仕事の名のもとに欲望を行動化し続けることを正当化します。この理念がスーパーエゴに組み込まれると、聖なる仕事だと思える何かをしていないことには罪悪感が生じるようになります。そのため、ポイント7は適切な聖なる仕事を絶え間なく探し続けます。

真の聖なる仕事は、あなたを覚醒に導くものではありません。なぜなら、聖なる仕事は覚醒の副産物だからです。ハートに愛が宿っていることに気づきはしても、エゴにとってその愛は未知なるもの。エゴがとうとう未知の愛に自分を委ね、人生がまるごと愛への奉仕に捧げられると、生きることそのものが聖なる仕事になります。

ラマナ・マハルシの例をあげましょう。ラマナは死ぬまで一度も愛する山を離れたことがありません。

教えを説いたことも、誰かを改心させようとしたことも、人に影響を与えようとしたことも一切ありません。ただシンプルにラマナ自身であることで、助けを求めてやってきた人たちを救いました。彼がそこに肉体として存在していること自体が聖なる仕事だったのです。ラマナの聖なる仕事は、静寂の伝達をとおして、測り知れないほど大勢の人たちに影響を与えました。

ポイント5

ポイント5の聖なる理念は**全知**です。全知の理念がエゴの構造に組み込まれると、全知は未来に到達すべき目標となり、重要なことを一つ残らず学ぶと達成できるものとみなされます。こうして、マインドは大切な価値を持つ何かを思考の対象とし、それに執着することを正当化します。こうした思考への執着が真の全知の妨げとなります。

真の全知とは、マインドが空になっている状態を指します。特定の何かについて知識のない状態のままでいる（not knowing）と、今そこにあるものがなんであろうと、ただそれをそのまま知ることに意識が向けられます。そのため、知識を持たずにいる（not knowing）のは、実はとても知性的な状態なのです。この状態を、「わからない（I don't know）」という思考を使ってエゴが模倣することがあります。通常、「わからない」という言葉を使うとき、無知の宣言にすぎず、真の解放ではありません。真の知性的な状態である知識のない状態（not knowing）は、至福に満ちた空であり、そこには明晰さがあるのです。

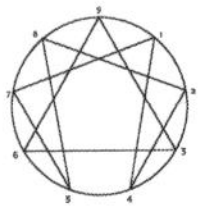

聖なる道（Holy Path）

道（the Way）は修練を必要としない。ただひたすら道を汚さないようにすればいいのだ。汚れとは何か？心をさまよわせる、とりつくろう、作為を加える。そのすべてが汚れである。ただちに道を実現したいのであれば、無為の心こそ道である。無為の心とは、人為をなくし、主観的な判断をなくし、つかむことも拒否することもしない心のことである。

馬祖禅師　中国八世紀

エニアグラムはさまよう心の仕組みを紐解くツールです。認識システムの衝動のままに動くと、汚れ——心の中に現れる人為的な思い——があちこちに巻き散らかされます。聖なる道（Holly Path）は、実のところ、そこを進んでいくような道ではありません。認識システムの衝動が起きても、それに動かされない姿勢が聖なる道なのです。

どのような道を歩んでも、真の自己にたどり着くことは不可能です。なぜなら、あなたはすでに真の自己だからです。道（path）という言葉には、誰かが何かを求めてどこかに行くというニュアンスがありますが、誰かが何かを求めてどこかに行くのは無知の行為であり、サムサーラ（輪廻）と呼ばれます。

自分が探している対象は、実は、探している主体だったと理解したとき、あなたはすべての探求をやめ、すべての道を放棄することができます。そして、すでにここにあり、いつでもここにあるものを発見するのです。絶えず存在しているもの。それが不滅の存在の土台なのです。

この一切の汚れのない土台である純粋な存在は、チベット仏教でいうところの法身（ダルマカーヤ）にあたり、真如と呼ばれることもあります。あなたの真の本体は、宇宙を成り立たせる基盤である空であり、知性を持つ意識です。チベット人が欲求（意志）の伝達手段として解釈している魂、つまり報身（サンボーガ・カーヤ）は、神の元に戻る道を探し求めて輪廻転生します。

エゴによる間違った自己認識に動かされないと決めると、今、あなたのいる場所がどこであれ、そこが最終目的地となります。間違った自己認識に動かされないというのはいったいどのようなことなのかは、認識システムのポイントによって異なります。

ポイント9

ポイント9の聖なる道は**適切な行動**です。ポイント9が認識システムに溺れたままでいるのをやめようという意志を持つと、今まで避けてきたものすべてが見えるようになります。これまではどんな犠牲を払ってでも、対立や争いを避けてきたわけですから、対立が生じるでしょう。感じないようにする、ぼーっとする、言われたことに同意する、自分の好みがないふりをする。ポイント9はそのようなやり方で対立を避けます。自分の態度をはっきりと示さず、犠牲者になった気分になります。そして、人からコントロールされたと言って腹を立てるのです。

認識システムに再び巻き込まれないと決めたポイント9にとって、適切な行動とは、その瞬間の自分に正直でいることです。たとえ居心地の悪さを感じようとです。これまでずっと避けてきたことに向き合うと、ポイント9の認識システムの原動力となっている、人を殺してしまいそうなほどの怒りが、澱んだ淵から立ち現れます。そのときに、ただそのまま激怒を感じることができれば、怒りは焼き尽くされていきます。

ポイント8

ポイント8の聖なる道は**無邪気**です。ポイント8の認識システムは無邪気という概念を、他人を責めて自分には非がないと言い張るために利用します。これでは無邪気という聖なる道が、認識システムが主導権を握り続けられるようにするための理論武装になっています。ポイント8の認識システムは、鎧の中でびくびく怖がっている子どものようなもので、自分の能力や正しさの確信で作られた鎧を外すと、そこにいるのは無防備で無邪気な子どもなのです。

真の無邪気さは修練によって身につけられるものではありません。心から自分を明け渡すときに生まれる副産物なのです。真の無邪気さが現れるようにポイント8に**できること**は、自分の**正しさ**の放棄です。批判的な意見をもらったときに、常にそれを適切なものとして受け止めるように心がけると、ポイント8の内面に摩擦・葛藤が起き、熱が生じます。その熱が、自分は常に正しいと思い込む傲慢さを焼き尽くしてくれるのです。正しさを心底、手放すと、正しいことと間違ったことの区別がなくなります。その証拠として、真の無邪気さがおのずと輝き出します。

これで、目覚めるための土台が整います。ポイント8の認識システムが、無防備で無邪気な自分に触れると、そのとき、ようやく無垢の純粋さへの扉が開きます。その扉を通っていくと、自己実現の至福が実を結ぶのです。

ポイント1

ポイント1の聖なる道は**静穏**です。ポイント1の傾向の一つに、真のリアリティーを垣間見るやいなや、それが何を意味するのかを考えて概念化するというのがあります。ポイント1が認識システムの囚われから抜け出すには、概念を一切放棄し、正しくあろうとすることを手放さなければなりません。手放そうとすると、とてつもない恐怖に襲われ、そうすることがなかなかできません。正しくあるために理解しようとする癖をやめると、間違うことに対する背筋の凍るような恐れが表面化します。その恐れから逃げずに、ただ感じていくと、静穏がおのずと姿を現します。そのとき、とうとう本当の探求が始まるのです。

ポイント3

ポイント3の聖なる道は**正直**です。ここでの正直とは、ポイント3の認識システムにとって不可欠な嘘と自分に対する裏切りを、自ら進んで暴こうとする姿勢のことです。ポイント3は例外なく、愛を恐れ、根深い自己嫌悪から目を背けています。愛されるべき人物を演じることで、愛を恐れているのをごまかし、すべてを嘘で固めます。ポイント3の認識システムは、自分はいつでも正直だと信じ込む自己催眠をベースに成り立っています。そのため、「恐怖や自己嫌悪など、一切感じていない」とポイント3が言うとき、本人はそのことになんの疑いも持っていません。正直になるには、嘘を暴かなければなりません。また、これまで徹底的に避けてきた孤独、痛み、恐れ、絶望、自分への憎しみを感じ切ることも必要です。

ポイント2

ポイント2の聖なる道は**謙虚**です。ポイント2の認識システムを動かしているのはプライドですが、プライドの解毒剤となるのが屈辱感です。屈辱感を楽しむ人などいません。ですが、屈辱感がもたらす謙虚さは、素晴らしい浄化を引き起こす可能性を秘めています。表面を覆っているプライドの層に浸食し、徐々にプライドを壊していく酸のような働きをします。

ところが、謙虚さには大きな落とし穴があります。謙虚というのはこのようなものだという観念や、謙虚さの一般的なイメージに合わせて謙虚になろうとすると、スピリチュアルなプライドが強化されてしまいます。自分の中にある深い屈辱感に出会うと、その結果として、真の謙虚さが姿を見せます。謙虚さを訓練によって手に入れることはできませんが、屈辱の苦しみを進んで受け入れることは可能です。屈辱感を進んで受け入れる姿勢でいるからといって、屈辱感が生じるわけではありません。何が起ころうとも、それに抗わずに自分を開いていること。それが屈辱感を受け入れることなのです。

ポイント4

ポイント4の聖なる道は**落ち着き**です。感情体のバランスが取れているとき、人は落ち着いた状態にあります。落ち着きは修練で習得できるものではありません。落ち着くためになんらかの修練を行うと、その結果、深い層にある未完了の感情が抑圧されます。感情のアップダウンに中毒になっているポイント4の認識システムにとっては、落ち着きとは死んだような無感覚を意味し、感情面が未成熟なポイント4は落ち着くのを非常に恐れます。

真の落ち着きに至る唯一の方法は、苦しみの物語を手放すことです。自ら進んでそうしたいという意欲なしには、何を試みてもうまくいかないでしょう。苦しみの物語を手放す意欲さえあれば、これまで避けてきたあらゆることを被害者意識に巻き込まれずに体験できるようになります。

感情の中毒になっているポイント4は、あらゆることを自分への個人攻撃としてとらえます。ポイント4が苦しみの終焉を望むまで成熟し、感情をこの私という個人に起こっている特別な体験として受け止めるのをやめる準備ができると、ネガティブな感情の根本にまで沈んでいくことができます。表層にある悲しみ、怒り、恐れの感情の層を降りていくと、その奥にある、深い絶望感に覆われたブラック・ホールに出会います。そのままブラック・ホールに身を委ねると、中を通過して向こう側に抜け出ます。向こう側には本質的な自然さがあります。それこそが、ポイント4がこれまでずっと自分の物語を生きることや、感情に執着するという方法でなんとかして手に入れようとしてきたものです。自己の本質に目覚めると、訓練では到達することも、模倣することもできない自然な落ち着きが立ち現れます。真に落ち着いた状態にあるとき、真の自己の探求に明晰さの光が深く差し込まれます。

ポイント6

ポイント6の聖なる道は**勇気**です。ポイント6の認識システムは怖いと感じることを怖がり、勇気とは恐れがない状態だと思い込んでいます。勇気はそのようなものではありません。今、実際に恐怖を感じていても、自分を偽らないでいること。それが真の勇気です。真の勇気があれば、恐怖心がそこにあっても問題にはなりません。

恐怖に何かの意味を持たせなければ、恐れること自体は問題ではないのです。恐れに基づいて判断しようとすると、恐れに支配されます。何を選択するかに恐れが影響しなければ、恐れはただあるがままの感情として体験されるだけです。そこに疑いや非難は差し挟まれません。恐れをただそのまま感じてみると、純粋なエネルギーだということがわかるでしょう。恐れは、「誰か」を守ろうとする思いの純粋なエネルギーなのです。

真の勇気とは、身のすくむような恐怖の中にいても、ただそのままハートの未知なる深みに自分を委ねることです。これがマインドを静かにする秘訣です。

ポイント7

ポイント7の聖なる道は**節制**です。節制とは、新しいものや変わったものに対する渇望にエネルギーを注がないという姿勢です。真の節制は未来へのドアを閉めます。未来について思い巡らすことがなくなります。未来という名の非常口が閉まると、ポイント7は、これまで未来に目を向け、そこに突き進むことで逃れてきたあらゆる痛みと恐れに追いつかれます。

追いつかれるままにあらゆる痛みや恐れとともにいると、その結果として節制が生じます。それが真の叡智の始まりです。欲望の波動によってマインドが波立つことがなくなり、歪みも起こらないため、叡智という本性が自然に輝くのです。こうして、自己実現と至福の深まりへの扉が開かれます。

ポイント5

ポイント5の聖なる道は**無執着**です。ポイント5は引きこもるため、一見、執着などしていないように思えます。ですが、ポイント5が引きこもったり、世捨て人のようにふるまったりするのは、実は根深い執着の現れなのです。ポイント5はプライバシーと自己防衛に執着し、感情に入り込まれることを恐れます。執着は、恐れと欲望というエゴの二極性のどちらの極でも生じます。恐れが動機の執着は嫌悪となり、欲望が動機の執着は追求になります。どの認識システムであれ、この根本的な二元性に向き合い、それを終わりにする必要があります。仏陀も四諦で「欲望を断てば、苦しみがなくなる」と説いているではありませんか。

ポイント5の認識システムは、望ましい対象を追求し、恐ろしい不意の接触からはなんとか逃げようとしますが、そうした執着はすべて、表層的なものです。それよりも根本的で根深いのは、思考の中にある快楽の対象への執着です。ポイント5は何よりもマインド、そして観念や空想に深く執着しているのです。

真の無執着とは、マインド自体とマインド内の思考を放棄する姿勢のことです。とても大切にしてきたマインドの内的プロセスを放棄すると、自己の真実の深い理解が起こります。自己の真実を実現すると、自由にふるまうことができ、特定の結果に執着しなくなります。真の無執着の状態にあるとき、ものごとは極めて自然な成り行きにまかせて運ばれていきます。

エッセンスの特性

アナンダ　普遍的な悟りの具現化であらせられる全知の仏陀。あなたは施しの完成、戒律の完成、忍耐の完成、努力の完成、瞑想の完成のいずれか一つが成し遂げられればよし、とはなさいません。並ぶもののない智慧の完成（般若波羅蜜）、それ一つのみを説かれていらっしゃいます。起りうるすべての現象の虚無性と透明な働きについて超越的な洞察を持つこと。仏陀が常にたたえ、喜悦し、集中的に教え、晴れやかに伝達なさっているのは、それだけなのです。

仏陀　アナンダよ、おまえが観察したとおりである。智慧の完成。これ一つが、因習的で利己的な世における無私の行為——菩薩の道を構成するほかの五つの超越的感性を生み出し、維持しているのだ。

『般若経』

Mother of the Buddhas: Meditation on the Prajnaparamita Sutra（Quest Books）Lex Hixon 著より

認識システムは生存欲求をベースとして構築された、自らの利益のみを追求する機能です。「エッセンスに取り組もうとする」のもまた、利己的な行為です。なぜなら、「何かをする誰か＝自分」だとエゴは考えますが、エッセンスに取り組むのは、まさにこの考えを強化することにほかならないためです。認識システムが動いていないとき、何もせずともエッセンスはただ輝いています。何かをする誰かがいないとき、エッセンスを覆うベールは取り除かれます。

太陽が常に輝いているのと同じように、エッセンスは、どのようなときであれ、絶えず輝いています。太陽は常に輝き続けているとはいえ、一本の指で目を覆っただけで、なんともちっぽけなものが太陽を消し去り、暗闇の中にあなたを放り込みます。太陽はもう照っていないと信じ込んでしまうかもしれません。あなたが自分に生まれつき備わっているエッセンスに気づかないのも、これと同じことなのです。エッセンスは、太陽よりもさらに確実にここに存在し、呼吸よりももっとあなたの近くにあります。

ポイント1から9の認識システムはそれぞれ、ある特定のエッセンスの性質を覆い隠します。魂を覆うベールが完全に取り払われ、光り輝くとき、その光はエニアグラムの九つの面の一つひとつを通って屈曲します（エニアグラムを三次元もしくは多次元的なものとして考えてみてください）。そして、その光はさまざまな性質や傾向を帯びます。すでに書いたように、スーフィズムでは、密度が高まることで特定の性質を帯びたエッセンスに、色を割り当てています。

努力によって魂を輝かせることはできません。エッセンスを蓄積することも不可能です。利己心に訣別しようという姿勢を保ち続けていると、見かけの世界は実在ではないという超越的な叡智が明かされます。明かされた叡智に忠実でいる限り、エッセンスは自然に光を放ちます。やがて、その光は九つすべてのエッセンスの輝きを帯びていくのです。

次の図を見てください。三つのポイント9、6、3によって表される**真の自己**には色がありません。**真の**

自己の反射光としての気質には、その特徴に対応する色つきのラティファが割り当てられています。

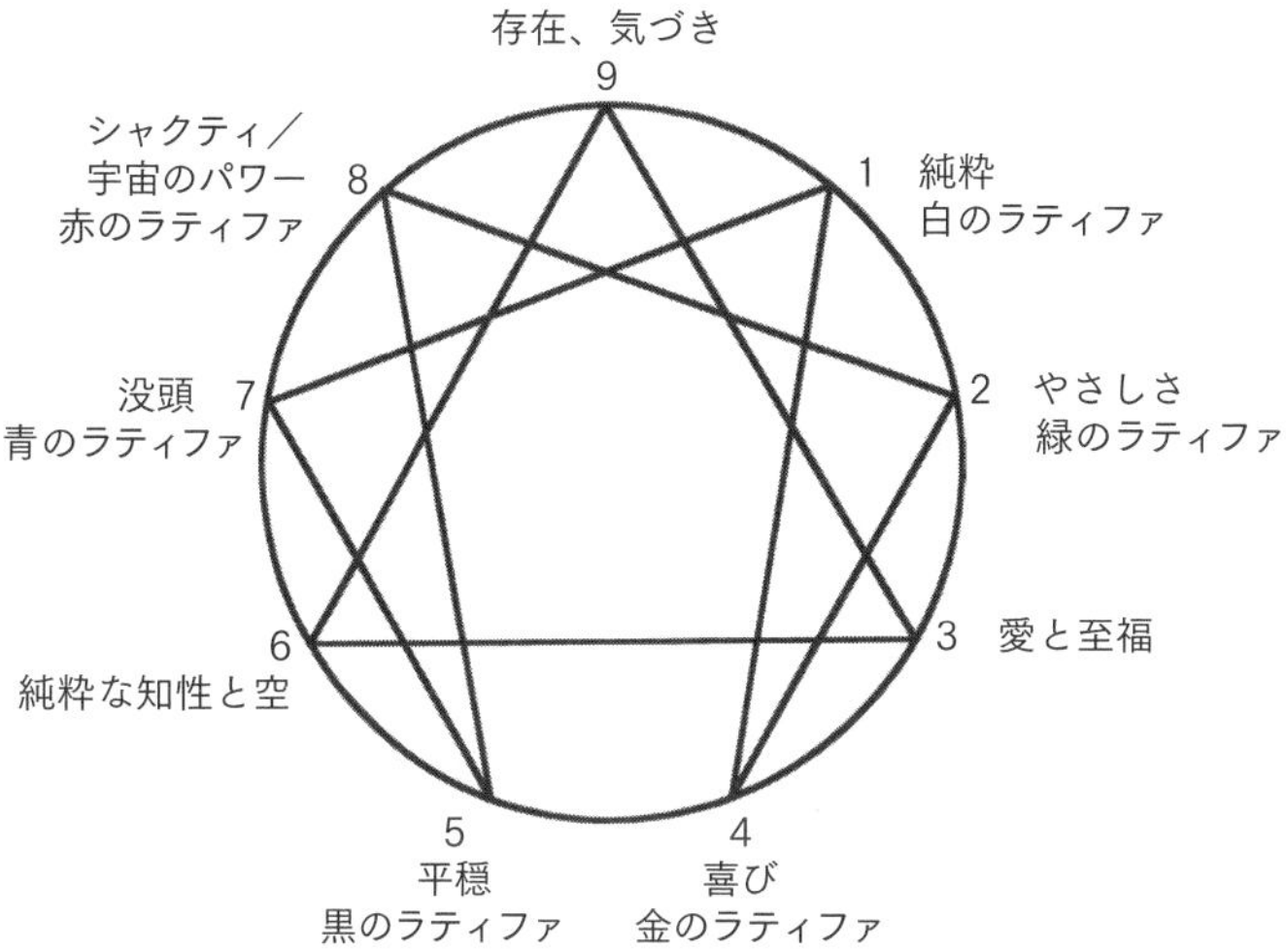

肉体ベースの認識システムのエッセンス

ポイント9は不滅の存在の場です。ポイント9から二本の足が伸びています。一本はポイント6に向かい、もう一本はポイント3に向かっています。この三つのポイントによって象徴される命のエッセンスは、魂の本源を指し示す光です。つまり魂をも超越しています。そのため、ポイント9、6、3は魂の光の屈曲によって生じた特性を表す色を持ちません。知性を持つ不滅の愛である純粋なエッセンスなのです。また、存在の基本構造であり、あらゆるものの源です。魂、宇宙、神はすべて、この純粋なエッセンスから生じ、純粋なエッセンスは自らの中に生じさせたものを超越しています。より密度の濃いなんらかの性質を帯びたそのほかのエッセンスに命を吹き込んでいるのが、この純粋なエッセンスの輝きです。

ポイント9の命のエッセンス、不滅の存在はポイント8とポイント1に挟まれています。ポイント8のエッセンスはシャクティ／宇宙のパワー（赤のラティファ）で、ポイント1のエッセンスは純粋（白のラティファ）です。この二つは存在の性質の二側面です。

感情ベースの認識システムのエッセンス

ポイント3においてベールに覆われる命のエッセンスは、実在の本質としての愛です。愛は非常に根源的なものなので色も形も持ちません。愛の性質の一側面である、やさしさ（緑のラティファ）と喜び（金のラティファ）はそれぞれ、ポイント2とポイント4のエッセンスの特性として現れます。

思考ベースの認識システムのエッセンス

ポイント6の命のエッセンス、空はその名前どおり完全に空っぽです。ポイント7の没頭（青のラティファ）とポイント5の平穏（黒のラティファ）はどちらも空の一側面です。平穏は厚みのある黒いベルヴェットのようなものとして体験され、存在の微細な性質をたたえています。

魂のエッセンス

サトル・ボディのエッセンス、つまり魂のエッセンスは、転生を繰り返すという試練を経て成長します。

自己の本質に目覚めていようが、目覚めていまいが、魂のエッセンスはクリアな輝きを放つことができます。魂のエッセンスの表れである真の気質は、純化された存在のエッセンスが映し出されたものです。ギリシャ人は、幸せな人生を送れるかどうかは**徳の高い気質**が備わっているかどうかにかかっていると考えますが、徳は作り出すことも、コントロールすることもできません。試練が燃え尽き、真の気質の輝きだけが残されたときに、そこに現れるものなのです。

一方、認識システムは、純粋なエッセンスを覆うベールであり、エッセンスの模造品です。また、魂がさまざまな試練を体験して成長するために利用する乗り物・媒体でもあります。認識システムごとに、異なるエッセンスの特性を模倣します。たとえば、ポイント1のエッセンスの純粋は、不純物を見つけてはイライラせずにはいられないという純粋さの模造品によってベールに覆われます。また、ポイント2が人に与えようとするのは、やさしさのエッセンスの模造品です。

こうして、認識システムは真の気質を発現させるための試練を作り出します。本当に幸せで、満たされた人生を送るために必要な条件が二つあります。あなたの本性を直接体験すること、そして、中庸の道を歩きながら充実した人生を送る気質を持つこと。この二つが不可欠なのです。

あなたが待っているその人は、すでにあなたの中にいます！

ブラック・ホール　至福と絶望

解放への秘密の扉

芽は種の中に隠されていることは知っているね。
私たちは誰もがみな悪戦苦闘している。だが、いったいどれほど前進したのだろうか？
今すぐに傲慢さをなくしなさい。そして深く内側に落ちていきなさい。

カビール

自己の具現化としての存在は、見かけ上、肉体、感情体、メンタル体の三つに分けることができます。そのうちの一つの感情体は、さまざまな感情と潜在する性向で満たされた海原のようなものです。その海面下は、あらゆる過去世から持ち越された——つまり未完了の——感情の波でかき乱されています。この海の中に沈んでいくと、これまでずっと避けてきた数々の感情の層を見つけ、さらにすべての感情の層や波の根底に何があるのかを発見できます。自分の内面に潜っていくと、危険が潜む感情の層に直面せざるをえません。サムサーラの海原を渡って彼岸に行くには、すべての欲望と恐れの波の下に沈んでいかなくてはなりません。最終目的地ははるか遠くの向こう岸にあると思われていますが、実のところ、向こう岸ではなく、この真下、海の底が目的地なのです。

欲望と恐れの波はカルマとなり、いわゆる「外界」のしかるべき条件と出会ったとき、水面に浮上し、マインドを飲み込みます。その動きはまるでコントロール不能のように見えます。波がそれほどまでの力を持っているのは、欲望や恐れがこれまで直視されておらず、身をもって体験されてもいないためです。波を直接、ありのままに調べてみないうちは、波が実在するとしか思えません。欲望や恐れの波は内的体験および外的状況となり、非常にリアルなものに感じられ、そこに引きつけられ続けます。こうして、人生は潜在意識下の認識システムの波によって動かされていくのです。自由意志の概念も、波の中での戯れを続け、波を未来に向けて生み出し続けるのを正当化するための考えでしかありません。

内面に深く降りていくには、空であり愛の意識である本性とあなたを分離させているものをすべて体験しようという意欲が必要です。実は、本性とあなたを分離させる何かがある、とあなたが信じ込んでいるにすぎません。それでもなお、分離の原因だと思い込んでいる何かを、あなたはすべて体験しなければならないのです。内側に飛び込んだときに、潜伏状態にあり、まだ顕在化していない感情の層をいくつか迂回してしまうことがあります。ですが、迂回された層は、あなたが世界に戻った後、内側に残されたままになり、体験されるのをじっと待ちます。愛の恩寵によって自己の深みの中にとどまり続けることができれば、こうした潜在的な性向のすべてが浮上し、覚醒したマインドの聖なる炎で焼き尽くされるでしょう。エゴと自分とを同一視する状態に戻ってしまったとしても、それもまたチャンスのときです。潜在していた感情や性向が表に出てきたら、そのたびごとに、そこから動かなければいいのです。それらは一つひとつ体験され、やがては燃やし尽くされます。

絶望

深い泉の中に飛び込むように、
明晰な意識で自己の内側に潜りなさい。
言葉、思考、そして呼吸を止められれば、
あなたは自我の根源を見つけるだろう。

ラマナ・マハルシ

『SAT-DARSHANA BHASHYA AND TALKS WITH MAHARSHI WITH FORTY VERSES IN PRAISE OF SRI RAMANA』
SRI RAMANASRAMAM より

どのエゴも、その根底に必ず未体験の絶望があります。深い泉の底にあるのはこの絶望感なのです。絶望とは、この状況には一筋の希望もないと認めることです。自分は死すべき運命にあり、死は避けられないことを深いところではすでにわかっています。だからこそ、絶望感が奥底にあるのです。皮肉なことに、不死への入り口に立つ門番は死なのです。

絶望がすべてのエゴの根底にあるとはいえ、絶望を感じ切る体験をする人はめったにいません。そのような苦しみには耐えられないと思う人がほとんどだからです。絶望を感じないようにするために、エゴはより表面的な感情を緩衝材として利用します。現代では、絶望に近づいた状態は鬱と呼ばれ、絶望を感じないように薬が与えられます。

多くの人たちがものごとを表層だけでとらえ、内側に深く潜ることのない生き方をしています。『知らぬが仏』派の人たちが多いのです。もっとも表面的なレベルで起きていることは、簡単に見て取れます。自分をとりまく環境についての物語を自分に語り、その物語を個人的に受け止めて、些細なことで心を痛め、不平不満を言い、心配やあるいはそのほかの不快な気分に苛まれます。個としての私の物語では、内部対話と他者との会話の両方が連動して気分や感情を生み出し、他人から責められたと思い、誰かを責め返したり、傷ついたりするという感情のサイクルが永遠に繰り返されます。こうした表層の下に、まだよく調べられていない感情が隠れています。この感情が物語を生み出しています。頭の中に生み出された物語は、実際に自分に起こっていることに直面せず、生々しく体験もせずにすむための緩衝材の役割を果たします。

私の物語を語る思考の波の下には、いくつもの感情が層をなしています。層の順番は、ポイント9を除いてほとんどの認識システムでほぼ共通しています。ポイント9の場合、通常、激怒の感情が、最下層の絶望に近い位置にあります。この点がほかの認識システムと違っています。ポイント9にとって激怒は、大惨事を前にして、自分が無能だと感じるどうしようもなさの表現なのです。最下層に潜む、人を殺してしまいそうなほどの激怒をポイント9が体験しているとしたら、もっとも核心の絶望感にかなり近づいているサインです。

ポイント9の場合、激怒の上に恐れの層があります。ポイント9にとっては、怒りよりも恐れを感じるほうがはるかに容易です。とはいえ、恐れもやはり不快であることには変わりありません。そのため、恐れの上に心の痛みと悲しみの層を置いて、不快な感情を覆い隠します。より下方へ感情の層を降りていくよりも、悲しみを感じたり、落ち込んだりするほうがポイント9にとっては楽なのです。しかも悲しみですら、人為的に発生させた私の物語の中のより表層的な感情が緩衝材となるため、しっかりと体験されることはありません。

ポイント9にとっては、イライラしたり、誤解された気分になったり、混乱したりするほうが、その奥にある感情を感じるよりもましなのです。内面に深く降りていって、そこにある感情を体験しようとすると、ポイント9は麻痺状態に陥るか、何も感じなくなります。そして、そこから先に進めません。自分に麻酔をかける防衛機制が働き、つらい体験から自分を守ろうとするのです。

＊　＊　＊

ポイント9以外のポイントは、層の順番がこれとは多少異なります。たいていは、恐れの層が絶望を覆い隠しています。そして、恐れの上に悲しみ、悲しみの上に怒りがあります。当然、例外もあります。たとえば、恐れポイントの中には怒りを抑圧する人たちがいます。この人たちにとっては怒りを表現するのはあまりに危険なので、怒りの層は悲しみと心の痛みの層よりも下にあります。

表層から奥深いところにある感情へと直接、降りていくことができないわけではありません。ただし、その場合、飛び越えたり、ないものにしてしまったりした感情の層は未体験のまま残され、いずれ体験されるために再浮上するでしょう。

ブラック・ホール

　では、実際にどのように感情の層を降りていくかについて説明しましょう。一番表層にある感情から始めればよいのです。今、感じている感情をただそのまま体験します。そして、その感情の土台となっている一つ奥の感情へと降りていきます。たとえば、あなたが誰かに腹を立てているとしましょう。怒りを抑え込まず、かといって発散しようともしないでください。ただ怒りをそのまま感じます。すると、多くの場合、怒りの下にある悲しみが出てきます。引き続き、その悲しみをそのまま体験すると、おそらく、その下から恐れが出てきます。そこでまた、恐れをそのまま、まるごと体験すると、恐怖の層よりも奥に落ちていき、絶望感に出会います。このとき、自ら進んで絶望感の中に入っていって、絶望の奥底まで感じ切ると、やがて「ブラック・ホール」に落ちていきます。

怒り
↓
心の痛み、悲しみ
↓
恐怖
↓
絶望
↓
ブラック・ホール
↓
エッセンスの特性
↓
真の自己

感情の層とブラック・ホール

　エニアグラムは実にたくさんの恩恵をもたらしてくれますが、その一つがブラック・ホールの理解です。九つの認識システムの構造を詳しく調べると、すべてのエゴの根底に必ずブラック・ホールがあり、それがエッセンスを覆い隠していることがわかります。実は、認識システムとは、ブラック・ホールという虚無への落下を防ごうとする試みなのです。ブラック・ホールの存在をもっとも強烈に感じているのは、エニアグラムの一番下に位置するポイント4とポイント5の二つです。ポイント4は感情にしがみつくことでブラック・ホールを避け、ポイント5は思考に執着することでブラック・ホールに落ちる恐怖に抵抗しようとします。

宇宙空間のブラック・ホールと人の内的空間のブラック・ホールには、驚くほど類似点があります。ブラック・ホールの無の中に飛び込もうとすると、事象の地平面（ブラック・ホールの内側と外側の境界）に沿って崩壊が起きます。科学者たちはこの崩壊について、光波はブラック・ホールの引き込みから逃れることはできず、そのため過去と未来はブラック・ホールの中に吸い込まれる、と説明します。内的空間の事象の地平面では、個人としての私の過去と未来、そして私の物語の崩壊が起こります。

制限のある感情体から制限のないエッセンスへと抜け出せる脱出用ハッチがあります。それがブラック・ホールです。ブラック・ホールに飛び込むと、エッセンスの本質をただちに直観し、エゴとの一体化に終止符を打つ可能性が見えてきます。ですが、ブラック・ホールへの落下を、何かを得るためのテクニックや、ネガティブな感情を解消するためのノウハウにしようとすると、素晴らしい薬は毒に変わり、人生は認識システムによって動かされ続けます。

＊　＊　＊

感情の層を降りる――実例

感情を手がかりに自己探求を行った実例を紹介します。次の対話は、カリフォルニア州のエサレン研究所で開催したリトリートでのセッションの記録です。参加者の認識システムはポイント8です。

参加者　本当に頭にくる！　まさか僕にあんなことをするなんて。冗談じゃない。
イーライ　今、あなたが感じている気分は、別のときにもよく感じますか？
参加者　そうだね。
イーライ　より深いところに何があるかを探ってみませんか？　驚くような発見があるかもしれません。
参加者　ああ、やってみるよ。何が見つかっても、これ以上、悪いことにはならないだろうし。
イーライ　本当に頭にきているんですね。では、その頭にくる感覚を十分に感じてください。こんな目にあった、あんなことがあった、などというストーリーは脇に置いて、ただ頭にくる感覚だけを感じてみてください。今、どんな感情を感じていますか？
参加者　ものすごく怒っている。
イーライ　そうです。あなたはものすごく怒っています。（これで、「頭にくる」という「物語」の土台となっている感情は怒りだとわかりました）。その怒りをしっかりと感じてください。ストーリーは脇に置いて、怒りだけを感じます。怒りの下には何がありますか？
参加者　悲しい。傷ついている。あんな風に裏切られるなんて（この時点では、いま体験している感情を誰かのせいにして責めるという物語がまだ残っています）。

イーライ　そうです。あなたは悲しみを感じています。どんなことが起きたのかも、どんな意味があるのかも脇に置いて、ただその悲しみだけで自分を満たしてください。悲しみの奥には何がありますか？

参加者　彼女を失うのが怖い。今までの失恋と同じ結果になってしまいそうで怖い。

イーライ　そうです、怖いんです。この人生で感じてきたすべての恐れを自分の中に招き入れて、恐れを感じてください。恐れよりもさらに下には何がありますか？

参加者　穴だ。地獄みたいなところ。どうしょうもない。ましになることなんか絶対にない。

イーライ　そうです。ましになることなんか絶対にありません。その感情だけを感じてください。そこにストーリーをつけずに、純粋に絶望感だけを感じます。

参加者　終わりがないような気がする。

イーライ　そうです。終わりがないような気がします。絶望の中に溺れていくのにまかせてください。深く深く絶望の中に落ちていって、もう出てくることができません。（長い間）最後まで落ちていきます。そのもっと奥には何がありますか？

参加者　空間を落ちていくような感じだ。真っ暗な井戸の中を落ちている。

イーライ　そうです。真っ暗な井戸の中を落ちていきます。壁のない井戸の中を落ちています。ずっと下まで落ちていきます。底に到達したら、何を体験しているか教えてください。

参加者　空っぽだ。どこにも何もない。完全な空。あらゆるところに愛がある。

イーライ　そうです。あらゆるところに愛があります。あなたとこの愛は分離していますか？

参加者　いや、分離していない。
イーライ　では、あなたは誰ですか？
参加者　私はこの愛だ。
イーライ　そうです。そのとおりです。あなたは愛そのものです。

＊＊＊

実践

あらゆる瞬間、あなたはチャンスを手にしています。立ち止まり、今、ここにあるものをしっかり体験できれば、どの瞬間でもチャンスのときに変わるのです。そうしたいという心の準備ができたなら、あなたは思考と感情の層をすべて体験し、核となる場所に降りていき、そこを抜けて空に向かうことができます。特別な場所も、特別な準備も必要ありません。必要なのは、すべてに直面する意欲だけです。アイデンティティーという名の波にはまったくもって実体などありません。この真実を発見するには、目を開けてすべての層に直面するしかありません。

私の師であるパパジに出会ってからもう何年も経ちますが、これはそれよりも前にドイツでリトリートを開催していたときに起きた出来事です。その頃、私はブラック・ホールの実用モデルを構築しつつありました。早朝の瞑想会に間に合うように、ドイツ人のアシスタントが私を車で会場に送ってくれていたときのことです。出発して数分後、アシスタントが私に言いました。「ガソリンがなくなりそうなんです。瞑想の時間に間に合わないかもしれません」

私に最初に起こった衝動は、不注意なアシスタントに対する怒りでした。私は誰よりも先に会場に入り、みんなを迎え入れなければなりません。みんなの手本として奉仕しているというのに、アシスタントのせいで台無しにされる。そうした思考が浮かびました。

いつもの私であれば、攻撃的な言葉でアシスタントを咎めたはずです。それまでの人生ではたいてい私はそうした反応をしてきました。投影を起こし、自分が陥っている状況も、今、感じている怒りも彼女のせいにして怒りをぶつけるのです。あるいは、自分を見つめるワークか何かをして、怒鳴りつける代わりに、怒りを抑え込んでいたかもしれません。抑え込んでも結局、辛辣な皮肉を言って、彼女が悪いとわからせてやろうとしたはずです。

ところが、このときは、起きていることをただそのまま体験したのです。怒りの下に心の痛みがありました。アシスタントにがっかりさせられて傷ついていたのです。心の痛みの下にプライドが隠されていたのを発見したときには、自分でもショックでした。私が「奉仕」と呼んでいたものは、実はプライドによる行為だったのです。まったく気づいていませんでした！　精神性の高さにうぬぼれるスピリチュアル・プライドを徹底的に感じていくと、次に現れたのは猛烈な屈辱感です。屈辱感の奥に深く降りていくと、喜びにあふれた至福にたどり着きました。感情の層を降りていく体験をしている間も、隣にいたアシスタントは私に何が起こっているとも知らずに車の運転を続けています。私が至福の体験の中に沈んだまさにそのとき、車中を満たしていたエネルギーの質が変わりました。アシスタントはガソリンのことを心配するのをやめ、声のトーンも変わったのです。リトリート・センターに到着するまでにまだかなりの時間がありましたが、その間、車に乗っていた全員が静寂の中にいました。ガソリンもちょうど間に合いました。途中でガス欠になったとしても、それもまた完璧な学びの物語となったことでしょう。この話のポイントは、結果が変わったことではありません。それよりもむしろ、成果や結果に対する執着、あるいは正しいのは自分だという信念に対する執着をすっかり手放そうとしたことにあります。このように自ら進んで自分に出会い、エゴの執着を手放そうと決めると、宇宙全体があなたを癒す薬になるのです。

認識システムは現実についての物語を語り、私たちはその物語によって催眠にかかります。催眠から目覚めるには、表層にある思考と感情の下に降りていけばいいのです。そうすると、自分にとってはリアルに感じられることであっても、現実についての浅はかな解釈でしかなかったという気づきが訪れます。表層の下に降りていくことで、エッセンスの直接体験が起こります。その下降が純粋で、深いものであれば、真の自己の至福に入っていきます。

至福

サハジャ・サマーディ（サハジャとは「自然な」という意味で、サハジャ・サマーディとは「自然にサマーディの状態にあること、**真我を努力なく体現している状態**」）にあるとき、あなたは穏やかで、落ち着き、静かです。肉体が活動していようと同じことです。あなたはより深い、内なる真の**自己**が自分を動かしていると気づいています。悩みも、不安も、心配もありません。所有するものもなく、すべてのものごとは、あなたと一体であるとあなたが気づいている**何か**によってなされます。心は疑いにも選択にも束縛されず、真実を確信し、実在の存在を感じています。心が活動しているときでさえ、心は、それ自身が**実在、真我、至高の存**

在の中で活動しているのだと知っています。

ラマナ・マハルシ

『SAT-DARSHANA BHASHYA AND TALKS WITH MAHARSHI WITH FORTY VERSES IN PRAISE OF SRI RAMANA』SRI RAMANASRAMAM より

サマーディの段階

サンスクリット語で至福に没入した状態を**サマーディ**と言います。ヒンドゥー教の宇宙論では、サマーディをさまざまな種類に分類しています。ほとんどのサマーディは**自己**の至福に入ることを指します。自己の本性に目覚めるプロセスにおいて、至福は絶望に劣らず肝心な体験となります。

先ほど説明したブラック・ホールの中を落下する体験も、限定的ではありますがサマーディの一種と言えます。この種のサマーディの体験の特徴は、始まりと終わりがあるということです。「ロープのついたバケツを井戸に投げ入れる」ようなものです。ロープはマインドです。体験が終了すると、エゴと自分とを同一視するマインドが再浮上し、自分（エゴと一体化した誰か）が今、至福を体験したのだ、と考えます。

この種のサマーディのことがよくわかる、ある有名なお話があります。

「昔々、ある国の王様が、一カ月の間、サマーディに入っていられた者に馬を与える、と仰せられました。

丘に住むヨギの耳にもその話が入ってきました。かねてから馬を手に入れたいと願っていたそのヨギには、一カ月のサマーディを達成できる自信がありました。そこで、宮廷に行って、深いサマーディに入ります。そのまままったく動かなくなりました。一カ月が過ぎました。それでも、ヨギは微動だにしません。六カ月が経ち、一年が経ち、それから何年もの年月が過ぎていきました。やがて、王様はお亡くなりになり、息子が王位を継ぎました。ある日、ヨギは目を開けてあたりを見回し、こう言ったのです。『私の馬はどこかね？』」

この種のサマーディの価値は自己の至福に浸ることにあります。マイナス面は、始まりと終わりがある限定的な体験だという点です。認識システムに囚われたマインドがマインドの実在を信じている限り、自分とはどのようなものかの**観念**が存在の見かけ上の土台であり続けます。サマーディと至福はブレークスルー体験であり、マインドがイメージする個としての私（存在の見かけ上の土台）に風穴を開けてくれます。ですが、サマーディの体験が終わると、**私**が再構築され、私がサマーディを体験したと言い出します。再構築されたエゴの**私**はさらなるスピリチュアルな体験を求め続けます。至福の状態がずっと続けば、**私**が覚醒できるのではないかと期待しているのです。しかし、体験には必ず始まりと終わりという制限があります。制限された「私」という思い込みから完全に解放されていれば、それが覚醒なのです。

ロープのついていないバケツを井戸に投げ入れるのが、次の段階のサマーディです。この段階では、スピリチュアルな体験をしている個としての**私**との同一化をいっさい終わらせようとします。個人というものが非存在であることがわかります。個別の人生は続きますが、空そして愛として生きる人生になります。

最終段階のサマーディはサハジャ・サマーディです。サハジャ・サマーディは自己の内側に飛び込むことではありません。ただ自己として存在し、自己にごく自然にやすらいでいます。どのような体験をしているかには関係がありません。至福の中にいても、痛みの中にいても、どのような環境にあろうと、体験が好ましかろうが、好ましくなかろうが、自己の真実に背を向けることは決してありません。これが**自己実現**と呼ばれるものです。

静寂の道

自由になりたければ、真の自己を知りなさい。それは形も、姿も、根源も、基盤も、とどまる場所も持たないが、軽快に躍動している。多様な能力を用いて応答するが、そうしたものの所在を突き止めることはできない。それゆえ真の自己を探そうとすると、あなたはそれから離れていく。求めようとすると、ますますそれから立ち去っていくことになるのだ。

禅の教え

これまで、エニアグラムがどのようにしてマインドの策略を暴き、包み隠さず映し出す鏡となるのかを見てきました。認識システムによって、周りをも巻き込む汚れ、つまり心の揺らぎが生み出されます。把握する、拒否する、主観的に判断する、操作するというのが認識システムの顕著な特徴ですが、認識システムとは、マインドの中にある永遠とも思える遠い昔から受け継がれてきた欲望の波（＝揺らぐ心）が結晶化したものです。欲望の波は「私が怖れるもの」と「私が欲しいもの」にまつわる思考でできています。思考が結晶化して、具体的なものとして形をなすと、「私、私の過去、私の未来」として体験されます。認識システムはこのように機能します。

マインドの活動の仕組みはとらえがたく、かつ巧妙ですが、その仕組みがわかるようになると、欲望の波を作るのをやめることが可能になります。そして、マインドは自らを明け渡し、休息の中に入ることができます。明け渡しとは、マインドの中に欲望の波や揺らぎを作るのをやめることなのです。明け渡しの結果、平穏が訪れます。それは麻痺や無感覚とは違います。落ち着きでさえありません。平穏とは、本物かつ本質的な深い安心感と愛です。平穏は至福に満ちた静けさとして実感され、愛は、愛自身に気づいている不滅の存在として体験されます。

＊＊＊

今日では、「自分」と言うとき、多くの場合、肉体とそれにともなう思考と感情を指します。ところが、常に変化する肉体、思考、感情の揺らぎの総体が本当の自分だという思い込みこそが、真の**自己**をはっきりと感取するのを妨げています。マインドが汚染されている限り、真の自己をクリアにとらえることはできません。汚染がなければ、マインドは沈黙します。どのようなスピリチュアルな修練であれ、最終的に目指しているのはマインドの静寂です。静寂は自己実現への道であり、かつ、その果実なのです。

ところが、ここで難問にぶつかります。どうやったらマインドは沈黙するのでしょうか？　そしてマインドの汚染を食い止め、純粋で、いかなる分化も起きていない一なる意識である自己の真実を直接体験するには、どうしたらいいのでしょう？　多くの人が、真の静寂がもたらす甘露の味わいをすでに体験しています。騒音と比較しての静けさの話をしているのではありません。相対的なノイズを超え、相対的な静けさをも超え、一切のものを生み出し、支え、そしてすべてを超越する静寂の咆哮。その味わいをもうすでに体験しているのです。

マインドの静寂の中で理解された何かは、もうかなり長い間、世界中のさまざまな教えをとおして私たちの集合意識の中に存在しています。

＊＊＊

中世スペインの司祭、十字架のヨハネは、静寂のマインドの深遠な体験について美しい文章を残しています。

私は未知の中に入っていった。何も知らぬままそこにとどまる。すべての知識を超えていく。かの無欠の叡智は平穏と神聖さに抱かれ、私のすぐそばにあったのだ。深い孤独の中にあるとても密やかな何か。そのあまりの密やかさに私は口ごもったままそこにいる。そして、すべての知識を超えていく。

現代では、少なからぬ人たちが、知識と形を完全に超越した真実の味わいを体験しています。瞑想や臨死体験をとおして、幻覚性ドラッグの力を借りて、あるいは、夕日を眺めながらなど、そのきっかけはさまざまですが、恩寵の訪れによって、あらゆる存在の核にある神聖さ、静けさ、純粋性を体験しています。それでもなお疑問が残ります。多くの場合、静寂の味わいは、ほんのつかの間のものでしかないからです。いったいどうすれば、静寂を味わい続けることができるのでしょう？　心の揺らぎの汚染によって真実が歪められるのを防ぐ方法はあるのでしょうか？

相対的な静けさでよければ、マインドを静かにする方法は、効果のほどはさまざまですが、無数に存在します。ただし、そうした方法では、うまくいけばある程度の静寂は体験できても、完全な静寂に至ることはほぼありません。

静寂のマインドの極意は非活動にあります。非活動と言うと、たいていの人は、何もしないことを「する」という意味にとらえます。そうではありません。純粋な非活動とは、認識システムからも、アイデンティティーからも解放されていることを指します。そのとき、個としての自分は存在しません。非活動のとき、空というのは背景も基盤もないことが明らかになります。未知への自由落下に終わりはありません。これが非活動の極意です。

私はたくさんのスピリチュアルな教えに触れ、何人ものグルや聖者に出会ったのち、とうとう一点の曇りもない覚醒意識の純粋な伝達を体験しました。スピリチュアリティーという広い世界の中には、ある考えがあれば、必ず、それと真逆の考えがあります。ごまかしやいんちきもはびこっています。そうした中でも、真の自己実現を達成した存在として尊敬され、いかなる害もなさない覚者として広く知られている人物がいます。帰依者はその人をラマナ・マハルシと呼びました。

ラマナはエゴの結び目を断つための方法として自己探求を提案しました。自己探求を端的に説明すると、静寂のマインドがそれ自身の源泉を見いだそうとする試みです。

探求の伝統において自己探求とは、「私は誰か？　この体が私なのか？　思考が私なのか？　感情が私なのか？」を突き止めるためにマインドを内側に向ける手法を指します。静寂のマインドの中に**私**という思考が生じたら、その**私**という思考がどこからやってきたのか、その源をたどっていきます。源では**私**という思考は消滅し、真の**私**が燦然と輝いています。

静寂のマインドは、何かに巻き込まれることとは一切無縁です。正しくあろうとして、何かを知ろうとして、何かをなそうとして、あるいは所有しようとして奮闘することをすっかり放棄しています。真実を深く実感すると、何かに巻き込まれることも、何かを得ようと奮闘することも、すべて実在ではないことがわかります。そして、巻き込まれと奮闘は焼き尽くされていきます。

仏教やヒンドゥー教では、静寂のマインドは、**覚者**から期が熟した探究者に伝達されると言われています。そのためには本物の師が必要です。存在の輝きによって静寂のマインドを伝達できる師のことを、サンスクリット語で**サットグル**と言います。**グル**は教師、**サット**は**不滅の存在**を意味します。

＊＊＊

私がスピリチュアルな探究を始めたのは一九七一年、二十四歳のときでした。当時、読んだ本の一つが『老子道徳経』です。その中にも静寂のマインドのことが書いてありましたが、その頃の私には、どうやったら静寂のマインドに到達できるのかさっぱりわかりません。どのような感じがするものなのか、仮にその高尚な状態に達することができたなら私の人生がどうなってしまうのか、皆目見当がつきませんでした。幻覚性のドラッグを使って、静寂のマインドの至福を体験することはありました。ですが、そうした体験は絶対に持続しません。思考が起こるプロセスを自分では一切コントロールできないのです。それから十八年もの間、さまざまなスピリチュアルな教えを探究しましたが、決定的な答えは見つかりませんでした。

一九九〇年一月十九日、私はインドのラクナウにいました。ふとしたきっかけで、まだ自分の師になるとも知らなかったその人の家を訪れ、ベッドに一緒に座っています。そこが私のスピリチュアルな探究の終着地点でした。出会った瞬間に、この人こそ、生まれてからずっと探し求めていた人だとわかりました。今、ベッドの上で向き合って座っているその存在は、私自身の**自己**だったのです。

何かのサインが必要だったわけではありませんが、狭い部屋の壁にあったある二つのものを見て、私は終着地点にたどり着いたことを確信しました。一つは、その人の師にあたるラマナ・マハルシの等身大を超えるサイズの写真。もう一つはシュリ・ヤントラです（シュリ・ヤントラを見たことがない方は、私のウェブ・サイトを見てください）。シュリ・ヤントラは以前から私にとって聖なるものの象徴で、この部屋にたどり着くまでの十年以上もの間、私の団体のシンボル・マークとして使っていました。それでも、そうした写真やヤントラといったサインは、出会いそのものと比べれば重要ではありません。

その人を見るなり、私は愛の中に入りました。お互いの目を見つめ合うと、圧倒的な至福感に飲み込まれます。

彼は尋ねました。

「なぜここに来たのかね？」

「目覚める準備ができています」私がそう答えると、彼は笑って、私を抱擁しました。そのとき、私は自分がホームにいることを知ったのです。

それから三日過ぎ、私は質問しました。「パパジ、あなたに出会って、一緒に過ごすようになってから三日経ちました。でも、まだ覚醒していません」

「そうだ。私も驚いているよ。おまえは賢い子だというのに」

「どうしたらいいのでしょうか？」

「私の師が教えてくれたことをおまえにも教えてあげよう。マインドを静かにしなさい。考えを起こしてはいけない」

「どうやったらいいのですか？」

「今、おまえのマインドは沈黙しているんじゃないのかね？」

パパジの前にいると、圧倒的な至福感とマインドの深い静寂だけがありました。

「はい、そうです」

「では、その空《くう》の中を見ていなさい。そこに次の思考がやってくるのを注意深く見守っていなさい」

私は言われたとおりにしました。泡がゆっくりと形をなしていくように次の思考が起こってきます。その思考に触れずにいると、その思考の泡は空へと戻っていきました。

パパジは笑い、言いました。「ヴィジランス（用心）とは次にやってくる思考を追わないことだ。おまえは、今、カミソリの刃の上に立っている。カミソリの刃の上にいるときには、荷物を一切持ってはならない。たった一つの思考すら命取りになる」

パパジの言葉に従いました。それから一カ月の間に、静寂は深まり、耳をつんざかんばかりの静寂の咆哮となったのです。思考から解放されると、人生は人生自身のタイミングで流れているのがわかりました。そのすべてを空の意識が至福の中で観察しています。

おまえが実現したものを持ち帰り、これまでやっていた仕事に活かすように。師は私にそう言いました。本書はパパジの願いが私をとおして具現化されたものの一部なのです。

＊＊＊

パパジとの出会いから三十年ほどたった今、ますます多くの人が静寂のマインドの秘密を発見しています。少し前まではありえないことでした。静寂のマインドのミーム（進化生物学者リチャード・ドーキンスによって名づけられた概念で、文化伝達の基本単位であるとされる）が私たちの集合精神に入ったのです。最近、「ウォーク（woke）」（社会的不公正、人種差別、性差別など社会で起きていることに対して意識が高い、といった意味を持つスラング。wake〈目覚める〉から派生した語）という言葉がよく使われるようになりましたが、この現象も、今の時代、マインドを止めて、目覚める可能性を誰もが手にしていることを物語っています。

努力でマインドを止めようとしても、できるものではありません。マインドを止めたいという思考だけに集中しても、その思考がほかのすべての思考を打ち負かしてくれるわけではないからです。マインドを止めるには、本当は「個性的」でも「個人的」でもない私の物語を自己だと勘違いしていることを、エニアグラムを利用して理解し、そうした自己概念を終わりにする意欲が喚起されればいいのです。

終わりを迎えるのはマインドではありません。マインドの持つある機能が止まるのです。個人のアイデンティティーに焦点を合わせたマインドは、過去から未来、そして未来から過去へと水平方向に動きます。こうした水平方向の動きが止まると、マインドはごく自然に内側に入っていきます。内なる源泉へと飛び込むと、マインドは、その深みにある人間の存在に関する驚くべき事実を発見するための乗り物に変わります。水平から垂直へと方向を変えただけで、マインドは過去や未来へと動き続けるのをやめ、内側に沈み、そして浮かび上がります。内側に沈んでいるとき、マインドは、自分が純粋な意識、真の**自己**、本当の存在以外の何ものでもないことに気づいています。

これが目的地ではありません。ここからが始まりなのです。今までのあらゆることが、この瞬間へと導かれるための準備でした。この後に続くすべての体験が助けとなって、魂の覚醒が深まり、最後には聖なるものと完全に一つに溶け合います。

魂の覚醒が始まってもなお、条件づけられた存在に戻される誘惑がやってきます。誘惑、恐れ、疑いを前にしても、全存在をかけて動かないでいる。すると、純粋な徳を備えた人間としての深まりが起こります。私たちは、命が肉体として具現化したこの人生を深い喜びの中で十二分に生き、出会う人々にとっての道しるべとなるのです。

＊＊＊

すべての人々が幸せで自由でありますように！

訳者あとがき

本書は二〇一九年に出版された『Fixation To Freedom』の第四版の翻訳です（初版は一九八七年）。

第一部「自由への扉　リアリティーの本質」は人間の意識の構造やエニアグラムのルーツについて、第二部「認識システムを知るためのエニアグラム」はエニアグラムの基本と各ポイントの詳細な解説、第三部「目覚め――エッセンス、超越、そして静寂」はエゴの超越について、という三部構成になっています。

エニアグラムは一般には性格タイプ論として広まっていますが、本書は自分の性格を知るための本ではありません。エニアグラムを極めることが最終目的の本でもありません。本書の視線は、幸せという私たちの本性に目覚めるという一点を見つめています。

著者はエニアグラムのリトリートの中で次のように語っています。

「なぜエニアグラムのリトリートに参加するのでしょう？　自分を知るためです。ところで、なぜ自分のことを知りたいのですか？

人生をよくしたい、幸せになりたい、もっといい暮らしをしたい、あるいは願望を実現したいからです。そうした動機で人々が私のところにやってきます。

ですが、そうしたことを叶えるために私はここにいるのではありません。何かを与えることは私の役目ではないのです。それどころか、私がここにいるのは、あなたが持っていると思い込んでいるものをすっかり取り上げるためなのです。

持っていると思い込んでいるものをすべて失ったときに、そこに残されるのは自由です。自由があると、愛もそこにあります。自由と愛が見つかったときに、本当の人生が始まります。

エニアグラムは、それが自分だと思い込んでいるものを解体するプロセスを早める酵素のようなものです。ここにみなさんが集っているのは、間違ったアイデンティティーを終わらせるためなのです。

どのような理由でリトリートに参加しているであれ、たとえば、家族やパートナーとの関係の改善が目的だったとしても、あなたは何かによってここに導かれました。その何かはおそらくあなたが思っているよりもはるかに深遠なものなのです。

私がここにいる理由はたった一つ。あなたが自由を見いだすサポートをするためです」

本書についてもまったく同じことが言えます。どのようなきっかけで本書を手に取ったとしても、深遠な何かがあなたをここに導いたはずです。その何かをご自身で発見する準備ができているのかもしれません。

著者のイーライ・ジャクソンベアは二十四歳のときに死と直面し、覚醒体験が起こりました。世界が消え、死を超えた不滅の意識、空、静寂として自己を体験します。彼は覚醒を求めていたわけではありません。スピリチュアルについての知識も興味も持っていなかったのです。当時はベトナム戦争の最中で、彼の関心は政治や社会に向けられていました。どうしたら自国（アメリカ）の大量殺戮行為を止められるのか、どうしたらこの世の苦しみに終止符を打てるのか、その方法を知ることが最大の望みだったのです。

自分と同じ体験をしてもらうことができれば、誰もが自由になれる。世界に蔓延する苦しみも終わりにできる。彼はそう確信します。ですが、自分が体験したことを、他の人に体験してもらう方法がわかりません。そこで、自分が知った真実をもっと深く理解している誰か、この体験を分かち合う方法を教えてくれる誰かを求めてスピリチュアルな探究の旅を始めます。旅の途中で、リンポチェからチベット仏教センターの所長に任命されたり、NLPのトレーナーとなり、エサレン研究所で催眠とNLPとエニアグラムを融合させたプログラムを開発したりするなど、トランスからの目覚めをサポートする活動を勢力的に行います。日本との縁も深く、別府の曹洞宗のお寺でワークショップを開催し、法嗣（仏法の奥義を受け継いだ者）に渡される扇を老師から授かったこともあります。

師を求める旅は一九九〇年にシュリーH・W・L・プンジャ（パパジ）との出会いで終わりを迎えます。それまでは起こったり、失ったりするものだった静寂は、存在のそのものであり、真の自己だと知ったのです。この体験と理解の後、自分ではなく妻のトニーこそ覚醒の炎を世界に分かち合うのに相応しいと直感し、パパジとトニーを引き合わせ、『ポケットの中のダイヤモンド』の著者、ガンガジが誕生することになるのです。イーライ自身も、長年、実践と研究を重ねてきたトランスからの目覚めをサポートする活動をより深いレベルで続けます。その一つの集大成が本書です。

さて、ごくフツウの生活を送る人たちが、偽物のアイデンティティーを終わらせ、幸せという本性に目覚める、つまり覚醒するには、どうしたらいいのでしょう？　イーライを探求の旅に向かわせたのも、この問いでした。覚醒は、フツウの人たちにとってはなんともつかみどころのないものです。ですが、自我の自分であれば、よく知っているはず。普段から慣れ親しんでいる自分をとっかかりに、エニアグラムというツールを使って自我の構造を解体していくことで、自己の本性の発見と深まりをサポートしてくれるのが本書です。イーライの十八年もの探究、そして探究が終焉してからの三十年にわたる静寂の叡智がこの一冊に凝縮されています。

本書によると、私たちの偽物のアイデンティティーは、遺伝的な影響で決まる認識システムによって構築されます。認識システムは本書でもっとも頻出する用語ですが、一般的な言葉ではないので、ここでその意味を補足します。

認識システムは原文ではFixationです。エニアグラムの文脈では通常、「固着」という訳が当てられますが、「固着」は精神分析の用語でもあり、リビドーが特定の欲動対象に固定されたままでいる状態を意味します。一方、本書におけるFixationは「遺伝によって人間に備わったシステムの一つであり、このシステムをとおして人が世界を認識するもの」です。著者とも相談した結果、本書では、精神分析的な意味との混同を避けるために、あえて認識システムという訳語を採用しました。

本書の366ページにも「ますます多くの人が静寂のマインドの秘密を発見しています」とあるように、認識システムの機械的反応の影響を受けずに世界を体験したという自覚のある人が増えています。ただ、覚醒が特別な人たちのものだった時代が長かったため、自分の味わった小さな目覚め体験の価値に気づかなかったり、体験を概念化し、それに縛られてかえって苦しみを生みだしてしまったり、ということも少なくありません。本書は、自己の本性に目覚めて充実した人生を送りたい、真実を垣間見ることはあってもそれが定着しない、静寂を深めたい、そうした人たちにとっての道しるべになるでしょう。

実際に、本書は私にとって道しるべであり、道を進ませる乗り物ともなってくれた一冊です。本書との出会いは、二十年近く前にさかのぼります。ある日本人のスピリチュアル・ティーチャーが本書の邦訳の出版を検討していて、下訳者として私が選ばれました。心理療法を長年学んだものの、苦しみからは解放されなかった私は、当時、覚醒が救いになるかもしれないと期待していました。ところが、一ページを訳したところで邦訳の企画は立ち消え、そのティーチャーとも疎遠になります。それから十数年の間、それなりに、いわゆる願望実現的な体験を重ねはしましたが、幸せとは言えない自分がいました。そのとき、ふと、本書のことを思い出したのです。最初に読んだときにも感銘を受けましたが、そのとき以上に言葉をとおして伝わってくる何かを感じました。その後、著者が主催するリーラ・スクール（目覚めとセラピスト養成のためのスクール）で講座を受講したのをきっかけに、この本の内容をしっかり理解したい、という極めて個人な理由で、誰に頼まれるでもなく翻訳を始めたのです。それがこうして書籍になるのを目にして、本書をとおして恩寵が伝達されることに私は疑いがありません（ちなみに、私のエゴの囚われは「疑い」です）。自己の本質に目覚めようと心から願うとき――その心からの願いに顕在意識が気づいていないことすらありますが――宇宙のありとあらゆるものにサポートされます。本書の翻訳を始めてからそのことを実感しなかった日はありません。

覚醒の種はすでに撒かれています。その種はあなたであり、私です。本書がその種を芽吹かせ、育てるための光となり、雨水となることを願ってやみません。

本書の翻訳、出版にあたっては多くの方々に支えられてきました。最初にこの本に導いてくれたM・Mさん、私の知識のおぼつかない仏教分野の個所の翻訳に手を貸してくださった松浦みどりさん、本書の内容に多大な興味を持ち、完成を楽しみにしつつ励ましてくれた友人たちに感謝を捧げます。

著者とスクールのティーチャーのリサ・シューマッカーが私のたくさんの質問に丁寧に答えてくれたおかげで、より適切な理解のもとに翻訳作業を進めることができました。リサは私を直接体験に導いてくれた恩人でもあります。著者とリサ、ラマナ、パパジ、スクールの仲間たちへの感謝を言葉で伝えることは一生できそうにありません。この人生を私の一番愛するものに注ぐことで感謝の言葉に変えたいと思います。

最後になりますが、本書の出版を決断してくださったナチュラルスピリットの今井社長、編集を担当してくださった結城美穂子さんに心からのお礼を申し上げます。

岡田　歩

◆著者プロフィール

イーライ・ジャクソンベア　Eli Jaxon-Bear

1992年にスタンフォード大学で開催された第一回国際エニアグラム会議にて、解放のためのエニアグラム（The Enneagram of Liberation）をベースにした、魂と精神の構造に関する革新的なモデルを発表する。エゴの認識システムの案内図と自己探求（自己への問いかけ）を組み合わせ、普遍的な自己実現のモデルを提示している。また、40年以上かけて探し求めたミステリー・スクールを発見し、エニアグラムの教えとピタゴラスを結びつける。

2005年に The Leela School of Awakening を創立し、シドニー、アムステルダム、オレゴン州アシュランドにて活動を始める。

世界各地でリトリートを行っている。

現在は、1976年からのパートナーである妻とともにオレゴン州アシュランド在住。

リーラ・ファウンデーション（www.leela.org）および The Leela School of Awakening（www.leelaschool.org）をとおして活動を続けている。

リーラ・ファウンデーションについて

リーラ・ファウンデーションは、普遍的な自己実現による世界平和と自由をサポートする非営利団体です。イーライ・ジャクソンベアはこの団体の創始者で、この団体をとおして活動しています。

リーラ・ファウンデーションについて詳しくは、www.leela.org をご覧ください。また、Facebookには、Leela Community と The Leela School of Awakening の二つのグループがあります。

◆訳者プロフィール

岡田 歩　Ayumi Okada

北海道出身。早稲田大学第一文学部卒。産業翻訳者を経て、ヒーラーおよびセラピストとしての活動を始める。各種講座やセッションをとおして、変わらない無限の存在であるわたしと出会い、深めるサポートをしている。
ウェブサイト：http://www.reconnect.jp/

自由へのエニアグラム

●

2022 年 6 月 19 日　初版発行

著者／イーライ・ジャクソンベア
訳者／岡田 歩

編集／結城美穂子
DTP／大内かなえ

発行者／今井博揮
発行所／株式会社 ナチュラルスピリット
〒101-0051 東京都千代田区神田神保町 3-2 高橋ビル 2 階
TEL 03-6450-5938　FAX 03-6450-5978
info@naturalspirit.co.jp
https://www.naturalspirit.co.jp/

印刷所／シナノ印刷株式会社

ISBN978-4-86451-404-0 C0011